汽车传感器维修
百日通

周晓飞 主编

化学工业出版社

·北京·

本书内容主要涉及汽车上应用的各类传感器，涵盖流量传感器、温度传感器、压力传感器、位置传感器、湿度传感器、质量传感器、力矩传感器、加速度传感器、转速传感器、碰撞传感器、导航传感器、超声波传感器、蓄电池传感器等。重点讲解传感器的维修方法、步骤与操作要领，并结合具体的故障诊断维修案例进行介绍，内容全面、新颖、实用。

本书适合汽车维修技术人员阅读，也可作为汽车相关院校师生和各类培训机构的参考教材。

图书在版编目（CIP）数据

汽车传感器维修百日通 / 周晓飞主编. —北京：化学工业出版社，2019.2
ISBN 978-7-122-33486-2

Ⅰ.①汽⋯ Ⅱ.①周⋯ Ⅲ.①汽车 - 传感器 - 车辆检修 Ⅳ.① U472.41

中国版本图书馆 CIP 数据核字（2018）第 286620 号

责任编辑：黄 滢　　　　　　　　　　　　文字编辑：陈 喆
责任校对：张雨彤　　　　　　　　　　　　装帧设计：王晓宇

出版发行：化学工业出版社（北京市东城区青年湖南街13号　邮政编码100011）
印　　装：北京新华印刷有限公司
787mm×1092mm　1/16　印张17　字数404千字　2019年4月北京第1版第1次印刷

购书咨询：010-64518888　　　　　　　　售后服务：010-64518899
网　　址：http://www.cip.com.cn
凡购买本书，如有缺损质量问题，本社销售中心负责调换。

定　　价：88.00元　　　　　　　　　　　　　　　　　　　版权所有　违者必究

PREFACE 前言

一般来讲，汽车生产厂家会根据汽车的级别、车型和年款，在汽车上装备不同的传感器，有些汽车装备这样的传感器，有些汽车装备那样的传感器，这是与汽车的自动化程度相关的。

本书中所介绍的传感器几乎涵盖了汽车上应用的所有传感器，这些传感器中，有些是常见的，有些是不常见的，还有个别的甚至是汽修工人在维修中没有接触过的。本书在编写内容上，从实际应用角度考虑，力争做到主次分明、攻略有方、贴近汽车电工日常维修工作实际。对比较常用的传感器，从结构类型、传感器特性、工作原理、本体电路和关联电路、检查检测、诊断程序、拆卸安装等实践维修角度，都进行了一一详解，力求讲精、讲透；而对那些不太常用的传感器，则从结构原理、电路、故障影响等一些应用的认知角度进行扼要阐述。

本书内容共分六章，依次为汽车电子控制技术概述、发动机系统应用的传感器、自动变速器系统应用的传感器、空调系统应用的传感器、底盘控制系统应用的传感器、其他传感器，这些内容分为几十节来讲述，以"维修图解"形式贯通全书。适合汽车维修技术人员阅读，也可供相关院校师生和各类汽车培训机构参考选用。

本书由周晓飞主编，陈晓霞副主编，参加编写的人员还有万建才、边先锋、王立飞、宋东兴、董小龙、赵朋、赵小斌、李新亮、李飞霞、江珍旺、刘振友、郝建庄、彭飞、刘文瑞、温云、张建军、石晓东、梁志全、宇满斌。编写过程中参考了相关的技术文献、多媒体资料及原车维修手册，同时也汇集了很多业内汽修高手的经验，在此一并表示衷心的感谢！

由于笔者水平有限，书中难免有不足之处，敬请广大读者批评指正。

编　者

目录

第一章 汽车电子控制技术概述 / 1

第一节 汽车电子控制系统基本组成　1
第二节 汽车电子控制系统基本原理　2
第三节 汽车传感器概述　8
第四节 电气操作注意事项　12

第二章 发动机系统应用的传感器 / 15

第一节 空气流量传感器　15
第二节 冷却液温度传感器　34
第三节 进气温度传感器　42
第四节 排气温度传感器　49
第五节 发动机机油温度传感器　52
第六节 发动机机油压力-温度传感器　54
第七节 发动机机油状态传感器　56
第八节 发动机冷却风扇温度开关式传感器　59
第九节 燃油压力温度传感器　60
第十节 进气压力传感器　62
第十一节 机油压力传感器　70
第十二节 燃油压力传感器　74
第十三节 燃油油位传感器　77
第十四节 氧传感器　79

目录

第十五节　曲轴位置传感器　124
第十六节　凸轮轴位置传感器　132
第十七节　节气门位置传感器和加速踏板位置传感器　138
第十八节　爆震传感器　156

第三章　自动变速器系统应用的传感器 / 162

第四章　空调系统应用的传感器 / 170

第一节　温度传感器　170
第二节　湿度传感器　175
第三节　空气质量传感器　178
第四节　压力传感器　180

第五章　底盘控制系统应用的传感器 / 183

第一节　转向角传感器　183
第二节　转向力矩传感器　185
第三节　转子位置传感器　188
第四节　加速度传感器　190
第五节　车身高度传感器　192

第六节　横向加速度传感器　195

第七节　偏转率传感器　196

第八节　水平传感器　197

第九节　制动压力传感器　198

第十节　离合器位置传感器　200

第十一节　主动式车轮转速传感器　202

第十二节　制动摩擦片磨损传感器　204

第十三节　轮胎压力监控系统　206

第六章　其他传感器 / 210

第一节　座椅占用识别压力传感器　210

第二节　座椅占用识别装置和安全带拉紧力传感器　211

第三节　碰撞传感器　212

第四节　雨量和光线识别传感器　229

第五节　光照强度传感器　231

第六节　汽车导航传感器　232

第七节　高度传感器　233

第八节　车内空气循环控制系统自动传感器　235

第九节　超声波传感器　237

第十节　行人保护传感器　239

第十一节　折叠式软顶盖罩敞开传感器　241

第十二节　智能型蓄电池传感器　242

第十三节　触摸识别传感器　244

第十四节　无接触式后备厢盖打开装置传感器　246

目录 CONTENTS

第十五节　微波传感器　247
第十六节　散热器检测传感器　248
第十七节　充电接口盖传感器　249
第十八节　电动机位置传感器　250
第十九节　启动/停止按钮　251
第二十节　驾驶员侧车门开关组　253
第二十一节　驻车制动器按钮　256
第二十二节　驾驶员侧座椅调节开关组　259
第二十三节　后备厢盖按钮　261

参考文献 / 264

第一章

汽车电子控制技术概述

汽车电子控制系统经历了三个主要的发展阶段。

（1）纯机械控制　早期阶段，汽车控制技术仅仅建立在简单机械控制和简单电气系统控制的基础上。

❶ 简单机械控制　例如，化油器各个系统随发动机工况的自动调节与运行。

❷ 简单电气系统控制　例如，发电机输出电压的调节和蓄电池充电电流的调节等。

（2）机械电子控制　汽车控制系统的最初发展是从改进汽油机点火系统性能开始的。晶体管的发明，使采用无触点点火装置来增强点火初级电流的稳定性成为可能，极大地提高点火能量并改善燃烧状况，以及可以采用电源系统晶体管调节装置和先进的仪表等。这个阶段仍然是在机械系统的基础上，采用电子控制技术改进系统运行性能。

（3）集中系统控制　所谓现代汽车集中控制系统，就是采用信息-系统-控制模式，将整体系统的多个控制功能集中由一个功能强大的电子控制单元（ECU）实行控制，将局部最佳转化为系统最佳，使车辆系统响应随动于外界环境的变化，寻求系统整体的最佳对外反应以及系统资源的最佳利用效果。

第一节　汽车电子控制系统基本组成

汽车电子控制系统主要有电子控制单元（包括软件）、传感器和执行器。

一、电子控制单元

电子控制单元（ECU）是汽车电子控制系统的"大脑"，它对各传感器输入的电信号以及部分执行器的反馈电信号进行综合分析与处理，给传感器提供参考电压，然后向执行器输出控制信号，使执行器按控制目标的要求进行工作。

软件集成存储在电子控制单元中，核心是微处理器，这种微处理器通常采用单片机，其功能扩展容易、控制精度更高，用于电子控制系统完成数据采集、计算处理、输出控制、系统监控与自诊断等。大部分电子控制单元的电路结构类似，其控制功能的变化主要取决于开发的软件及输入和输出模块的变化，应根据电子控制系统的功能而定。

二、传感器

传感器是汽车电子控制系统的"千里眼"和"顺风耳"，它将汽车工况及状态、汽车行驶工况和状态的各种物理参量转变为电信号，并输送给电子控制单元。汽车电子控制系统所用的各种传感器按其工作原理及输出信号形式的不同，可分为多种类型。例如，脉冲式传感器、电位计类传感器、热敏电阻类传感器、触点开关类传感器等。

三、执行器

执行器是汽车电子控制系统的"手"和"脚"，电子控制单元通过执行器实现对被控对象的控制。执行器对电子控制单元输出的控制信号作出迅速反应，使被控对象工作在设定的最佳状态。

例如，喷油器。喷油嘴的喷油量由 ECU 决定。ECU 会控制喷油嘴的针阀，决定针阀开启的时间长短（喷射脉冲时间）。喷油量是 ECU 内存中的一个设定值，这个设定值会根据发动机的状况预先设定，这些状况会根据发动机转速和进气量来决定。

第二节　汽车电子控制系统基本原理

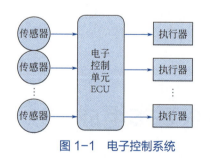

图 1-1　电子控制系统

汽车电子控制系统事先将一系列的指令程序储存在 ECU 程序存储器中，这些指令程序在设计、制造时就已经定好了，电子控制单元输入信号来自控制系统的各个传感器。

ECU 工作时接收分布在汽车各部位的传感器送来的信号，它把这些输入信息与存储器中的"标准参数"进行比较，根据结果控制执行器采取相应的动作，如图 1-1 所示。

一、发动机控制系统

1. 电控燃油喷射系统

汽油发动机电控燃油喷射系统可分为空气供给系统和燃油供给系统 2 个主要部分。空气供给系统向发动机提供清洁的空气，并根据发动机工况控制进气量，燃油供给系统供给发动机最佳计量的燃油。

在发动机电控燃油喷射系统（EFI）中，电子控制单元（ECU）主要根据进气量确定基本的喷油量，再根据冷却液温度传感器、节气门位置传感器等传感器信号对喷油量进行修正，使发动机在各种运行工况下均能获得最佳浓度的混合气，从而提高发动机的动力性、经济性和排放性。除喷油量控制外，电控燃油喷射系统还包括喷油正时控制、断油控制和燃油泵控制。图1-2为发动机电控燃油喷射系统。

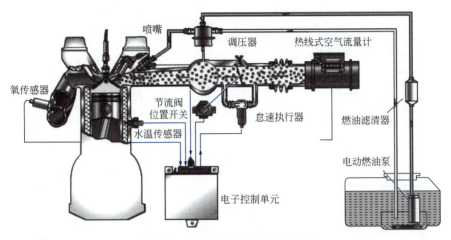

图1-2　发动机电控燃油喷射系统

2. 电控点火系统

电控点火系统（ESA）的主要功能是点火提前角控制。该系统根据各相关传感器信号，判断发动机的运行工况和运行条件，选择最理想的点火提前角点燃混合气，从而改善发动机的燃烧过程，以实现提高发动机动力性、经济性和降低排放污染的目的。此外，电控点火系统还具有通电时间控制和爆燃控制功能。

电控点火系统（图1-3）一般由传感器、ECU、点火线圈、火花塞、点火故障报警器组成。电控点火系统在高电压下产生火花，在最佳正时点燃压缩在气缸内的混合气，根据所收到的由各个传感器发来的信号，由发动机ECU实施控制，达到最佳的点火正时。

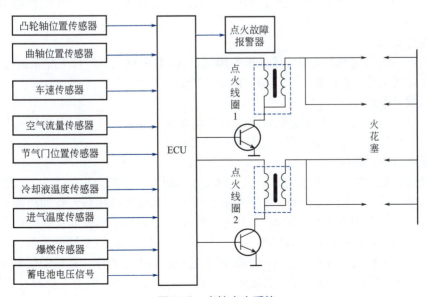

图1-3　电控点火系统

3. 怠速控制系统

怠速控制系统（ISC）是发动机辅助控制系统，其功能是在发动机怠速工况下，根据发动机冷却液温度、空调压缩机是否工作、变速器是否挂入挡位等，通过怠速控制阀对发动机的进气量进行控制，使发动机随时以最佳怠速运转，如图1-4所示。

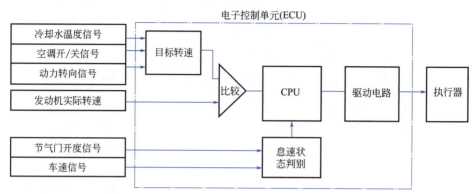

图1-4 怠速控制系统

4. 排放控制系统

排放控制系统主要是对发动机排放控制装置的工作实行电子控制。排放控制主要包括废气再循环（EGR）控制、活性炭罐电磁阀控制、氧传感器和空燃比闭环控制、二次空气喷射控制等。

5. 进气控制系统

进气控制系统的功能是根据发动机转速和负荷的变化，对发动机的进气进行控制，以提高发动机的充气效率，从而改善发动机的动力性。

6. 增压控制系统

增压控制系统的功能是对发动机进气增压装置的工作进行控制。在装有废气涡轮增压装置的汽车上，ECU根据检测到的进气管压力，对增压装置进行控制，从而控制增压装置对进气增压的强度。

7. 巡航控制系统

巡航控制系统是指驾驶人设定巡航控制模式后，ECU根据汽车运行工况和运行环境信息，自动控制发动机工作，使汽车自动维持一定车速行驶。

8. 警告提示系统

由ECU控制各种指示和报警装置，一旦控制系统出现故障（如氧传感器失效、油箱油温过高等），警告提示系统能及时发出信号以警告提示。

9. 自诊断与报警系统

在发动机控制系统中，电子控制单元（ECU）都设有自诊断与报警系统，对控制系统各部分的工作情况进行监测。当ECU监测到来自传感器或输送给执行元件的故障信号时，立即点亮仪表板上的"CHECK ENGINE"灯（故障指示灯），以提示驾驶人发动机有故障，同时，系统将故障信息以设定的数码（故障码）形式储存在存储器中，以便帮助维修人员确定故障类型和范围。对车辆进行维修时，维修人员可通过特定的操作程序（有些需借助专用设备）调取故障码。故障排除后，必须通过特定的操作程序清除故障码，以免与新的故障信息混淆，给故障诊断带来困难。

10. 失效保护及应急备用系统

当传感器或传感器电路发生故障时，失效保护系统自动按电脑中预先设定的参考信号值工作，以便发动机能继续运转。如冷却液温度传感器电路有故障时，可能会向 ECU 输入低于 -50℃ 或高于 139℃ 的冷却液温度信号，失效保护系统将自动按设定的标准（冷却液温度信号 80℃）控制发动机工作，否则会引起混合气过浓或过稀，导致发动机不能工作。如果 ECU 收不到点火控制器返回的点火确认信号时，失效保护系统则立即停止燃油喷射，以防大量燃油进入气缸而不能点火工作。

当控制系统电脑发生故障时，自动启用应急备用系统（备用集成电路），按设定的信号控制发动机转入强制运转状态，以防车辆停驶在路途中。应急备用系统只能维持发动机运转的基本功能，但不能保证发动机性能。

二、变速器控制系统

电控液力自动变速器是在液力变速器基础上增设电子控制系统而形成的。电控液力自动变速器通过传感器和开关监测汽车和发动机的运行状态，并将所获得的信息转换成电信号输入到电控单元。电控单元根据这些信号，通过电磁阀控制液压控制装置的换挡阀，使其打开或关闭通往换挡离合器手制动器的油路，从而控制换挡时刻和挡位的变换，以实现自动变速。

电控液力自动变速器通过各种传感器，将发动机转速、节气门开度、车速、发动机水温、自动变速器液压油温度等参数转变为电信号，并输入到电脑；电脑根据这些电信号，按照设定的换挡规律，向换挡电磁阀、油压电磁阀等发出电子控制信号；换挡电磁阀和油压电磁阀再将电脑的电子控制信号转变为液压控制信号，阀板中的各个控制阀根据这些液压控制信号，控制换挡执行机构的动作，从而实现自动换挡，如图 1-5 所示。

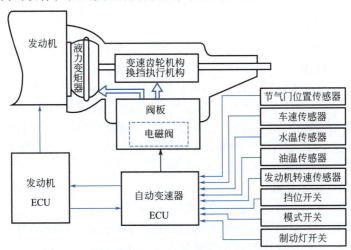

图 1-5 电控液力自动变速器

三、底盘和车身控制系统

1. ABC 车身控制系统

ABC 车身控制系统里的悬挂避震装置安装在车轮和车身之间。空气风箱的位置安装了一个螺旋弹簧和液压缸。螺旋弹簧在车轮方向通过连接在减震器上的弹性盘来支撑，在车身方向则通过一个可移动的轴，使作用在悬挂上的附加力通过压力油控制液压缸伸缩来消除。图1-6为ABC车身控制系统的组成部件。

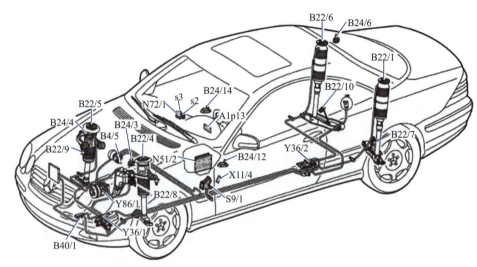

图1-6　ABC车身控制系统的组成部件

A1p13—多功能显示器；B22/7—左后高度传感器；B24/6—右后车身加速度传感器；N72/1s3—舒适/运动开关；B4/5—ABC压力传感器；B22/8—左前高度传感器；B24/12—ABC侧向加速度传感器；S9/1—刹车灯开关；B22/1—左后柱塞行程传感器；B22/9—右前高度传感器；B24/14—ABC纵向加速度传感器；X11/4—诊断接头；B22/4—左前柱塞行程传感器；B22/10—右后高度传感器；B40/1—ABC油温传感器；Y36/1—前桥分配阀单元；B22/5—右前柱塞行程传感器；B24/3—左前车身加速度传感器；N51/2—ABC控制电脑；Y36/2—后桥分配阀单元；B22/6—右后柱塞行程传感器；B24/4—右前车身加速度传感器；N72/1s2—高度控制开关；Y86/1—ABC节流阀

2. DSC车身动态控制系统

宝马汽车DSC车身动态控制系统中集成了ASC自动稳定控制系统和牵引力控制系统，能够通过对出现滑转趋势的驱动轮进行选择制动来控制驱动轮的滑转状态，从而相应地对车辆起到稳定作用。而在冰雪路面、沙漠或沙砾路面上，驾驶员只需按下一个按钮就可以使车辆进入DTC模式，从而增强车辆在上述路面上的牵引力。同时，由于DSC车身动态控制系统的干预响应极限稍微延长，车辆的牵引力和驱动力也随之增大，驾驶员能够享受到非同寻常的运动驾驶体验。DSC车身动态控制系统的另一个功能是CBC弯道制动控制，能够在转弯轻微制动时通过非对称的制动力控制消除车辆转向过度趋势。

3. EBA紧急制动辅助装置

在正常行车情况下，大多数驾驶员开始制动时只施加很小的力，然后根据实际情况增加或调整对制动踏板施加的制动力。但是如果必须突然施加大得多的制动力，或驾驶员反应过慢，这种方法会阻碍他们及时施加最大的制动力。这时就要用到EBA。

EBA通过驾驶员踩踏制动踏板的速率来理解驾驶员的制动行为，如果EBA察觉到制动踏板的制动压力恐慌性增加，就会在几毫秒内启动全部制动力，其速率要比大多数驾驶员移动脚的速率快得多。EBA可显著缩短紧急制动距离并有助于防止在停停走走的交通中发生追尾事故。

EBA实时监测制动踏板的运动。一旦监测到踩踏制动踏板的速率陡增，而且驾驶员继续大力踩踏制动踏板，它就会释放出储存的180bar（1bar=10^5Pa）的液压力来施加最大的制动力。而驾驶员一旦释放制动踏板，EBA 系统则转入待机模式。由于更早地施加了最大的制动力，因此紧急制动辅助装置可显著缩短制动距离。

4. EBD 电子制动力分配控制

汽车制动时，如果 4 个轮胎附着地面的条件不同，比如，左侧轮附着在湿滑路面，而右侧轮附着于干燥路面，则 4 个轮子与地面的摩擦力不同，在制动时（4 个轮子的制动力相同）就容易产生打滑、倾斜和侧翻等现象。

EBD 的功能就是在汽车制动的瞬间，高速计算出 4 个轮胎由于附着不同而导致的摩擦力数值，然后调整制动装置，使其按照设定的程序在运动中高速调整，达到制动力与摩擦力（牵引力）的匹配，以保证车辆的平稳和安全。

当紧急刹车车轮抱死的情况下，EBD 在 ABS 动作之前就已经平衡了每一个轮的有效抓地力，可以防止出现甩尾和侧移，并缩短汽车制动距离。EBD 实际上是 ABS 的辅助功能，它可以改善提高 ABS 的功效。

5. EDS 电子差速锁

EDS 电子差速锁是 ABS 的一种扩展功能，用于鉴别汽车的轮子是不是失去着地摩擦力，从而对汽车的加速打滑进行控制。同普通车辆相比，带有 EDS 的车辆可以更好地利用地面附着力，从而提高车辆的运行性，尤其在倾斜的路面上，EDS 的作用更加明显。但它有速度限制，只有在车速低于 40km/h 时才会启动，主要是防止起步和低速时打滑。

6. ESP 电子稳定系统

ESP 电子稳定系统的功能通常是支援 ABS 及 ASR（驱动防滑系统，又称牵引力控制系统）。它通过对从各传感器传来的车辆行驶状态信息进行分析，然后向 ABS、ASR 发出纠偏指令，来帮助车辆维持动态平衡。ESP 可以使车辆在各种状况下保持最佳的稳定性，在转向过度或转向不足的情形下效果更加明显。

ESP 一般需要安装转向传感器、车轮传感器、侧滑传感器、横向加速度传感器等。ESP 可以监控汽车行驶状态，并自动向一个或多个车轮施加制动力，以保持车子在正常的车道上运行，甚至在某些情况下可以进行每秒 150 次的制动。目前 ESP 有 3 种类型：能向 4 个车轮独立施加制动力的四通道或四轮系统；能对 2 个前轮独立施加制动力的双通道系统；能对 2 个前轮独立施加制动力和对后轮同时施加制动力的三通道系统。

ESP 最重要的特点就是它的主动性，如果说 ABS 是被动地作出反应，那么 ESP 却可以做到防患于未然。

7. TCS 牵引力控制系统

TCS 牵引力控制系统，又称循迹控制系统。其功能是能够侦知轮胎贴地性的极限，在轮胎即将打滑的瞬间，自动降低或切断传到该轮上的动力，使之保持循迹性。汽车在光滑路面制动时，车轮会打滑，甚至使方向失控。同样，汽车在起步或急加速时，驱动轮也有可能打滑，在冰雪等光滑路面上还会使方向失控而出危险。TCS 就是针对此问题而设计的。

TCS 依靠电子传感器探测到从动轮速度低于驱动轮时（这是打滑的特征），就会发出一个信号，调节点火时间、减小气门开度、减小油门、降挡或制动车轮，从而使车轮不再打滑。TCS 可以提高汽车行驶稳定性，提高加速性，提高爬坡能力。TCS 如果和 ABS 相互配合使用，将进一步增强汽车的安全性能。TCS 和 ABS 可共用车轴上的轮速传感器，并与行车控制单元连接，不断监视各轮转速，当在低速发现打滑时，TCS 会立刻让 ABS 动作来减少此车轮的打滑。如果在高速发现打滑时，TCS 立即向行车控制单元发出指令，指挥发动机降速或变速器降挡，使打滑车轮不再打滑，防止车辆失控甩尾。

第三节　汽车传感器概述

一、汽车传感器基本概念

传感器大部分情况下是把非电的被测量值转换成电量值，常常也会把传感器称为"转换器"。它能把测量获得的一种能量形式转换成另一种能量形式。传感器作为一种检测装置，能感受到被测量的信息，并能将检测感受到的信息，按一定规律变换成为电信号或其他所需形式的信息输出，以满足信息的传输、处理、存储、显示、记录和控制等要求来实现自动检测和控制。

二、汽车传感器概述

为了正确达到传感器的指标，除了一个基本的特性曲线的描述外，还要确定它的允许输入值和允许输出值的范围。当测量信号处于允许值范围以外时，传感器的行为也必须被确定，这是为了保证有一个稳定的汽车功能。

汽车上使用的传感器多数为被动型传感器，需要外加电源才能产生电信号。传感器输出的信号主要有模拟信号和数字信号2种。电子控制单元不断地监控和检测各个传感器的信号，如果出现某个输入信号异常，就可将异常的信号存入电子控制单元存储器内。汽车维修中，通过故障诊断仪可读取故障信息，来协助解决汽车故障。

三、汽车传感器特性

汽车传感器特性见表1-1。

表1-1　汽车传感器的特性

类型		内容/说明	
根据特性线类型分类	连续的线性特性线传感器	连续的线性特性线特别适用于测量范围宽的调节任务上。此外，线性特性线具有可检验性和可调性	
	连续的非线性特性线传感器	连续的非线性特性线常用在测量参数非常窄的调节上，如空燃比 $\lambda=1$ 的调节（调节跳动水平）。在整个测量范围要求相对于测量值的允许偏差小时，采用特殊型、陡峭的非线性特性线传感器就特别有利，如空气流量传感器	

续表

类型		内容/说明	
根据特性线类型分类	不连续的阶跃特性线传感器	不连续的阶跃,或带有滞后的特性线用于监控边界值	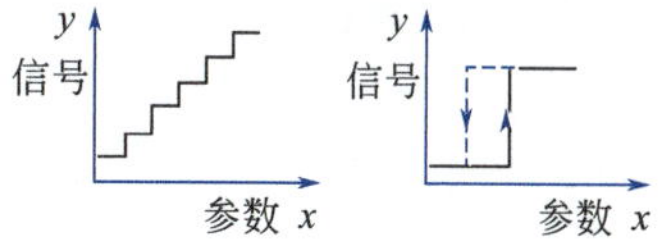
根据输出信号类型分类	模拟信号传感器	模拟信号是指信息参数在给定范围内表现为连续的信号,或在一段连续的时间间隔内,其代表信息的特征量可以在任意瞬间呈现为任意数值的信号。 模拟信号传感器的信号不能直接输入电子控制单元,而是在输入电子控制单元之前通过A/D转换器将模拟信号转换成能够让电子控制单元识别的数字信号。常见的模拟信号有电流、电压、频率、周期等	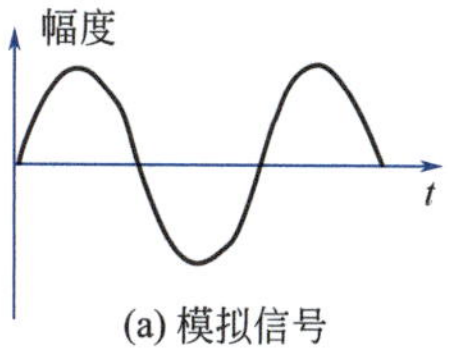 (a) 模拟信号 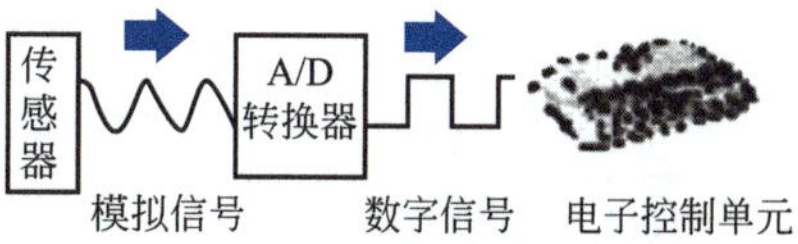 (b) 模拟信号转换
	数字信号传感器	数字信号幅度的取值是离散的,幅值表示被限制在有限个数值之内。二进制码就是一种数字信号,如图(a)所示。数字信号一般不需经任何处理就可输入电控单元,如图(b)所示	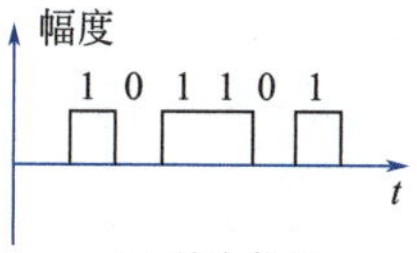 (a) 数字信号  (b) 数字信号输入

四、汽车传感器的种类

大部分汽车用的各种传感器的结构、安装位置与用途概述如表1-2所示。

表1-2 汽车传感器类型

传感器类型	结构	安装位置	用途
冷却液温度传感器	负温度系数热敏电阻	冷却水道上	测量水温
水温表热敏电阻式温度传感器	负温度系数热敏电阻	仪表板上	测量水温
车内外空气温度传感器	负温度系数热敏电阻	车内:挡风玻璃底下 车外:前保险杠内	测量车内外空气温度
进气温度传感器	热敏电阻	空气流量计内或空滤器内;进气总管内;进气导管内	测量进气温度
蒸发器出口温度传感器	热敏电阻	空调蒸发器片上	测量空调蒸发器出口温度
排气温度传感器	热敏电阻,热电偶,熔断器	三元催化转化器上	测量排气温度

续表

传感器类型	结构	安装位置	用途
EGR 监测温度传感器	热敏电阻	EGR 进气道上	测量 EGR 循环气体温度和监测 EGR 工作情况
石蜡式气体温度传感器	石蜡	化油器式发动机进气道上	低温时用于进气温度调节；高温时修正怠速
双金属片式进气温度传感器	金属片	化油器式发动机进气道上	低温时用于进气温度调节；高温时修正怠速
散热器冷却风扇传感器	热敏铁氧体	水箱上	控制散热器风扇转速
变速器油液温度传感器	热敏电阻	液压阀体上	测量油液温度，向 ECU 输入温度信息，以便控制换挡、锁定离合器结合、控制油压
真空开关传感器	膜片、弹簧	空滤器上	检测空滤器是否堵塞
油压开关传感器	膜片、弹簧	发动机主油道上	检测发动机油压
制动主缸油压传感器	半导体式	制动主缸的下部	控制制动系统油压
绝对压力传感器	硅膜片式	悬架系统	检测悬架系统油压
相对压力传感器	半导体式	空调高压管上	检测制冷剂压力
半导体压敏电阻式进气压力传感器	半导体压敏电阻	进气总管上	检测进气压力
真空膜盒式进气压力传感器	真空膜盒、变压器	进气总管上	检测进气压力
电容式进气压力传感器	膜片式	进气总管上	检测进气压力
表面弹性波式进气压力传感器	压电基片	进气总管上	检测进气压力
涡轮增压传感器	硅膜片	涡轮增压机上	检测增压压力
制动总泵压力传感器	半导体式	主油缸下部	检测主油缸输出压力
叶片式空气流量传感器	叶片、电位计	进气管上	检测进气量
卡尔曼涡流式空气流量传感器	涡流发生器、超声波发生器、光电管	进气管上	检测进气量
热线式空气流量传感器	铂金热线	进气管上	检测进气量
热膜式空气流量传感器	铂金属固定在树脂膜上的发热体	进气管上	检测进气量
量芯式空气流量传感器	量芯、电位计	进气管上	检测进气量
二氧化锆式氧传感器	锆管、加热元件	排气管、三元催化转化器上	控制空燃比
二氧化钛式氧传感器	钛管、加热元件	排气管、三元催化转化器上	控制空燃比
全范围空燃比传感器	二氧化锆元件、陶瓷加热器	排气管、三元催化转化器上	控制空燃比
烟雾浓度传感器	发光元件、光敏元件、信号电路	车厢内	净化空气
磁脉冲式曲轴位置传感器（轮齿）	信号转子、永磁铁、线圈	分电器内或曲轴前端带轮之后	检测曲轴转角位置、测量发动机转速

续表

传感器类型	结构	安装位置	用途
磁脉冲式曲轴位置传感器（转子）	正时转子、感应线圈	分电器内	检测曲轴转角位置、测量发动机转速
光电式曲轴位置传感器	曲轴转角传感器、信号盘	分电器内	检测曲轴转角位置、测量发动机转速
触发叶片式霍尔曲轴位置传感器	内、外信号轮	曲轴前端	检测曲轴转角位置、测量发动机转速
同步信号传感器（或称凸轮轴位置传感器）	脉冲环、霍尔信号发生器	分电器内	判缸信号
稀薄混合气传感器	二氧化锆固体电解质	三元催化转化器上	测量排气中氧浓度，控制空燃比
磁致伸缩式爆震传感器	磁芯、感应线圈、永久磁铁	发动机缸体上	检测爆震信号，输入给ECU
共振型压电式爆震传感器	压电元件、振荡片	发动机缸体上	检测爆震信号，输入给ECU
非共振型压电式爆震传感器	平衡重、压电元件	发动机缸体上	检测爆震信号，输入给ECU
线性输出型节气门位置传感器	怠速触点、全开触点电阻器、导线	节气门体上与节气门连接	判断发动机工况，控制喷油脉宽
开关型节气门位置传感器	IDL触点、PSW功率触点、凸轮、导线	节气门体上与节气门连接	判断发动机工况，控制喷油脉宽
滚球式碰撞传感器	滚球、磁铁、导缸、触点	两侧翼子板内；两侧前照灯支架下；散热器支架左右两侧；驾驶室仪表盘和手套箱下方或车身前部中央位置	检测汽车加速度
滚轴式碰撞传感器	滚轴、触点、片状弹簧		
偏心锤式碰撞传感器	偏心锤、臂、触点、弹簧、轴		
水银开关式碰撞传感器	水银、电极		
电阻应变计式碰撞传感器	电子电路、应变计、振动块、缓冲介质		
无触点式扭矩传感器	线圈、扭力杆	转向轴上	测量转向盘与转向器之间相对扭矩
滑动可变电阻式扭矩传感器	电位器、滑环、齿轮、扭杆	转向轴上	
光电式车身高度传感器	光电耦合元件、遮光盘、轴	悬架系统减震器杆上	将车身高度转换成电信号，输入给ECU
座椅位置传感器	霍尔元件、永久磁铁	座椅调节装置上	调节座椅状态
方位传感器	线圈、铁芯	GPS终端机上	车辆导航
舌簧开关型车速传感器	舌簧开关、磁铁	变速器输出轴或组合仪表内	测量汽车行驶速度
光电耦合型车速传感器	光电耦合器、转子	组合仪表内	
电磁型车速传感器	转子、线圈	变速器输出轴上	测定变速器输入轴转速
O/D直接挡离合器转速传感器	与车速传感器相同		
电磁式轮速传感器	传感头、齿圈	变速器输入轴上	检测轮速
霍尔式轮速传感器	霍尔元件、触发齿圈、永久磁铁	车轮上、减速器或变速器上	

续表

传感器类型	结构	安装位置	用途
日照传感器	光电管、滤光片	挡风玻璃下、仪表盘上侧	把太阳照射情况转变成电流，修正车内温度
光电式光量传感器	硫化镉、陶瓷基片、电极	仪表盘上方灯光控制器内	自动控制汽车灯具亮、熄
光敏二极管式光亮传感器	光敏二极管、放大器	仪表盘上，可接收外来灯光处	检测车辆周围亮度，自动控制前照灯的亮度
雨滴传感器	振动板、压电元件、放大电路	发动机室盖板上	检测降雨、控制雨刷器转速
蓄压压力传感器	半导体压敏电阻元件	油压控制组件上方	检测油压控制组件的压力
空调压力开关传感器	膜片、活动触点、固定触点、感温包	高压力开关安装在高压管路上	高压力开关：高压回路压力高于规定值时使压缩机停机
		低压力开关安装在低压管路上	低压力开关：高压回路压力低于规定值时使压缩机停机

第四节　电气操作注意事项

1. 设备操作警告

❶ 确保举升机有足够的负重能力。保证举升机在提举和支撑工作时处于水平位置，使用手制动和楔子来固定车轮。

❷ 不要在只靠一个千斤顶支撑的车顶或底部工作，必须把车支撑在举升机上。

❸ 如在临近燃油箱的地方焊接，要先排空其中的燃油，在焊接前移出燃油箱再进行焊接。

2. 蓄电池断开的警告

❶ 在维修任何电气部件前，点火和启动开关必须置于 OFF 或 LOCK 位置，并且所有电气负载必须关闭，除非操作程序中另有说明；将蓄电池负极电缆断开，以防止工具或设备接触裸露的电气端子从而产生电火花；违反这些安全须知，可能导致人身伤害和／或损坏车辆或车辆部件。

❷ 为了避免给电子元件带来损害，运行电子系统时要先断开蓄电池连接，首先断开且最后接上接地电线。

❸ 总确保蓄电池导线连接正确，不能有潜在隐患。

3. 安全气囊系统安全带预紧器的警告

在拿取未展开的安全气囊系统安全带卷收器预紧器时，要注意如下几点：不要通过安全带或引线连接器来拿取安全带预紧器；应通过壳体拿取安全带预紧器，手和手指要远离安全带；确保安全带开始拉伸处的开口朝下，且安全带自然悬挂，否则可能导致人身伤害；在使用喷灯或焊接设备时，不得靠近充气装置，以防引起安全气囊自动充气；在检修时不要让转向盘衬垫、碰撞传感器、座位安全带收紧器或前排乘员安全气囊总成直接暴露在热空气中或接近火源，充气组件不能承受 65℃ 以上的温度；在拆检或更换安全气囊时，切勿将身体正面朝向气囊总成。

4. 制动液对油漆和电气部件影响的告诫

避免制动液溅到油漆表面、电气连接器、线束或电缆上，制动液会损坏油漆表面并导致电气部件腐蚀；如果制动液接触到油漆表面，应立即用水冲洗接触部位；如果制动液接触到电气连接器、线束或电缆，用干净的抹布将制动液擦去。

5. 加热型氧传感器和氧传感器的告诫

切勿拆下加热型氧传感器或氧传感器的引线，拆下引线或连接器将会影响传感器的工作；不要跌落加热型氧传感器；应保持直列式电气连接器和格栅式散热端无润滑脂或其他污染物；不要使用任何类型的清洗剂；不要修理线束、连接器或端子；如果引线、连接器或端子损坏，则更换氧传感器。

维修加热型氧传感器时，必须遵循以下原则。

❶ 切勿在传感器或车辆线束连接器上涂抹触点清洁剂或其他材料。这些材料会进入传感器，导致性能不良。

❷ 不要损坏传感器的引线和线束，导致其内部导线外露。这样提供了异物进入传感器的通道并导致性能变差。

❸ 确保传感器或车辆引线没有较大的折弯或扭结。较大的折弯或扭结会堵塞通过引线的基准空气通道。

❹ 确保车辆线束连接器外围密封完好无损，以避免因进水而造成损坏。

6. 三效催化转换器损坏的告诫

为防止损坏更换后的三效催化转换器，更换三效催化转换器前应先排除发动机缺火或机械故障。

7. 部件紧固件紧固的告诫

更换部件的零件号必须正确；需要使用螺纹密封胶、润滑剂、阻蚀剂或密封胶的部件应在维修程序中指出；有些更换部件可能已经带有这些涂层，除非特别说明，否则不得在部件上使用这些涂层，这些涂层会影响最终扭矩，从而可能影响到部件的工作；安装部件时，应使用正确的扭矩规格，以免造成损坏。

8. 有关测试探针的告诫

谨慎将测试设备的探针（数字式万用表等）插入连接器或熔丝盒端子中，测试探针的直径会使大多数端子变形，端子变形引起接触不良，从而导致系统故障，最好使用端子测试组件从前部探测端子；谨慎用回形针或其他替代物去探测端子。

9. 传感器操作注意和禁忌

❶ 应使用高阻抗数字式万用表或汽车专用万用表进行传感器测试。

❷ 禁止使用"划火法"检查晶体管电路的通断状况。

❸ 谨慎用普通试灯去测试任何与 ECU 相连接的电气装置，以防止晶体管损坏。脉冲电路应采用 LED 灯或示波器检查。

❹ 在拆卸或安装电感性传感器时，应将点火开关断开（OFF），以防止其自感电动势损伤 ECU 和产生新的故障。

❺ 在点火开关接通的情况下，不要进行断开任何电气设备的操作，以免电路中产生的感应电动势损坏电子元件。

10. 跨接启动时的注意事项

❶ 连接跨接线时，操作人员应戴上护目镜。因等待跨接启动汽车蓄电池的周围可能存在可以引起爆炸的氧气。

❷ 保证两辆汽车的驻车制动都拉上，并且变速器挡位为空位或停车位。

❸ 两车跨接的时候，发动支援车，把怠速提升到 1200～1500r/min 并稳定运转 5min 以上，以此帮助启动抛锚汽车。

❹ 如果跨接很难尝试启动，则停止跨接启动。如果再强行使用支援车会使它的电动机过载或电子系统被电火花击穿而损坏。

❺ 保证两车身之间没接触。避免车辆在启动过程中电流经接触的车身流向支援车。

❻ 连接启动电缆前必须关闭启动开关和所有电气附件。

❼ 禁止使用超过 16V 的电压跨接启动，过高的电压会损坏汽车的电气部件。

❽ 在故障汽车正在启动时不能断开连接电缆，否则支援车上的电气部件可能会被高电压击穿而损坏。

第二章

发动机系统应用的传感器

第一节 空气流量传感器

空气流量传感器也叫空气流量计,有 5 种类型:热膜式空气流量计、热线式空气流量计、翼片式空气流量计、量芯式空气流量计和卡门涡流式空气流量计。其中后三种属于体积空气流量计,已经淘汰。热线式空气流量计部分车还在采用;热膜式空气流量计应用最广泛。本节主要讲解热膜和热线这两种空气流量计。

一、空气流量传感器的作用

1. 作用机理

空气流量传感器安装在空气滤清器和节气门体之间,用于检测发动机的进气量,是电控系统基本控制参数的来源之一,是电控发动机的重要元件。

空气流量传感器的作用是检测发动机进气量的大小,并将进气量信息通过电路的连接转化为电信号输入给 ECU,以供 ECU 确定喷油量和点火时间。空气流量传感器获得的进气量信号是 ECU 进行喷油控制的主要依据,如果其损坏或其电路连接出现故障,则会使发动机的进气量测量不准确,使进入气缸的混合气过浓或过稀,从而导致 ECU 无法对喷油量进行准确的控制,导致发动机不能正常运转,尾气排放超标。

2. 作用目的

讲述空气流量传感器之前,我们先了解一下空燃比。

为了使 1kg 燃料充分燃烧,内燃机需要 14.7kg 的空气。这种燃料相对于空气的比例在技术上表示为理想空燃比。为了使发动机控制单元能够在各种运行状态下设定正确的空燃比,需要关于进气的准确信息。在理想状态时,空燃比的 λ 值为 1。只有在理想状态时,废气中的有害物质才可能被三元催化转化器几乎全部清除。

(1)浓混合气 在浓混合气(λ<1)时,废气中含有过多一氧化碳(CO)和未燃烧

的碳氢化合物（HC）。例如，1.2kg 燃油：14.7kg 空气。

（2）稀混合气　在稀混合气（$\lambda>1$）时，废气中含有过多的氮氧化物（NO_x）。例如，0.8kg 燃油：14.7kg 空气。

准确测量吸入空气质量的目的在于，将空燃比控制在 $\lambda=1$ 的范围内，并降低和清除废气中所含的有害物质。图 2-1 为空燃比示意图。

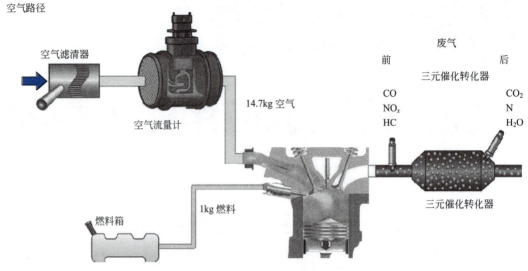

图 2-1　空燃比示意图

二、空气流量传感器的类型

根据进气量检测方式的不同，空气流量计可分为体积式和质量式 2 种。其中体积式的又分为叶片式、卡尔曼涡流式和量芯式；质量式的分为热线式和热膜式，奔驰、宝马、大众等很多车使用热膜式空气流量计。

早期的发动机燃油喷射系统分为 D 型（压力型）和 L 型（空气流量型）2 种。

1. D 型燃油喷射系统

无空气流量传感器。图 2-2 为 D 型燃油喷射系统基本控制构架。

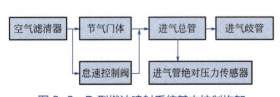

图 2-2　D 型燃油喷射系统基本控制构架

D 型发动机燃油喷射系统（图 2-3）利用检测进气歧管内的绝对压力来计算吸入气缸的空气量，所用的传感器是进气歧管绝对压力传感器，可间接监测空气流量。

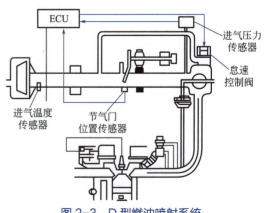

图 2-3　D 型燃油喷射系统

2. L 型燃油喷射系统

有空气流量传感器。图 2-4 为 L 型燃油喷射系统基本控制构架。

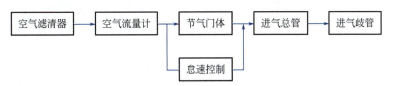

图 2-4　L 型燃油喷射系统基本控制构架

L 型发动机燃油喷射系统（图 2-5）采用直接测量的方法，即利用空气流量传感器直接测量吸入进气管的空气流量。L 型传感器又分为体积流量型传感器和质量流量型传感器 2 种。

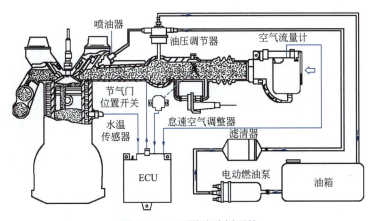

图 2-5　L 型燃油喷射系统

三、空气流量传感器维修

（一）热膜式空气流量传感器

1. 热膜式空气流量传感器结构

热膜式空气流量计固定在通向进气消音器的进气软管上，是一个组合式传感器。热膜式空气流量计获取实际空气量，不受空气压力影响。结合其他传感器，发动机控制单元计算出喷射的燃油量。有一个进气温度传感器集成在热膜式空气流量计内，该传感器用于测量废气涡轮增压器之前的进气温度。

热膜式空气流量传感器（图 2-6～图 2-8）的发热体是热膜。热膜由发热金属铂固定在薄的树脂膜上制成，其制作方法首先是在氧化铝陶瓷基片上采用蒸发工艺淀积金属薄膜，然后通过光刻工艺制作成梳状图形电阻，将电阻值调节到设计要求的阻值后在其表面覆盖一层绝缘保护膜，再引出电极引线。

2. 热膜式空气流量传感器工作原理

（1）基本原理　热膜式空气流量传感器在 12V 的电压下运行。进气温度传感器由发动机控制系统提供 5V 电压，由一个电子分析装置对热膜式空气流量传感器内的测量数据进行分析，由此可以准确记录流过空气的质量及其流动方向（仅能记录部分空气质量，全部空气质量依校准结果进行确定）。

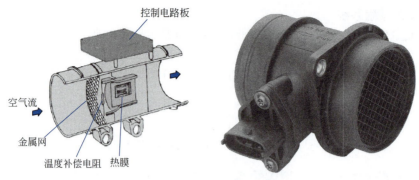

图 2-6　热膜式空气流量传感器结构

 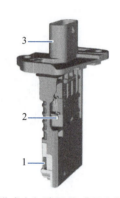

图 2-7　热膜式空气流量传感器样式结构　　图 2-8　热膜式空气流量传感器内部结构
1—热膜式空气流量传感器；2—插头　　　　1—热膜式空气流量传感器；2—进气温度传感器；3—插头

热膜式空气流量传感器工作过程中，当空气气流流经发热元件并使其受到冷却时，发热元件即热膜电阻温度降低，阻值减小，电桥电压失去平衡，控制电路将增大供给发热元件的电流，使其温度保持高于温度补偿电阻一个固定值。

电流增量的大小取决于发热元件受到冷却的程度，即取决于流过传感器的空气量。当电桥电流增大时，信号取样电阻上的电压就会升高，从而将空气流量的变化转化为电压信号的变化。信号电压输入 ECU 后，ECU 可根据信号电压的高低计算出空气流量的大小。

热膜式空气流量传感器的热膜电阻、温度补偿电阻、精密电阻、信号取样电阻在电路板上以惠斯通电桥的方式连接。

在热膜式空气流量传感器中，采用了恒温差控制电路来实现流量检测。恒温差控制电路如图 2-9 所示，发热元件电阻 R_H 和温度补偿电阻 R_T（温度补偿电阻见图 2-6，其实是个进气温度传感器）分别连接在惠斯通电桥电路的两个臂上。当发热元件的温度高于进气温度时，电桥电压才能达到平衡，并由具有电流放大作用的控制电路控制加热电流（50～120mA）来使发热元件温度 T_H 与补偿电阻温度升之差保持恒定。

（2）工作特性　热膜式空气流量计具有一个以频率设码的输出信号。传感器的设计可以识别出回流（进气管内的动态脉动），并可以在数值和流动方向上进行处理。

空气质量的信号品质取决于温度。要准确确定空气质量，需要有高精度。因此，发动机控制单元所接收到的空气质量信号必须通过进气温度传感器信号进行修正。

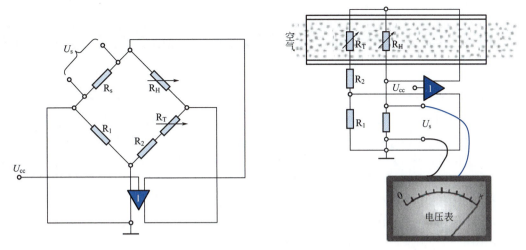

图 2-9 热膜式空气流量传感器电路原理

R_T—温度补偿电阻（进气温度传感器）；R_H—发热元件（热膜）电阻；R_s—信号取样电阻；
R_1、R_2—精密电阻；U_{cc}—电源电压；U_s—信号电压；1—控制电路

当空气气流流经发热元件并使其受到冷却时，发热元件温度降低，阻值减小，电桥电压失去平衡，控制电路将增大供给发热元件的电流，使其温度保持高于温度补偿电阻120℃。电流增量的大小，取决于发热元件受到冷却的程度，即取决于流过传感器的空气量。当电桥电流增大时，取样电阻 R_s 上的电压就会上升，从而将空气流量的变化转化为电压信号 U_s 的变化（图2-10）。信号电压输入ECU后，ECU可根据信号电压的高低计算出空气质量的大小。

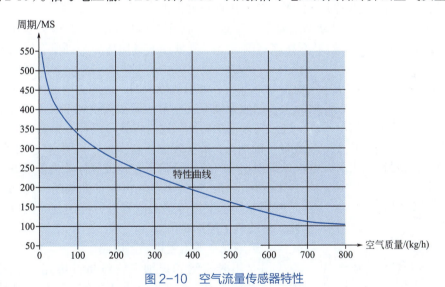

图 2-10 空气流量传感器特性

热膜式空气流量计参数见表2-1。

表 2-1 热膜式空气流量计参数

说明/物理量	参数	说明/物理量	参数
电压范围	7.5～16V	进气温度测量范围	-40～110℃

续表

说明/物理量	参数	说明/物理量	参数
最大电流消耗	小于0.1A	频率范围	1.5～15kHz
热膜式空气流量计测量范围	-60～850kg/h	温度范围	-40～120℃

（3）工作过程　当发动机怠速或空气为热空气时，因为怠速时节气门关闭或接近全闭，所以空气流速低、空气量少，或因空气温度越高，空气密度越小，所以在体积相同的情况下，发热元件受到冷却的程度小，阻值减小的幅度小，电桥平衡需要的电流小，因此信号取样电阻上的信号电压低，ECU根据信号电压即可计算出空气量。

当发动机负荷增大或空气为冷空气时，因为节气门开度增大，空气流速加快使空气流量增大，冷空气密度大，在体积相同的情况下冷空气质量大，所以发热元件受到冷却的程度增大，阻值减小幅度大，保持电桥平衡需要的电流增大，因此当发动机负荷增大时，信号电压升高。

3. 热膜式空气流量传感器故障判断

空气流量计故障会导致发动机怠速不稳，加速不良，检查如下。

❶发动机运转时，拔下空气流量计的插头，如果故障消失，说明此空气流量计信号有偏差，并没有损坏，电控单元一直按照有偏差的错误信号进行喷油控制。由于混合比失调，发动机燃烧不正常，将会出现发动机转速不稳或动力不良现象。当拔下空气流量计插头时，电控单元检测不到进气信号便会立即进入失效保护功能，以节气门位置传感器信号替代空气流量计信号，使发动机继续以替代值进行工作。拔下空气流量计插头，故障消失，正是说明了拔插头前信号不正确，拔插头后信号正确，因此故障消失。

❷在插头的信号端测量动态信号电压，怠速工况下，电压为接近1.4V；加速到全负荷时，电压信号可接近4V。如果不在该范围，空气流量计本身损坏。个别也有脏污所导致，清洗即可。

❸发动机运转时，拔下空气流量计的插头，如果故障依旧，说明主要原因是该空气流量计损坏（相关线路也会导致该故障），造成发动机控制单元无法接收到空气流量计信号，电控单元确认空气流量计信号不良，进入失效保护功能，同时将故障码存入存储器。

❹发动机运转时，拔下空气流量计的插头，故障现象稍有变化，说明空气流量计是良好的。拔下空气流量计插头前，电控单元根据空气流量计信号进行控制，喷油量准确，发动机各工况均良好；当拔下空气流量计插头时，发动机控制单元根据节气门位置传感器信号进行控制，喷油量有微小差异，发动机工况相对稍差。

4. 热膜式空气流量传感器电路

用万用表检测和识别空气流量计电路。空气流量传感器信号有2种，一种是电压变化的，一种是脉冲式的。测试过程不要拔下传感器插头。热膜式空气流量传感器插头见图2-11。

（1）传感器负极检测和识别　万用表黑表笔接车身搭铁，红表笔分别接传感器里面的几根线，测得电压最低的那根线，即是传感器的负极。

（2）传感器正极检测和识别　万用表黑表笔接刚才找

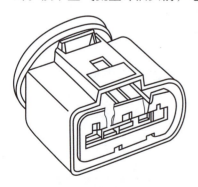

图2-11　热膜式空气流量计插接器插头

到的传感器负极线,红表笔分别接除传感器负极之外的线,找到一根 5V 的线,这根线就是传感器正极。

(3)传感器信号线检测和识别　万用表黑表笔连接上述找到的传感器负极线,红表笔分别接除传感器负极之外的线,测试过程中启动汽车,不断地加速、减速;观察在此过程中哪一根线的电压会发生变化,会随加减速而发生电压变化的那根线就是传感器信号线。

如果用以上方法找不到信号线,那就用 LED 试灯,试灯负极接传感器负极线,试灯另外一端接传感器上除传感器负极外的其他线,看试灯是否会闪烁,找到闪烁的那根线就是信号线。

(4)关联电路图　大众某车型空气流量传感器关联电路见图 2-12。

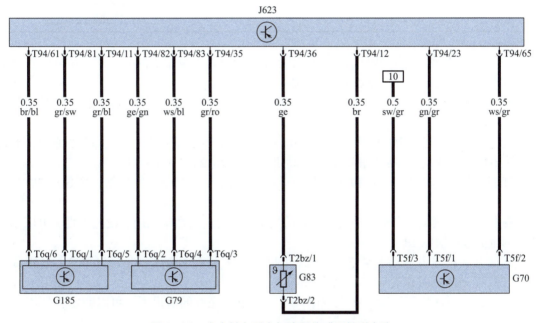

图 2-12　大众某车型空气流量传感器关联电路

G70—质量式空气流量计;G79—油门踏板位置传感器 1;G83—散热器出口处的冷却液温度传感器;G185—油门踏板位置传感器 2;J623—发动机控制单元;T2bz—2 芯插头;T5f—5 芯插头;T6q—6 芯插头;T94—94 芯插头

5. 热膜式空气流量传感器检测

(1)电阻检测　电阻测试主要是检测线束的导通性,以确认线束通畅情况,有无断路短路,插接器是否牢靠,各信号传递是否无干扰。在实际测量中,由于种种原因会导致误差,所以这些数值均为约数,不作为标准值。

❶线束导通性测试。关闭点火开关,拔下传感器插头与电控单元插接器,使用数字万用表分别测量各线束间的电阻,分别测试空气流量计 3、4、5 号针脚对应至电控单元 12、11、13 号针脚的电阻,这些电阻值应低于 5Ω。

❷线束短路性测试。将数字万用表设置在电阻 200kΩ 挡,测量空气流量计针脚 2 与电控单元针脚 11、12、13 之间的电阻,应为 ∞。测量空气流量传感器针脚与电控单元针脚(3-11、13;4-12、13;5-11、12)之间电阻均应为 ∞。表 2-2 为空气流量传感器插头针脚参数。

表 2-2　空气流量传感器插头针脚参数

针脚名称	状态	电压（左右）	定义	电路图
1 号针脚	空	—	空脚	
2 号针脚	—	12V	12V 电压	
3 号针脚	—	5V	ECU 内搭铁	
4 号针脚	急速	1.4V	5V 参考电压	
5 号针脚	急加速	2.8V	反馈信号	

（2）电压检测　电压测试有电源电压测试和信号电压测试 2 部分，其中信号电压测试是确定空气流量传感器是否失效的主要依据。

❶ 电源电压测试。打开点火开关，测量 2 号针脚与接地间电压，启动起动机时应显示 12V。

具体方法：将数字万用表设置在直流电压 20V 挡，红表笔置于空气流量计针脚 2，黑表笔置于电瓶负极或其他车身搭铁，启动起动机时应显示 12V 左右的电压。

红表笔置于空气流量计针脚 4，黑表笔置于电瓶负极或其他车身搭铁，应显示 5V 左右电压。

❷ 信号电压测试。启动发动机并使其达到工作温度，将数字万用表设置于直流电压 20V 挡，测量信号反馈电压。

具体方法：红表笔置于空气流量计针脚 5，黑表笔置于空气流量计针脚 3、电瓶负极或进气歧管壳体，急速时应显示电压 1.5V 左右，急加速电压应变化到 2.8V。如果不符合上述变化，或电压反而下降，在电源电压与参考电压完好的前提下，可以断定空气流量计损坏。

6. 热膜式空气流量传感器更换

（1）拆卸空气流量传感器

❶ 将插头 1 从空气流量传感器上脱开。

❷ 将两个螺钉从空气滤清器壳的导向件 2 上旋出，并将空气流量计小心地取出。

以上步骤见图 2-13。

（2）安装空气流量传感器　按照与拆卸相反顺序进行安装。同时注意以下事项。

❶ 必须使用原装空气滤清器滤芯。如果空气滤清器滤芯被严重污染或渗透，污物颗粒和液体可能会进入到空气流量计中，并导致所测量的空气质量值错误。这将导致功率不足，因为所计算的喷射量变小了。

❷ 检查连通至空气滤清器滤芯的进气通道上是否有污物。如果发现有污物，请将其从空气滤清器壳（上、下部件）上清除掉（必要时通过清洗或抽吸的方式进行清洁）。

7. 第六代热膜式空气流量计

（1）第六代热膜式空气流量计（HFM6）结构　大众汽车使用的第六代热膜式空气流量计（HFM6）由测量管和传感器电子单元及传感器元件组成。通过测量分流（旁路）中的空气来测量空气质量。通过其特殊的结构，空气流量计可以测量吸入及回流的空气质量，见图2-14。

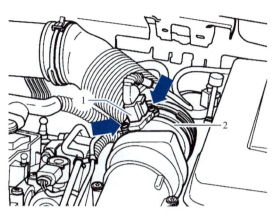

图2-13 拆卸空气流量传感器

图2-14 热膜式空气流量计结构

与早期的空气流量计比较，HFM6将数字信号传递给发动机控制单元，更能准确、稳定地分析。早些时候发动机控制单元接收到的是一个模拟信号，随着元器件的老化，过渡电阻会使信号失真。

（2）工作原理　新空气流量计与以往型号一样按照热力测量原理工作。功能部件主要由具有回流识别功能的微型机械式传感器元件和进气温度传感器、一个具有数字信号处理功能的传感器电子单元和一个数字接口组成，见图2-15。

● 旁路通道。与以往的型号HFM5相比，空气流量计HFM6的旁路通道在流动性方面进行了优化。用于空气质量测量的空气分流在阻流边后面被吸入旁路通道。

如图2-16所示，通过传感器元件粘贴和密封，旁路通道完全与传感器电子单元隔离。此外，传感器元件使用了更坚固的材料。这一措施提高了传感器的稳定性。

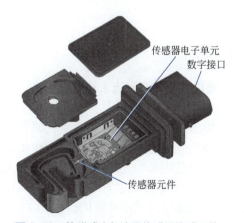

图2-15 热膜式空气流量传感器传感元件

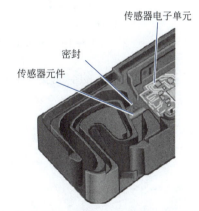

图2-16 热膜式空气流量传感器传感元件旁路通道（一）

如图2-17所示，通过阻流边的构造在其后产生负压，在这个负压的作用下，空气分流被吸入旁路通道，以进行空气质量测量。迟缓的污粒跟不上这种快速的运动，通过分离孔被重新导入到进气中。这样，测量结果不会因污粒而失真，传感器元件也不会因其而损坏。

23

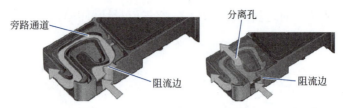

图 2-17　热膜式空气流量传感器传感元件旁路通道（二）

❷ 传感器元件。传感器元件位于传感器电子单元旁边，并伸入用于空气质量测量的空气分流内。在传感器元件上有 1 个热电阻、2 个与温度相关的电阻 R_1 和 R_2 以及 1 个进气温度传感器，见图 2-18。

维修图解

传感器元件在中间通过热电阻被加热到高于进气温度 120℃。

功能示例：进气温度 30℃，热电阻被加热至 120℃，测得温度为 120℃ + 30℃ = 150℃。

由于与热电阻之间的间距，传感器至边缘的温度逐渐降低。电子模块通过 R_1 和 R_2 的温度差识别出进气空气质量和流向。

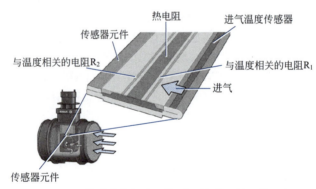

图 2-18　热膜式空气流量传感器传感元件工作原理

进气门关闭时，吸入的空气受其阻碍回流到空气流量计。如果回流未被识别出来，则测量结果就会出错。

如图 2-19 所示，回流的空气碰到传感器元件，先流过与温度相关的电阻 R_2，接下来流过热电阻，然后流过与温度相关的电阻 R_1。电子模块通过 R_1 和 R_2 的温度差识别出回流空气质量和流向。

如图 2-20 所示，空气流量计的传感器元件耸立在发动机吸入的气流中。一部分空气流经空气流量计的旁通气道，旁通气道内有传感器电子装置，该电子装置上集成有 1 个加热电阻和 2 个温度传感器，这 2 个温度传感器用来识别空气的流动方向：吸入的空气首先经过温度传感器 1；从关闭的气门

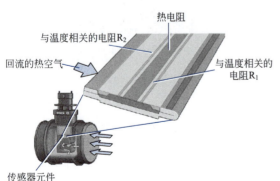

图 2-19　热膜式空气流量传感器传感元件回路识别

回流的空气首先经过温度传感器 2 和加热电阻，发动机控制单元就可计算出吸入空气中的氧含量。

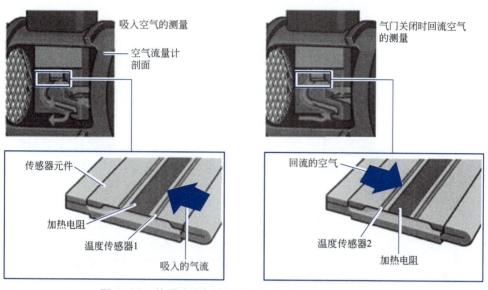

图 2-20　热膜式空气流量传感器传感元件识别工作过程

（3）空气流量计诊断　数字信息相对于模拟线路连接来说，对干扰不敏感。发动机控制单元需要进气空气质量用于准确地计算与负荷有关的功能。在空气流量计失灵时，发动机控制单元将会使用一个在其内预设的替代空气流量计。

空气流量计向发动机控制单元传递一个包含被测空气质量的数字信号（频率）。发动机控制单元通过周期长度来识别测得的空气质量，见图 2-21。

空气进气温度传感器内置在质量式空气流量传感器中，传感器检测空气进气温度并转换为 ECU 信号。该温度传感器单元利用了一个对温度变化敏感的热敏电阻，该热敏电阻的电阻值随温度的升高而降低。

进气温度（IAT）传感器是一个测量进入发动机的空气温度的可变电阻器。发动机控制单元向进气温度传感器信号电路提供 5V 电压，并向低电平参考电压电路提供搭铁。

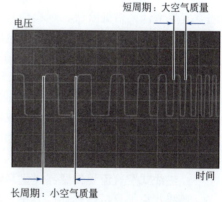

图 2-21　热膜式空气流量传感器波形

（4）HFM6 电路检查

❶ 热膜式空气流量计各插头端子的说明
- T5h/5 为空气流量计信号线，电压在 0～5V 之间变化。
- T5h/4 为搭铁线，在车身线束 B702 中。
- T5h/3 为电源线，打开点火开关时，由点火开关 15 号线 J527 向转向柱电子装置电控单元提供电源信号，再向 J519 提供电源号，J519 向 J329 提供电源使继电器吸合，并经熔丝 SC22（5A）向空气流量计提供蓄电池电压。
- T5h/2 为进气温度传感器信号线，温度低时电压高，温度高时电压低，如在 20℃ 时电压在 0.5～3V 之间。

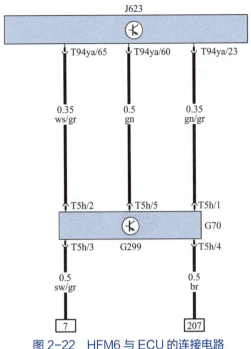

图 2-22　HFM6 与 ECU 的连接电路

G70—空气流量计；G299—进气温度传感器；
J623—发动机电控单元

- T5h/1 为电源信号线，由发动机电控单元 J623 提供 5V 参考电压。

❷ 检测电源电压。

- 关闭点火开关，拆下空气滤清器，再打开点火开关，即置于 ON 位置，不启动发动机。
- 用万用表的电压挡测量空气流量计插头中的 T5h/3 端子（正信号线）与 T5h/4 搭铁线端子（负信号线）之间的电压值，该电压值为蓄电池电压。
- 然后用万用表测量插头 T5h/5 端子与 T5h/4 搭铁线端子间的电压值，该电压的标准值应为 5V。

HFM6 与 ECU 的连接电路见图 2-22。

❸ 检测信号电压。关闭点火开关，拆下空气滤清器，再打开点火开关，即置于 ON 位置，不启动发动机；用万用表的电压挡测量空气流量计插头中的 T5h/1 端子（正信号线）与 T5h/5 端子（负信号线）之间的电压值；将"+"表笔插入空气流量计 5 号端子线束中，"-"表笔插入 3 号端子的线束中，然后用电吹风（冷风挡）向空气流量计入口处吹气，观察信号电压的变化情况。如果信号电压不发生变化，则说明空气流量计失效，应予以更换。信号电压的标准值为 2.0～4.0V。

❹ 用诊断仪检测数据流。用故障诊断仪检测空气流量计信号，读取基本功能数据。显示区域进气流量，其标准值为 2.0～4.5g/s。如果小于 2.0g/s，则说明进气系统有泄漏；如果大于 4.5g/s，则说明发动机负荷太大。偏离标准值的原因可能是空气流量计或其线路发生故障。如果空气流量计有故障，则会出现故障码 00553（空气流量计 G70 线路搭铁断路或短路）。

（二）热线式空气流量传感器

1. 热线式空气流量传感器类型和结构

热线式空气流量传感器按其铂金热线安装位置的不同可分为 2 种。

（1）主流测量方式热线式空气流量计　主流测量方式，其热线电阻安装在主通气道中。这种方式的热线式空气流量计由铂金热线电阻、温度补偿电阻（冷线）、取样管、控制电路板、防护网及插接器组成，见图 2-23。热线是一根铂金丝，它装在取样管内的支承环上，其阻值随温度变化而变化。

（2）旁通测量方式热线式空气流量计　旁通测量方式，其热线电阻安装在旁通气道中。这种方式的热线式空气流量计与主流测量方式的热线式空气流量计的结构基本相同，主要区别在于

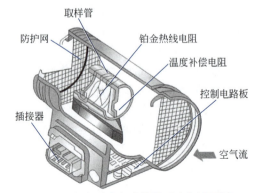

图 2-23　主流测量方式热线式空气流量计

前者把热线和补偿电阻用铂丝缠绕在陶瓷螺旋管上，且把铂金热线和温度补偿电阻安装在旁通气道上，见图2-24。

2. 热线式空气流量传感器原理

（1）基本原理　空气质量的信号品质取决于温度。要准确确定空气质量，需要有高精度。因此，发动机控制单元所接收到的空气质量信号必须通过外部进气温度传感器进行修正。

安装在控制电路板上的精密电阻和热线电阻及温度补偿电阻组成了惠斯通电桥。热线电阻放在进气道内，当进气气流流经它时，其热量被流过的空气吸收，使热线温度降低，且空气流量增大时，被带走的热量也增加，热线式空气流量计就是利用热线与空气之间的这种热传递进行空气流量测定的。

（2）工作特性　热线电阻 R_H 以铂丝制成，R_H 和温度补偿电阻 R_K 均置于空气通道中的取气管内，与 R_A、R_B 共同构成桥式电路。R_H、R_K 阻值均随温度变化。当空气流经 R_H 时，使热线温度发生变化，电阻减小或增大，使电桥失去平衡，如果要保持电桥平衡，就必须使流经热线电阻的电流改变，以恢复其温度与阻值，精密电阻 R_A 两端的电压也相应变化，并且该电压信号作为热线式空气流量计输出的电压信号输送给发动机控制单元，见图2-25。

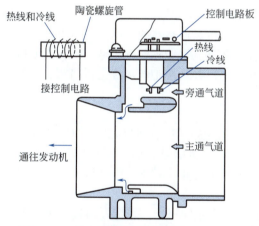

图2-24　旁通测量方式热线式空气流量计

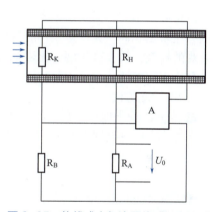

图2-25　热线式空气流量传感器电路原理

3. 热线式空气流量传感器电路

由于热线安装在进气管路中，在使用一段时间后，热线表面会受空气中灰尘的沾污，从而引起空气流量传感器输出信号的偏差，使其测量精度降低。为消除这些问题，传感器在集成电路中设置了一个热线自清洁电路。

结合图2-26，进行电路说明。

发动机转速超过1500r/min时，每次关闭发动机时，控制电脑ECU便控制着电路给热线输送一极限电压值，使热线迅速加热到可以清除其上脏物的温度，从而达到自清洁作用，因此，在热线式空气流量传感器导线连接器端子中，有一个由ECU输入自清洁信号的端子F。

热线式空气流量传感器连接器有5端子和6端子两种。由于热线式空气流量传感器的热线所需电流较大，其电源的供给是不通过ECU的，而是直接取自于蓄电池，因此，接线端子中有蓄电池供电端子E，同时也相应地增设了不通过ECU内部的搭铁端子，用它作为热线加热电路的搭铁端子C。

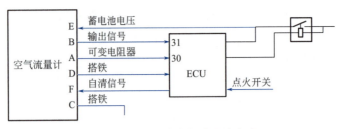

图 2-26　热线式空气流量计电路

热线式空气流量传感器除上述搭铁端子外，还另有一个搭铁端子是通过控制电脑 ECU 内部来搭铁的，它是传感器内部集成电路的搭铁端子 D。

A 端子为调整一氧化碳的可变电阻输出端子（电位计的信号输出端）。在早期没有安装氧传感器的发动机上，该电位计用于调整怠速时可燃混合气的空燃比，从而进一步控制怠速时的一氧化碳排放浓度，与怠速混合气调整螺钉联动，输出高电压，ECU 便稍微增加喷油量，混合气变浓，怠速较为稳定，废气中的一氧化碳含量会有所增加。相反，喷油量则减少，混合气变稀，废气中的一氧化碳含量有所减少。

4. 热线式空气流量传感器检测

（1）检测说明　检查是一种检测方法，不特定指某一款车型，各种车型的传感器插头端子设置有所不同，而且因车型的不同，热线式空气流量传感器的检测数据有所差异，但是检测方法基本相同。无论是怎样的检测，如果怀疑空气流量传感器有故障，则首先要拆下进行直观的检查：检查其护网有无阻塞或破裂，并从出口处观察铂丝热线是否堵塞、脏污、折断，并检查空气滤清器的质量和使用情况。

（2）检测方法

❶传感器输出电压。在关闭点火开关的前提下，拔下空气流量传感器的导线连接器，并拆下空气流量传感器总成，进行单体测量。测量输出信号之前，需在传感器蓄电池电压输入端子 E 与搭铁端子 D 之间加蓄电池电压（蓄电池正极接 E、负极接 D），如图 2-26 所示。

❷静态检测。将蓄电池的正极与 E 端相连，负极与 D 相连，并将万用表置于 10V 直流电压挡，测量端子 B 和 D 之间的电压，其标准电压值为（1.6±0.5）V。如其电压值不符，则须更换空气流量传感器。见图 2-27。

❸动态检测。保持上述"静态检测"接线方式不变，用电风扇向空气流量计吹入空气，用万用表电压挡测量端子 B 和 D 之间的电压，其电压值应升到 2～4V（大约值）。如其电压值不符，则须更换空气流量传感器。见图 2-28。

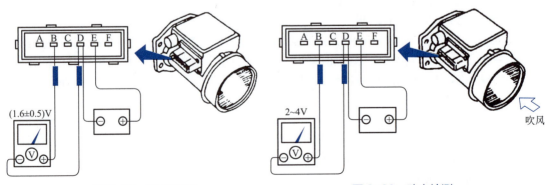

图 2-27　静态检测　　　　　　　　　　图 2-28　动态检测

❹ 在路检测
● 接通点火开关，不启动发动机，测量插座内 E 端子与 D 端子之间的电压应为 12V 左右。
● 如果测量 E 端子和 D 端子之间无电压，而 E 端子和 C 端子之间电压为 12V，则说明 D 端子接触不良。应检查 D 端子到发动机控制单元的导线或搭铁线是否良好。
● 检测 B-D 端子间电压，应为 1.6V 左右；启动发动机，测量 B-D 端子间电压，应为 2～4V。

5. 热线式空气流量传感器故障判断

某君威轿车采用的热线式空气流量计使用热线电阻式元件，此元件与温度补偿电阻、精密电阻、电桥电阻及环境温度传感器共同组成惠斯通电桥。热线式空气流量计为三导线型传感器，安装在进气管中。

空气流量（MAF）传感器和进气温度（IAT）传感器集成在一起。质量式空气流量传感器测量进入发动机的空气量。在符合发动机转速和负载条件下，发动机控制模块（ECM）利用质量式空气流量传感器信号提供正确的燃油输送量。空气流量/进气温度传感器具有点火电压、空气流量传感器搭铁、空气流量传感器信号、进气温度传感器信号及进气温度低电平参考电压的电路。发动机控制模块向空气流量传感器信号电路上的空气流量传感器提供 5V 电压。传感器根据流过传感器孔的进气流量，利用电压产生频率。

空气流量传感器发生故障，会生成故障码 P0100［空气流量（MAF）传感器电路］、P0102［空气流量（MAF）传感器电路频率过低］和 P0103［空气流量（MAF）传感器电路频率过高］。

对热线式空气流量计进行检测时，应主要检测空气流量计的输出信号电压。首先关闭点火开关，拔下传感器插接器；然后将点火开关转至 ON 位置，但不启动发动机；用万用表电压挡测量空气流量计信号端子和搭铁端子之间的电压，即 1 端子与 2 端子间的电压，该电压应为 5V；当该空气流量计输出电压正常时，可用电吹风向该空气流量计进气口处吹风，其信号电压应随吹风量大小的变化而变化，而且应符合标准规定值范围，否则说明空气流量计已损坏，需要更换。图 2-29 为热线式空气流量计与发动机电控单元的连接电路。

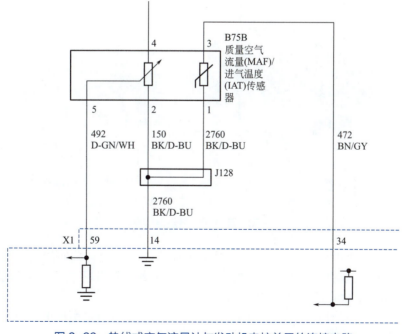

图 2-29　热线式空气流量计与发动机电控单元的连接电路

（三）量芯式空气流量传感器

1. 量芯式空气流量传感器的结构

量芯式空气流量传感器由翼片式空气流量传感器改进而成，它具有进气阻力小、计量精度高和工作性能可靠等优点，不是主流流量传感器，很少车上使用这种传感器，主要由量芯、电位计、进气温度传感器和线束插接器等组成。它的进气量测量部件由一个椭球形量芯构成，安装在进气道内，并可以沿着进气道移动，也就是量芯代替了翼片式传感器的翼片。电位计滑动臂的一端与量芯连接，另一端是滑动触点，当量芯移动时，触点可以在印制电路板的滑动电阻上移动。量芯式传感器没有旁通进气道，也没有怠速混合气调整螺钉。而发动机怠速时，混合气的浓度由电子控制单元根据氧传感器的反馈信号进行空燃比的调节。

2. 量芯式空气流量传感器的工作原理

发动机 ECU 向空气流量传感器的 VC 端输入一个不变的 5V 电压，量芯在进气气流的推动下向后移动，导致电压输出端 VS 输出一个可变电压，并把 VS 的电压信号输入 ECU，因进气量与 VS 的电压变化值成正比，所以可测得进气量大小。进气温度传感器把进气温度信号也输入 ECU，用于修正进气量，ECU 按最佳比例控制空燃比，使发动机在任何工况下都能正常工作。

（四）翼片式空气流量传感器

1. 翼片式空气流量传感器结构

翼片式空气流量传感器又称活门式空气流量传感器，是利用力矩平衡原理和电位器原理开发研制的机械式传感器，已生产使用多年，具有结构简单、价格便宜、可靠性高的优点，广泛用于丰田皇冠、佳美、子弹头、马自达等轿车的燃油喷射系统中。它主要由翼片、电位计和接线端子 3 部分组成，见图 2-30。

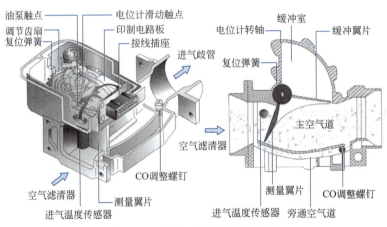

图 2-30　翼片式空气流量传感器

（1）翼片　翼片式空气流量传感器的翼片包括在主空气道内旋转的测量翼片和缓冲翼片，两者铸成一体。缓冲翼片在缓冲室内偏转，对测量翼片起阻尼作用，当发动机吸入的空气量急剧变化和气流脉动时，减小翼片的脉动。

（2）电位计　电位计位于空气流量传感器上壳体上方，内有平衡配重、滑臂、复位弹簧、调整齿圈和印制电路板等。

（3）接线端子　翼片式空气流量传感器的接线插头共有7个接线端子，有些轿车的传感器取消了燃油泵控制触点，其接线插头为5个接线端子，在插头护套上一般都标有接线端子名称。

2. 翼片式空气流量传感器工作原理

当空气通过传感器的主通道时，翼片将受吸入空气气流的压力和复位弹簧的弹力共同作用，节气门开度增大时，空气流量增大，气流压力将增大，此压力作用在翼片上使其偏转，令其转角α逐渐增大，直到气流的压力和复位弹簧的弹力平衡。与此同时，电位计的滑臂与翼片转轴同轴旋转，使接线端子V_C与V_o之间的电阻减小，使其分压电压U_o的值降低。当吸入空气的流量减小时，翼片转角α减小，接线端子V_C与V_o之间的电阻增大，U_o电压值升高。

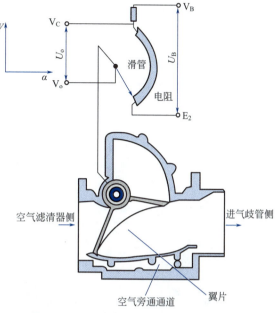

图2-31　翼片式空气流量传感器电路原理

这样，发动机电控单元（ECU）就可根据空气流量传感器输出的U_o/U_B的信号大小感知空气流量的大小。U_o/U_B的电压比值与空气流量成反比。翼片式空气流量传感器电路原理见图2-31。

3. 翼片式空气流量传感器的检查

（1）故障影响　翼片式空气流量传感器出现故障会使电控单元接收错误的进气量信号，从而导致混合气的空燃比过大或过小，使混合气过稀或过浓，影响发动机的正常运转。

翼片式空气流量传感器常见故障有翼片摆动卡滞、电位计滑动触点磨损或腐蚀而使滑动电阻片与触点接触不良及油泵触点接触不良导致的电动燃油泵供油不稳等。

（2）检查与测量　对空气流量传感器进行检测时，首先应检测其机械部分工作是否良好。可用手拨动翼片，使其转动，检查翼片是否运转自如，复位弹簧是否良好，如果触点无磨损，翼片摆动平衡、无卡滞和破损，说明其机械部分完好。然后检测传感器的空气流量计各端子与搭铁间电阻、油泵触点与搭铁间电阻、进气温度传感器与搭铁端子的电阻和信号输出电压。检测方法如下：

❶检测电动燃油泵电阻。用万用表测量电动燃油泵两信号端子间的电阻值，翼片关闭时应为∞，翼片开启后任一位置都应为0，否则说明有故障。

❷检测流量计的电阻。
● 静态测量方法：先断开点火开关，拔下传感器线束连接插头，用万用表测量各端子间电阻，应与标准参考值相差不大，否则说明传感器有故障。
● 动态测量方法：先断开点火开关，拔下传感器各线束连接插头，用万用表测量各端子电阻的同时用螺钉旋具拨动翼片，在翼片摆动过程中，电阻值应连续变化，否则说明传感器有故障。

❸检测进气温度传感器电阻。用万用表测量进气温度传感器随热敏电阻温度而变化的电阻值，应符合标准参考值，否则说明传感器有故障。

（五）卡尔曼涡流式空气流量传感器

1. 光学式卡尔曼涡流式空气流量计

（1）光学式卡尔曼涡流式空气流量计结构　涡流式空气流量传感器通常与空气滤清器外壳安装成一体，并与进气总管上的节气门体相连接。光学式卡尔曼涡流式空气流量计结构见图2-32。

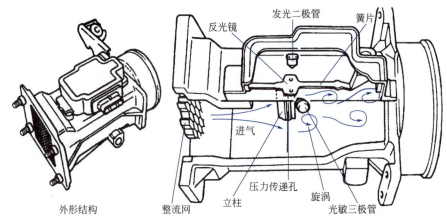

图2-32　光学式卡尔曼涡流式空气流量计结构

（2）光学式卡尔曼涡流式空气流量计原理　卡门旋涡是指在流体中放置一个圆柱状或三角状物体时，在这一物体的下游就会产生两列旋转方向相反并交替出现的旋涡。当满足 $h/a=0.281$ 时，两列旋涡才是稳定的，见图2-33。

卡尔曼涡流式空气流量计利用流体因附面层的分离而交替产生的一种自然振荡型旋涡原理来测量流体的速度，并通过对速度的测量直接反映空气流量。

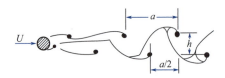

图2-33　卡门旋涡原理

发动机主通道内设一个锥形的涡流发生器，当空气流经进气道时，会在涡流发生器的后部产生有规律的卡尔曼涡流，这将导致涡流发生器周围的压力发生变化，变化的压力经过导压孔引向金属膜制成的反光镜表面，使反光镜振动。反光镜振动频率等于涡流的频率。

2. 超声波式卡尔曼涡流式空气流量计

（1）超声波式卡尔曼涡流式空气流量计结构　如图2-34所示，它由超声波信号发生器（超声波发射探头）、涡流稳定板、涡流发生器、整流器、超声波接收探头和转换电路等组成。在卡门旋涡发生器下游管路两侧

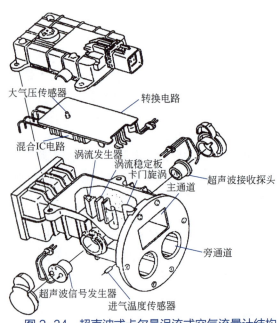

图2-34　超声波式卡尔曼涡流式空气流量计结构

相对安装超声波发射探头和接收探头。

（2）超声波式卡尔曼涡流式空气流量计原理　超声波的传播速度受空气的密度所影响，空气的密度越高则超声波的传播速度就越快，反之越慢，就会使超声波从发射探头到接收探头的时间较无旋涡变晚而产生相位差。ECU根据接收信号的频率来检测出卡门旋涡的频率，这样来求得进气量。随着进气量的增大，传感器的输出信号的频率不断增大，信号的占空比也发生相应的变化。图2-35为超声波式卡尔曼式涡流式空气流量计原理。

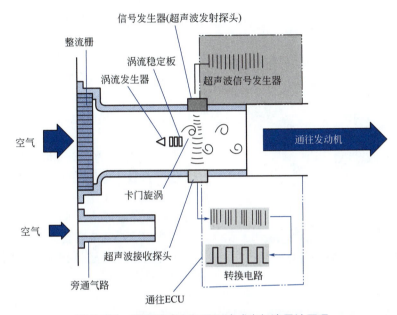

图2-35　超声波式卡尔曼涡流式空气流量计原理

3. 卡尔曼涡流式空气流量计电路

为了对进气温度进行适时检测，卡尔曼涡流式空气流量传感器内装有进气温度传感器。

> **维修图解**

ECU根据进气温度信号THA，对随气温变化的空气密度进行修正。因此，卡尔曼涡流式空气流量传感器接线端子上有进气温度信号THA端子和进气温度传感器接地端子E_1，见图2-36。

为保证卡尔曼涡流式空气流量传感器内电路正常工作，通过ECU给传感器输入工作电压，其信号端子为VC，传感器接地端子为E_2。卡尔曼涡流式空气流量传感器输出信号端子上常以"KS"符号来表示。

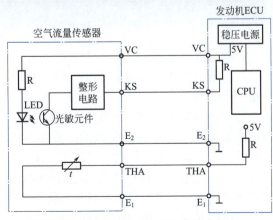

图2-36　卡尔曼涡流式空气流量计电路

第二节 冷却液温度传感器

一、冷却液温度传感器概述

1. 冷却液温度传感器作用

（1）作用原理 冷却液温度传感器进行温度记录时，使用的是与温度有关的电阻器，可测量与温度有关的电阻值，通过一条传感器特有的特性线转换成温度值。在冷却液温度传感器中安装有一个热敏电阻，其电阻值随温度的上升而下降。

（2）作用目的 冷却液温度传感器转换成一个电气参数（电阻值）。对此使用一个具有负温度系数（NTC）的电阻。冷却液温度还用于喷油量和怠速理论转速的测量值计算。

2. 冷却液温度传感器类型

冷却液温度传感器按应用范围制造成不同的结构，见图2-37。

图2-37 不同造型的冷却液温度传感器
1—冷却液温度传感器；2—插头

二、冷却液温度传感器结构

冷却液温度传感器是一个测量发动机冷却液温度的可变电阻。热敏电阻内置于发动机冷却液温度传感器，其电阻值随着发动机冷却液温度的变化而变化。

冷却液温度传感器由半导体材料制成，测量电阻安装在壳体内。冷却液温度传感器。主要由热敏电阻、金属引线、接线触点和外壳等组成，见图2-38。

三、冷却液温度传感器工作原理

1. 基本工作原理

冷却液温度传感器用于识别发动机温度、计算点火时间和喷油时间，是发动机工作核心的重要传感器。

冷却液温度传感器会调整一个来自ECU的电压信号，调整后的信号作为发动机冷却液温度测量的输入信号返回给ECU。传感器利用了一个对温度改变敏感的热敏电阻。当冷却液温度较低时，传感器的电阻值较大，而当冷却液温度升高时，传感器的电阻值变小，并将这种变化通过电路的连接转化为电信号输送给ECU，ECU根据输入的电信号来对发动机的喷油量及喷油时间进行修正，同时调整空燃比，冷机时供给较浓的可燃混合气，热机时供给较稀的可燃混合气，使发动机稳定而良好地工作。

2. 冷却液温度传感器特性

冷却液温度传感器电阻与冷却液温度有关。在发动机控制系统中存储了一个表格，此表格说明每个电压值的对应温度，借此可补偿电压和温度之间的非线性关系。冷却液温度传感器特性如图 2-39 所示，温度与电阻关系见表 2-3。

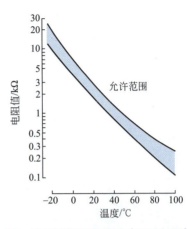

图 2-38　传感器结构　　　　图 2-39　冷却液温度传感器（热敏电阻）特性

表 2-3　冷却液温度传感器信号输出范围（温度与电阻关系）

测试温度 /°C	输出电阻特性		温度误差精度 (±) /°C	测试温度 /°C	输出电阻特性		温度误差精度 (±) /°C
	电阻 /Ω	电阻值误差 (±) /%			电阻 /Ω	电阻值误差 (±) /%	
−40	100865	4.9	0.7	40	1465	2.4	0.6
−35	72437	4.6	0.7	45	1195	2.3	0.6
−30	52594	4.4	0.7	50	980.3	2.3	0.6
−25	38583	4.2	0.7	55	808.8	2.2	0.6
−20	28582	4.0	0.7	60	670.9	2.2	0.6
−15	21371	3.8	0.7	65	559.4	2.2	0.6
−10	16120	3.6	0.7	70	469.7	2.1	0.6
−5	12261	3.4	0.6	75	394.6	2.1	0.6
0	9399	3.2	0.6	80	333.8	2.0	0.6
5	7263	3.1	0.6	85	283.5	2.0	0.6
10	5658	2.9	0.6	90	241.8	2.1	0.7
15	4441	2.8	0.6	95	207.1	2.2	0.7
20	3511	2.6	0.6	100	178	2.3	0.6
25	2795	2.5	0.6	105	153.5	2.4	0.8
30	2240	2.5	0.6	110	133.1	2.5	0.9
35	1806	2.4	0.6	115	115.7	2.6	0.9

续表

测试温度 /°C	输出电阻特性		温度误差精度 (±) /°C	测试温度 /°C	输出电阻特性		温度误差精度 (±) /°C
	电阻 /Ω	电阻值误差 (±) /%			电阻 /Ω	电阻值误差 (±) /%	
120	100.9	2.7	1.0	140	60.3	2.9	1.2
125	88.3	2.8	1.0	145	53.4	2.9	1.2
130	77.5	2.8	1.1	150	47.5	2.9	1.2
135	68.3	2.8	1.1				

四、冷却液温度传感器本体电路

1. 内部电路

电阻值根据温度在 216kΩ ～ 33Ω 的范围内变化，对应于 -55 ～ 160℃ 的温度。

冷却液温度传感器通过一个 2 芯插头进行连接。热敏电阻是一个由发动机控制系统提供 5V 供电的分压器电路的部件。图 2-40 为冷却液温度传感器电路。

2. 冷却液温度传感器工作参数

表 2-4 为冷却液温度传感器工作参数。

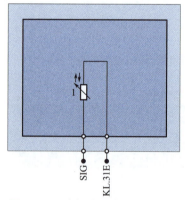

图 2-40　冷却液温度传感器电路

1—冷却液温度传感器（热敏电阻）；KL.31E—总线端 KL.31，电子接地线；SIG—5V 供电电压

表 2-4　冷却液温度传感器工作参数

项目 / 物理量 / 说明	参数	项目 / 物理量 / 说明	参数
工作电压范围	4.9 ～ 5.1V	温度分辨率	±1℃
信号电压	0.2 ～ 3.3V	最大输出电流	20mA
响应时间	15s	温度范围	-55 ～ 160℃

五、冷却液温度传感器关联电路

如图 2-41 所示，冷却液温度传感器提供常时电源到发动机控制继电器。发动机控制继电器由 ECM（编号 30）进行控制。当点火开关处于"ON"位置时，ECM 控制发动机控制继电器工作。电源通过发动机控制继电器提供到冷却风扇（低速 / 高速）继电器的触点。根据发动机冷却液温度传感器和空调操作状态，ECM 控制冷却风扇（低速 / 高速）继电器工作，提供电源到冷却风扇电动机。

（1）冷却风扇低速运转　冷却风扇（低速）继电器 3 号端子通过 ECM 的 31 号端子搭铁。继电器线圈被磁化，冷却风扇（低速）继电器开关（1 和 2）接触，电源通过继电器开关提供到冷却风扇电动机（2 号）。因为电源通过冷却风扇电动机的内部电阻提供到电动机，电压下降，电动机以低速运转。

（2）冷却风扇高速运转　冷却风扇（高速）继电器 3 号端子通过 ECM 的 53 号端子搭铁。继电器线圈被磁化，冷却风扇（高速）继电器开关（1 和 2）接触，电源通过继电器开关提

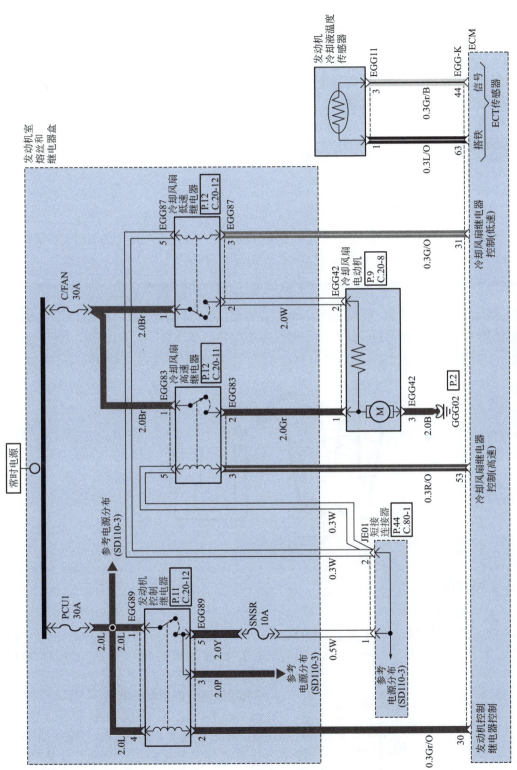

图2-41 冷却液温度传感器关联电路

供到冷却风扇电动机（1号）。因为电源不通过冷却风扇电动机的内部电阻提供到电动机，电动机以高速运转。

（3）发动机冷却液温度传感器　发动机冷却液温度传感器（ECT）测量发动机的冷却液温度。ECT的电源通过串联电阻提供给冷却液温度传感器。ECT热敏电阻的电阻值随着温度的变化而改变，因而改变输出信号。当发动机冷态运转时，为了防止发动机失速和改善驾驶稳定性，控制单元利用冷却液温度传感器信号增加燃油喷射持续时间和控制点火时期，利用冷却液温度信息控制冷却风扇。

六、冷却液温度传感器故障判断

（一）冷却液温度传感器本体检测

发动机控制模块为传感器提供一个5V参考电压，冷车时电压升高，热车时电压降低。通过测量电压变化，发动机控制模块可以确定发动机冷却液温度。

维修图解

如图2-42所示，检测发动机冷却液温度传感器端口1和端口2之间的电阻值。如不符合表2-3中电阻和温度的对应关系数值，说明冷却液温度传感器已经失效。

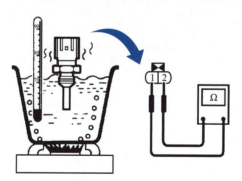

图2-42　冷却液温度传感器本体检测

（二）电路检查

1. 电路诊断说明

冷却液温度传感器故障会生成2个故障码：故障码P0117，表示发动机冷却液温度传感器电路电压过低；故障码P0118，表示发动机冷却液温度传感器电路电压过高。

2. 冷却液温度传感器单一电路

如图2-43所示，发动机控制单元（ECM/ECU）通过线束连接器EN01的41号端子给ECT传感器线束连接器EN23的A号端子提供5V电压，并通过EN01的40号端子给ECT传感器连接器EN23的C号端子提供ECM内部低参考电压。

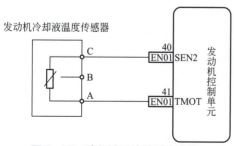

图2-43　冷却液温度传感器电路

ECM 内部始终会记录点火开关关闭的时间长度，如果启动时达到了设定的点火开关关闭时间，发动机控制单元将比较发动机冷却液温度和进气温度之间的温度差，以确定两个温度彼此之差是否在正常工作范围内。

3. 冷却液温度传感器故障检查步骤

第一步　检查发动机冷却液温度传感器上是否有腐蚀迹象，以及发动机冷却液是否通过传感器泄漏；检查冷却系统储液罐内的发动机冷却液液面是否正确。

第二步　测量发动机冷却液温度传感器电阻。

❶转动点火开关至"OFF"位置。

❷断开发动机冷却液温度传感器线束连接器 EN55。

❸测量发动机冷却液温度传感器电阻值。

❹连接发动机冷却液温度传感器线束连接器 EN55。

电阻是否符合规定值？如不符合，更换发动机冷却液温度传感器；如符合，则进行下一步检查。

第三步　测量发动机冷却液温度传感器信号电路。

❶转动点火开关至"OFF"位置。

❷断开发动机冷却液温度传感器线束连接器 EN55。

❸转动点火开关至"ON"位置。

❹测量发动机冷却液温度传感器 EN55 的 A 号端子与可靠接地之间的电压（标准电压值 4.7～5.5V）。

❺连接发动机冷却液温度传感器线束连接器 EN55。

电压正常否？如果正常，转到第五步进行检查；如果不正常，则进行下一步检查。图 2-44 为发动机冷却液温度传感器线束连接器 EN55。

第四步　测量发动机冷却液温度传感器接地电路。

❶转动点火开关至"OFF"位置。

❷断开发动机冷却液温度传感器线束连接器 EN55。

❸转动点火开关至"ON"位置。

❹测量发动机冷却液温度传感器线束连接器 EN55 的 C 号端子与可靠接地之间的电阻（标准电阻值小于 1Ω）。

❺连接发动机冷却液温度传感器线束连接器 EN55。

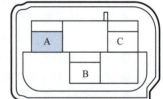

图 2-44　发动机冷却液温度传感器线束连接器 EN55

电阻值正常吗？如果正常，转到第六步进行检查；如果不正常，则进行第七步检查。

第五步　检查发动机冷却液温度传感器信号电路。

❶转动点火开关至"OFF"位置。

❷断开发动机冷却液温度传感器线束连接器 EN55。

❸断开 ECM 线束连接器 EN44。

❹测量发动机冷却液温度传感器线束连接器 EN55 的 A 号端子与 ECM 线束连接器 EN44 的 41 号端子之间的电阻值，检查是否存在断路情况。

❺测量发动机冷却液温度传感器线束连接器 EN55 的 A 号端子与可靠接地之间的电阻值，检查是否存在对地短路情况。

❻测量发动机冷却液温度传感器线束连接器 EN55 的 A 号端子与可靠接地之间的电压值，检查是否存在对电源短路情况。

以上各测量参数见表 2-5。

表 2-5　测量参数

测量项目	标准值
EN55A-EN44（41）电阻值	小于 1Ω
EN55A - 可靠接地电阻值	10kΩ 或更高
EN55A - 可靠接地电压值	0V

第六步　检查发动机冷却液温度传感器接地电路。
❶ 转动点火开关至"OFF"位置。
❷ 断开发动机冷却液温度传感器线束连接器 EN55。
❸ 断开 ECM 线束连接器 EN44。
❹ 测量发动机冷却液温度传感器线束连接器 EN55 的 C 号端子与 ECM 线束连接器 EN44 的 40 号端子之间的电阻值，检查是否存在断路情况，否则修理故障部位。
❺ 测量发动机冷却液温度传感器线束连接器 EN55 的 C 号端子与可靠接地之间的电压值，检查是否存在对电源短路情况，否则修理故障部位。

第七步　检查控制单元 ECM 电源电路。
❶ 检查 ECM 电源电路是否正常。
❷ 检查 ECM 接地电路是否正常。
如果不正常，需要处理故障部位。

第八步　更换控制单元 ECM。

第九步　利用故障诊断仪确认故障代码是否再次存储。
❶ 连接故障诊断仪至诊断测试接口。
❷ 转动点火开关至"ON"位置。
❸ 清除故障代码。
❹ 启动发动机并怠速暖机运行至少 5min。
❺ 再次对控制系统进行故障代码读取，确认系统无故障代码输出，确定故障排除。

（三）冷却液温度传感器故障码分析

冷却液温度传感器失效时，将出现以下情况：在发动机控制单元记录故障代码；以替代值紧急运行。

1. 故障码 P0117 分析

（1）故障描述　冷却液温度传感器电压太低。

（2）故障原因　可能故障原因：冷却液温度传感器线束接头断路或短路到电源；冷却液温度传感器线束接头短路到接地或短路到电源；冷却液温度传感器故障；PCM（ECM/ECU）损坏。

（3）故障生成原理　发动机冷却液温度传感器用来检测发动机冷却液的温度。此传感器会调整一个来自 PCM 的电压信号。调整后的信号作为发动机冷却液温度测量的输入信号返回给 PCM。该传感器利用了一个对温度变化敏感的热敏电阻。热敏电阻的电阻值会随温度的升高而变小。

（4）故障识别条件　发动机运转 120s 以上或吸收时间 360min 以上，当冷却液温度传感器测量到水温度高于 149℃ 时，一个过低的电压会从冷却液温度传感器传送给 PCM，设定故障码 P0117。

2. 故障码 P0118 分析

（1）故障描述　冷却液温度传感器电压太高。

（2）故障原因　可能故障原因：冷却液温度传感器线束接头断路或短路到电源；冷却液温度传感器线束接头短路到接地或短路到电源；冷却液温度传感器故障；PCM（ECM/ECU）损坏。

（3）故障生成原理　发动机冷却液温度传感器用来检测发动机冷却液的温度。此传感器会调整一个来自 PCM 的电压信号。调整后的信号作为发动机冷却液温度测量的输入信号返回给 PCM。该传感器利用了一个对温度变化敏感的热敏电阻。热敏电阻的电阻值会随温度的升高而变小。

（4）故障识别条件　发动机运转 120s 以上或吸收时间 360min 以上，当冷却液温度传感器测量到水温度低于 -38℃ 但进气温度在 0℃ 以上时，一个过高的电压会从冷却液温度传感器传送给 ECM，设定故障码 P0118。

3. 故障码 P0116 分析

（1）故障描述　冷却液温度传感器可信度低，信号变化太快。

（2）故障生成原理　如果出现不连续的大于 30℃ 的温度差，则识别到故障，生成故障码 P0116。

（3）故障识别条件　发动机运转；控制单元电压 9～16V。

❶ 温度条件：无。

❷ 时间条件：无。

（4）故障存储和显示　立刻记录故障。

（5）故障处理措施　检测下列部件之间的导线和插头连接：发动机控制单元，冷却液温度传感器；更新冷却液温度传感器。

七、冷却液温度传感器更换

1. 带有螺栓的冷却液温度传感器

❶ 释放冷却系统压力。

❷ 断开发动机冷却液温度传感器线束插头，用扳手拧松后，旋出冷却液温度传感器。

❸ 安装时，在发动机冷却液温度传感器的螺纹上涂抹密封剂。

❹ 检查冷却液面高度，如需，则添加相同颜色的冷却液。

图 2-45 为其更换。

2. 插入式冷却液温度传感器

❶ 释放冷却系统压力。

❷ 断开冷却液温度传感器插头。

❸ 拔出冷却液温度传感器紧固件（锁紧片）。

❹ 检查冷却液面高度，如需，则添加相同颜色的冷却液。

图 2-45　更换带有螺栓的冷却液温度传感器

图 2-46 为其更换。

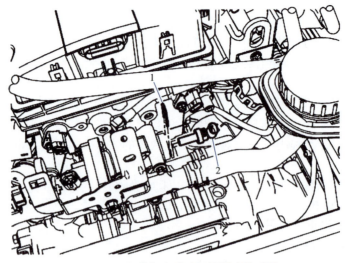

图 2-46　更换插入式冷却液温度传感器
1—发动机冷却液温度传感器紧固件（锁紧片）；2—冷却液温度传感器

第三节　进气温度传感器

一、进气温度传感器概述

1. 进气温度传感器作用

（1）作用原理　进气温度传感器安装在空气流量计内，用来监视进气温度。进气温度传感器（IAT）和冷却液温度传感器一样，利用了一个对温度改变敏感的可变电阻器的电热调节器。该电热调节器的电阻值随温度的升高而降低。

（2）作用目的　进气温度传感器安装在增压空气冷却器和节气门之间的增压空气管上。涡轮增压器发动机上的进气温度传感器感测由涡轮增压器压缩并由增压空气冷却器冷却的新鲜空气的温度。如果是自然吸气发动机则直接感测的是新鲜空气进气温度。因空气密度随温度的变化而变化，而喷油量是按空气质量来计算的，且理想空燃比是 14.7：1，所以 ECU 必须根据进气温度对喷油量进行修正，以获得最佳的空燃比。

2. 进气温度传感器类型

进气温度传感器有的集于空气流量计中，有的集于进气歧管压力传感器中，也有独立的进气温度传感器，安装在空气进气软管上。无论哪种进气温度传感器，其特性和原理相同。进气温度传感器见图 2-47。

二、进气温度传感器结构

进气温度传感器主要由绝缘套、塑料外壳、防水插座、铜垫圈、热敏电阻等组成。通常安装在空气滤清器之后的进气软管或空气流量传感器上,有的还在空气流量传感器和谐振腔上各安装一个,以提高喷油量的控制精度。进气温度传感器结构见图 2-48。

图 2-47　进气温度传感器

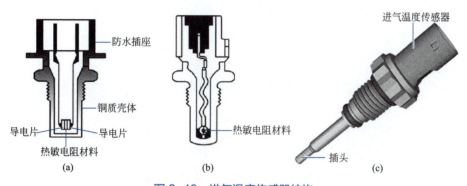

图 2-48　进气温度传感器结构

三、进气温度传感器工作原理

1. 基本工作原理

进气温度传感器是一个可变电阻器,电阻值随着进气温度的变化而变化。进气温度变低时,热敏电阻的电阻值增大。温度变高时,热敏电阻的电阻值减小,能够改变发动机控制模块(ECM)提供的 5V 信号电路上的电压。发动机控制模块向进气温度传感器提供低电平参考电压,该信号随质量式空气流量传感器(MAF)孔内的进气温度而改变。

其工作原理见图 2-49。

2. 工作工程

发动机控制模块(ECM)通过其内部自身电路为发动机进气温度传感器提供 5V 的直流信号并测量其电压降,发动机管理系统将依此电压信号来判定发动机的实际工作状态。对于负温度系数特性的进气温度传感器,当发动机吸入的温度较低时,系统探测到的

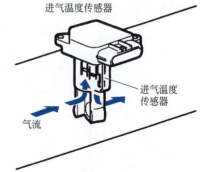

图 2-49　进气温度传感器工作原理

43

电压信号值较高,而当发动机温度较高时,系统探测到的电压值就较低。

进气温度高低对发动机管理系统输出控制状态有直接影响。进气温度高将导致发动机爆震倾向增加,系统的燃油供给量和发动机的点火正时时间(点火提前角)可能会由于进气温度的不同而需要加以修正和补偿。

3. 特性

发动机进气温度传感器的核心温度传感元件由负温度系数特性的半导体热敏电阻构成。其温度特性为负温度系数(NTC)热敏电阻特性。这种温度传感器通常需要采用特殊测量电路来进行其电阻特性的测试。

负温度系数特性的半导体热敏电阻的输出特性为热敏电阻阻值高低与温度冷热的变化成反比关系。即当温度升高时,热敏电阻的输出阻值下降;当温度降低时,热敏电阻的输出阻值增加。

进气温度传感器进行温度记录时,可对其测量与温度有关的电阻值。此电阻值根据温度在 260kΩ ~ 37Ω 的范围内变化,对应于 -55 ~ 230℃ 的温度,见图 2-50。

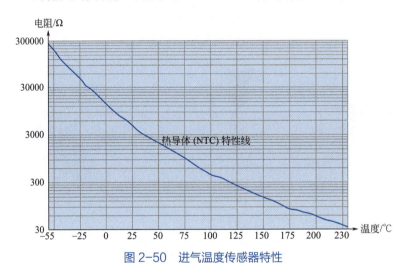

图 2-50 进气温度传感器特性

四、进气温度传感器本体电路

1. 内部电路

进气温度传感器通过一个 2 芯插头进行连接,传感器由发动机控制模块提供接地电压,如图 2-51 所示。

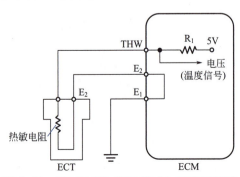

图 2-51 进气温度传感器电路(与 ECM 连接)

2. 工作参数

进气温度传感器工作参数见表 2-6。

表 2-6 进气温度传感器工作参数

项目/物理量/说明	参数	项目/物理量/说明	参数
进气温度传感器电压范围	0.3 ~ 3.3V	最大输出电流	10mA
响应时间	小于 25s	温度范围	-55 ~ 230℃
进气温度分辨率	±1℃		

五、进气温度-压力传感器电路

1. 内部电路

进气温度-压力传感器通过一个4芯插头进行连接,该传感器由发动机控制系统提供5V的电压,如图2-52所示。

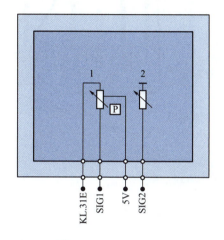

图 2-52　进气温度-压力传感器电路
1—进气压力传感器;2—进气温度传感器;
KL.31E—总线端 KL.31 电子接地线;SIG1—
进气压力信号;5V—5V 供电电压;SIG2—进
气温度信号

2. 工作参数

进气温度传感器的电阻随着温度在 167kΩ～150Ω 的范围内变化,对应于 -40～130℃ 的温度。进气压力传感器工作参数见表2-7。

表 2-7　进气压力传感器工作参数

项目/物理量/说明	参数	项目/物理量/说明	参数
进气压力传感器电压范围	0.5～4.5V	最大输出电流	10mA
进气压力测量范围	0.15～1.2bar	温度范围	-40～130℃
进气温度分辨率	±1℃		

六、进气温度传感器关联电路

当点火开关位于"ON"位置时,发动机控制模块的部件(传感器、执行器、喷油嘴等)处于等待状态。当转动点火开关启动发动机时,利用发动机控制部件(传感器和执行器)持续交换信号或个别控制燃油喷射,根据气缸进气量和空燃比来调整喷射时间,改善燃油经济性,减少废气排放量,提高发动机性能。

图 2-53 中,进气温度传感器置于歧管绝对压力传感器(MAP)内侧。IAT 显示进气歧管中的空气。IAT 内热敏电阻器的电阻值随进气温度的变化而改变,信号电压也随之改变。ECM 利用此信号,修正基本燃油喷射持续时间和点火时间。

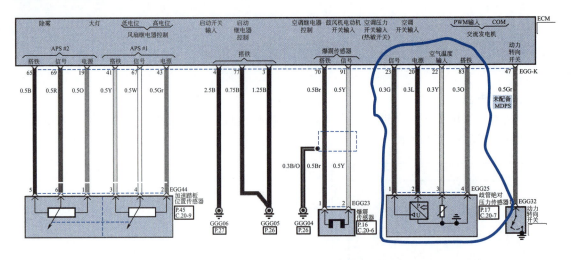

图 2-53 进气温度传感器关联电路

七、进气温度传感器故障判断

（一）进气温度传感器本体检测

维修图解

可以在进气温度 25℃条件下，检查质量式空气流量传感器的 5 和 6 端口之间的电阻，电阻值为 1.8～2.2kΩ。如果差别很大，说明传感器失灵，更换内置有进气温度传感器的空气流量传感器。图 2-54 为进气温度传感器本体检测。

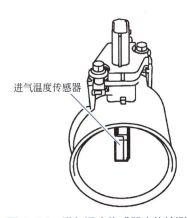

图 2-54 进气温度传感器本体检测

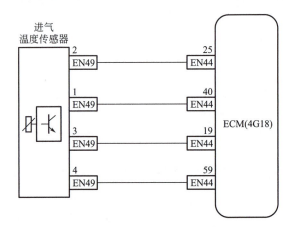

图 2-55 进气温度传感器单一电路

（二）进气温度传感器电路检查

1. 进气温度传感器单一电路

如图 2-55 所示，进气温度传感器有一个信号电路和一个 ECM 内部接地电路。进气温度传感器用于测量进入发动机的空气温度。ECM 通过 ECM 线束连接器 EN44 的 59 号端子向进气温度传感器线束连接器 EN49 的 4 号端子提供 5V 信号参考电压，同时通过 EN44 的 40 端子向进气温度传感器 EN49 的 1 号端子提供 ECM 内部低参考电压。当进气温度传感器处于冷态时，传感器电阻值较高。当空气温度上升时，传感器电阻值减小。当传感器电阻值较高时，ECM 将检测到进气温度传感器信号电路的电压较高。随着传感器电阻值的减小，ECM 检测到的进气温度传感器信号电路的电压也降低。

2. 进气温度传感器故障检查步骤

第一步　直观检查。

检查是否存在以下状况：传感器外壳损坏；传感器松动或安装不正确；传感器线束连接器松脱。

第二步　测量进气温度传感器电阻。

❶ 转动点火开关至"OFF"位置。

❷ 断开进气温度传感器线束连接器 EN49。

❸ 测量进气温度传感器电阻值（标准电阻值为 20℃ 时 2400Ω）。

❹ 连接进气温度传感器线束连接器 EN49。

电阻是否符合规定值？如不符合，更换进气温度传感器，转至第九步；如符合，则进行下一步。

第三步　测量进气温度传感器信号电路。

❶ 转动点火开关至"OFF"位置。

❷ 断开进气温度传感器线束连接器 EN49。

❸ 转动点火开关至"ON"位置。

❹ 测量进气温度传感器线束连接器 EN49 的 2 号端子与可靠接地之间的电压（标准电压值 4.7～5.5V）。

❺ 连接进气温度传感器线束连接器 EN49。

电压正常吗？如果不正常，转至第五步；如果正常执行下一步。

第四步　测量进气温度传感器接地电路。

❶ 转动点火开关至"OFF"位置。

❷ 断开进气温度传感器线束连接器 EN49。

❸ 转动点火开关至"ON"位置。

❹ 测量进气温度传感器线束连接器 EN49 的 4 号端子与可靠接地之间的电阻（标准电阻值小于 1Ω）。

❺ 连接进气温度传感器线束连接器 EN49。

电阻值正常吗？如果不正常，转至第六步；如果正常，转至第七步。

第五步　检查进气温度传感器信号电路。

❶ 转动点火开关至"OFF"位置。

❷ 断开进气温度传感器线束连接器 EN49。

❸ 断开 ECM 线束连接器 EN44。

❹ 测量进气温度传感器线束连接器 EN49 的 2 号端子与 ECM 线束连接器 EN44 的 25 号端子之间的电阻值，检查是否存在断路情况。

❺ 测量进气温度传感器线束连接器 EN49 的 2 号端子与可靠接地之间的电阻值，检查是否存在对地短路情况。

❻ 测量进气温度传感器线束连接器 EN49 的 2 号端子与可靠接地之间的电压值，检查是否存在对电源短路情况。

以上各测量参数见表2-8。

表2-8 测量参数（一）

测量项目	标准值	测量项目	标准值
EN49（2）-EN44（25）电阻值	小于1Ω	EN49（2）- 可靠接地电压值	0
EN49（2）- 可靠接地电阻值	10kΩ 或更高		

各项参值正常吗？如果不正常，执行下一步，如果正常，转至第七步。

第六步　检查进气温度传感器接地电路。

❶转动点火开关至"OFF"位置。

❷断开进气温度传感器线束连接器 EN49。

❸断开 ECM 线束连接器 EN44。

❹测量进气温度传感器线束连接器 EN49 的 1 号端子与 ECM 线束连接器 EN44 的 40 号端子之间的电阻值，检查是否存在断路情况，否则修理故障部位。

❺测量进气温度传感器线束连接器 EN49 的 1 号端子与可靠接地之间的电压值，检查是否存在对电源短路情况，否则修理故障部位。正常，执行下一步。

测量参数见表2-9。

表2-9 测量参数（二）

测量项目	标准值
EN49（1）-EN44（40）电阻值	小于1Ω
EN49（1）- 可靠接地电压值	0V

第七步　检查 ECM 电源电路。

❶检查 ECM 电源电路是否正常。

❷检查 ECM 接地电路是否正常。

如果不正常，需要处理故障部位。如果正常，执行下一步。

第八步　更换 ECM。

第九步　利用故障诊断仪确认故障代码是否再次存储。

❶连接故障诊断仪至诊断测试接口。

❷转动点火开关至"ON"位置。

❸清除故障代码。

❹启动发动机并怠速暖机运行至少 5min。

❺再次对控制系统进行故障代码读取，确认系统无故障代码输出，故障排除。

（三）故障码分析

进气温度传感器生成故障时会存储3个故障码。

故障码 P0112，表示进气温度传感器电路电压过低；发动机控制模块检测到进气温度传感器温度高于 150℃ 并持续 4s 以上（各种车型设置的温度不一样，有些车进气温度为高于 138℃）时设置故障码。

故障码 P0113，表示进气温度传感器电路电压过高；发动机控制模块检测到进气温度传感器温度低于 -60℃ 并持续 4s 以上（各种车型设置的温度不一样，有些车进气温度为低于 -38.3℃）时设置故障码。

故障码 P0114，表示进气温度传感器电路间歇性故障；发动机控制模块检测到进气温度读数在 0.1s 内的变化幅度大于 10℃。该状况存在时间超过 2s。

八、进气温度传感器更换

如图 2-56 所示，更换集于进气压力传感器内的进气温度传感器步骤：断开进气压力温度传感器线束连接器；拆卸进气压力温度传感器固定螺栓；拔出进气压力温度传感器。

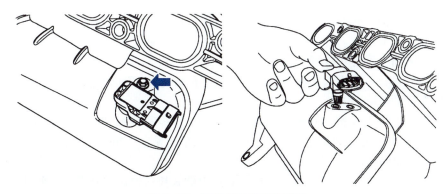

图 2-56 更换进气温度传感器

第四节 排气温度传感器

一、排气温度传感器概述

在一些高压共轨的柴油车上，会配置排气温度传感器，安装在汽车排气装置的三元催化转化器上或者涡轮增压器上，用以检测转化器内的排气温度，如图 2-57 所示。

排气温度传感器用以检测转化器内的排气温度，当排气温度过高时，此传感器将这种过高的温度信号以电信号的形式输入给 ECU，ECU 经过分析处理后启动异常高温报警系统，使排气温度报警指示灯点亮，从而向驾驶员发出报警信号。

图 2-57 排气温度传感器（位置）

二、排气温度传感器结构和类型

1. 排气温度传感器类型

汽车用排气温度传感器（图 2-58）有热敏电阻式、热电偶式及熔丝式 3 种。

图 2-58　排气温度传感器

1—护管；2—排气管（结合套）；3—感温元件（测温部分）

热电偶式排气温度传感器构造简单，使用方便。热电偶通常是由两种不同的金属丝组成的，而且不受大小的限制，外有保护套管，用起来非常方便。

2. 热电偶式排气温度传感器特点

（1）测量精度高　热电偶式排气温度传感器测量精度高，因热电偶直接与被测对象接触，故不受中间介质的影响。

（2）测量范围比较宽　热电偶式排气温度传感器测量范围比较宽，常用的热电偶从 −50～1600℃ 均可连续测量，某些特殊热电偶最低可测到 −269℃（如金铁镍铬），最高可达 +2800℃（如钨-铼）。

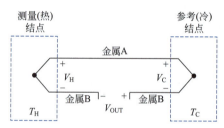

$V_{OUT}=V_H-V_C=\alpha(T_H-T_C)$

图 2-59　热电偶式排气温度传感器原理

3. 热电偶式排气温度传感器工作原理

热电偶是工业上最常用的温度检测元件之一，热电偶工作原理是赛贝克（Seeback）效应，就是两种不同成分的导体两端连接成回路，如果两连接端温度不同，则在回路内产生热电流的物理现象。

这两种不同金属线焊接在一起后形成两个结点，如图 2-59 所示，环路电压 V_{OUT} 为热结点结电压与冷结点（参考结点）结电压之差。因为 V_H 和 V_C 是由两个结的温度差产生的，也就是说 V_{OUT} 是温差的函数。比例因数 α 对应于电压差与温差之比，称为 Seebeck 系数。

> **知识贴**

热电效应，即塞贝克（Seebeck）效应、第一热电效应。将两种不同性质的金属导体 A、B 接成一个闭合回路，如果两接合点温度不相等（$T_0 \neq T$），则在两导体间产生电动势，并且回路中有一定大小的电流存在，此现象称为热电效应，如图 2-60 所示。

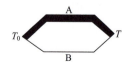

图 2-60　塞贝克（Seeback）效应

三、排气温度传感器工作原理

1. 基本工作原理

排气温度传感器主要用于三元催化转换器内温度异常高时的报警,以防止因过热而使催化剂性能减退,对车辆造成损坏,正常情况下,该系统不工作,而发生失火等故障,或工作条件差时,该系统启动。

当排气温度过高时,热敏电阻的阻值下降,反之,电阻值上升。排气温度传感器将这种温度信号以电信号的形式输入给ECU,ECU经过分析处理后启动异常高温报警系统,使排气温度报警指示灯点亮报警。图2-61为排气温度传感器基本原理。

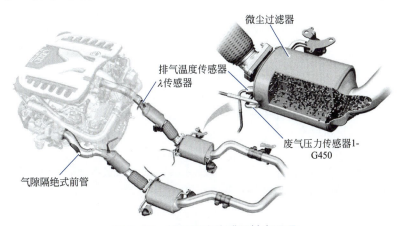

图2-61 排气温度传感器基本原理

2. 工作过程

排气温度直接反映了缸内燃烧状况,对于柴油机来说,排温了,说明缸内燃烧发生了后燃。此时气路和油路都有可能出现问题。

那么问题就来了,既然这个参数这么重要,为什么车上不接排气温度传感器呢?一般车是没有的,但在一些高压共轨的柴油车中就安装了该传感器。之所以在车上一般不安装该传感器,是因为现在的温度传感器大多数都是热电偶传感器,响应时间慢。车辆在道路上行驶时,其运行工况不断变化,所以排气温度传感器不能实时反映其当前的温度。而DPF中采用的温度传感器与普通的不一样,其响应时间很短,可近似认为能反映实时的排温。

热车状态下,监测排气温度,为废气再循环阀工作提供信号,发动机温度过高,会产生氮氧化物(NO_x),让一定量的废气进入气缸后,恶化燃烧环境,使燃烧温度降低;在冷机也要关注排气温度,因为氧传感器和三元催化都需要升到合适温度,工作才会正常。所以在冷车启动暖机期间,为了降低尾气排放,需尽快提高排气温度,如二次空气注入排气管、双层薄壁排气管、预催化转换器或催化转换器尽量靠近排气歧管安装等,这时有排气温度这个参数,可使尾气排放得到更好地控制。图2-62为其工作过程。

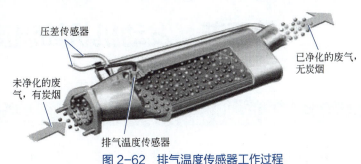

图2-62 排气温度传感器工作过程

四、排气温度传感器电路

排气温度传感器电路如图 2-63 所示。

❶ 当发动机启动时,启动信号开关(ST)打开,同时点火开关打开,此时,报警灯熄灭。

❷ 发动机启动后 ST 断开,点火开关接通,报警灯点亮,随后熄灭,这是厂家为检查报警灯灯丝是否良好而设置的功能。

❸ 在行驶过程中,当排气温度超过 900℃ 时,则排气温度传感器的电阻值降到 0.43kΩ 以下,这时,报警灯点亮。

❹ 当车厢底板温度超过 125℃ 时,底板温度传感器的电阻超过 2kΩ,这时在报警灯点亮的同时蜂鸣器也发出响声。

❺ 当排气温度在 900℃ 以下,底板温度也低于 125℃ 时,排气温度传感器的电阻大于 0.43kΩ,底板温度传感器的电阻值低于 2kΩ,这时,报警灯不亮,蜂鸣器也无响声。

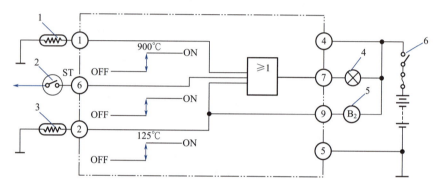

图 2-63 排气温度传感器电路

1—排气温度传感器;2—点火开关;3—底板温度传感器(正温度系数);4—报警灯;5—蜂鸣器;6—点火开关

五、排气温度传感器检查

1. 直观检查

接通点火开关时,排气温度指示灯亮,而在发动机启动时指示灯熄灭,说明传感器良好。

2. 元件检查

测量元件电阻值,拆下排气温度传感器,加热传感器的顶端 40mm 长的部分,直到靠近火焰处呈暗红色,这时传感器端子间的电阻值,应在 0.4 ~ 20kΩ 之间(参考)。

第五节 发动机机油温度传感器

一、发动机机油温度传感器结构

发动机机油温度传感器安装在油底壳底部,是从下面拧入油底壳的,如图 2-64 所示。

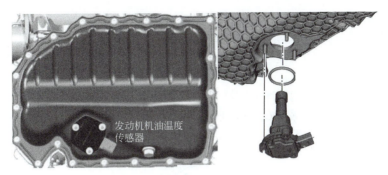

图 2-64 发动机机油温度传感器

二、发动机机油温度传感器工作原理

发动机机油温度传感器内部是一个半导体热敏电阻，它具有负的温度电阻系数，温度越高，电阻越小。电控单元根据其电阻的变化测出机油的温度。

三、发动机机油温度传感器检查

发动机控制单元通过驱动 CAN 总线来获取发动机机油温度传感器信号。如果该信号中断，发动机控制单元会使用冷却液温度传感器的信号来替代。

发动机机油温度传感器以高电压形式显示加热过程，以低电压形式显示冷却过程。

在冷却过程中，发动机机油温度被作为单独的高电压信号输出。波形见图 2-65。

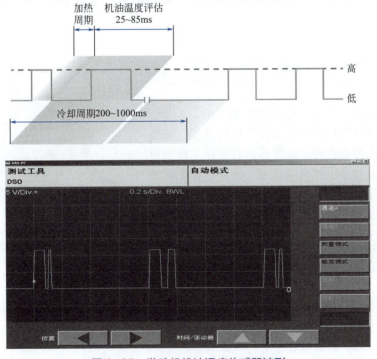

图 2-65 发动机机油温度传感器波形

四、发动机机油温度传感器的更换

1. 拆卸

❶ 排出发动机机油,放到干净的容器中。
❷ 将发动机机油温度传感器 G266 的插头连接拔开。
❸ 松开螺母,然后拆下发动机机油温度传感器 G266,图 2-66 为其拆卸图。

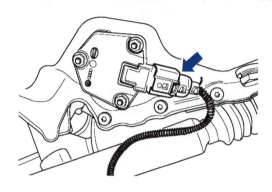

图 2-66　拆卸发动机机油温度传感器

2. 安装

以相反顺序进行安装。注意事项:更换密封件;重新加注发动机机油并检查油位。

第六节　发动机机油压力 - 温度传感器

一、发动机机油压力 - 温度传感器结构

使用一种新型的组合式发动机机油压力 - 温度传感器。压力传感器信号用于油泵的特性线控制,温度信号用于发动机热量管理。此传感器安装在主机油道中,并承受那里的油压和机油温度。因此不再测量油底壳中的机油温度,而是测量发动机中的实际机油温度。图 2-67 为其结构图。

图 2-67　发动机机油压力 - 温度传感器
1—发动机机油压力 - 温度传感器;
2—3 芯插头

二、发动机机油压力 - 温度传感器工作原理

发动机机油压力 - 温度传感器测量机油的绝对压力及温度。测量值作为按脉冲宽度调制的信号输出。该测量方法基于一个微机械压阻式压力传感器(硅),它提供一个与压力成正比的输出信号。温度测量通过一个二极管实现。

在介于 −40 ～ 160℃ 之间的允许温度下，传感器的测量范围在 0.5 ～ 10.5bar 之间。传感器在 5V 的电压下运行。

三、发动机机油压力 − 温度传感器电路

1. 内部电路

发动机机油压力 - 温度传感器通过一个 3 芯插头进行连接。

发动机机油压力 - 温度传感器从发动机控制单元获得接地和一个 5V 的供电电压，其电路见图 2-68。

按脉冲宽度调制的信号划分为 3 个固定周期，第一个周期用于同步和诊断，第二个周期传递温度，第三个周期传递压力。

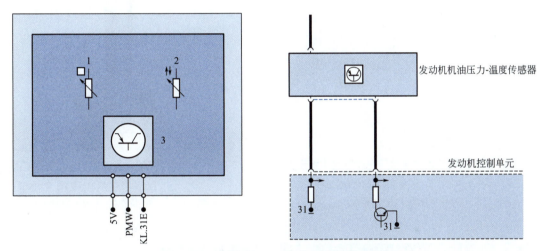

图 2-68　发动机机油压力 − 温度传感器电路

1—油压传感器；2—油温传感器；3—电子分析装置；5V—5V 供电电压；PWM—发动机机油压力 - 温度传感器按脉冲宽度调制的信号；KL.31E—总线端 KL.31，两个传感器的电子接地线

2. 工作参数

工作参数见表 2-10。

表 2-10　发动机机油压力 - 温度传感器工作参数

说明 / 物理量	参数	说明 / 物理量	参数
供电电压	5V	最大电流消耗	15mA
压力测量范围	0.5 ～ 10bar	温度范围	−40 ～ 160℃

四、发动机机油压力 − 温度传感器检查

机油压力温度传感器具有自诊断性，温度信号和压力传感器信号可以分开诊断。诊断结果包含在按脉冲宽度调制的信号中，并由发动机控制单元进行分析。

发动机机油压力 - 温度传感器失灵时，将出现以下情况：在发动机控制单元中记录故障代码；以替代值紧急运行。

第七节　发动机机油状态传感器

一、发动机机油状态传感器概述

发动机机油状态传感器固定在油底壳上（图 2-69），可从下部拆装。在所有新型发动机系列上都不再存在油尺，规定对所有发动机进行电子油位检查。

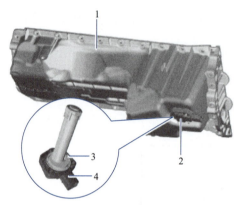

图 2-69　发动机机油状态传感器安装位置（固定在油底壳上）
1—油底壳；2—发动机机油状态传感器；
3—温度传感器；4—3 芯插头

图 2-70　发动机机油状态传感器
1—用于测定液位的量管；2—温度
传感器；3—3 芯插头

二、发动机机油状态传感器结构

发动机机油状态传感器由 2 个圆柱形电容器组成，2 个电容器上下重叠布置。2 根金属管交错插接，用作电极。位于电极之间的发动机机油用作电介质。发动机机油状态、传感器见图 2-70。

三、发动机机油状态传感器工作原理

发动机机油状态传感器扩展了发动机机油温度传感器的功能，测量机油温度、油位和机油品质（电介质的电导率）参数。发动机控制系统分析这些测量参数。此外用发动机机油状态传感器还可以确定发动机机油的电性能。这些特性随着发动机磨损以及发动机机油变化（例如老化、混入杂质）而变化。

在发动机机油状态传感器的壳体中有一个电子分析装置，此电子分析装置具有自诊断功能。发动机机油状态传感器的故障被输入发动机控制系统的故障代码存储器中。

发动机机油的电特性随着机油的损耗和老化而改变。由于机油（电介质）的电特性变化，电容器的容量发生变化。发动机机油状态传感器内部结构见图 2-71。

知识贴

电容率也被称作电导率,用来说明物质的电场穿透性,即电容极板之间排列有不导电的材料(即绝缘体)时,电容器上的电压降多大。

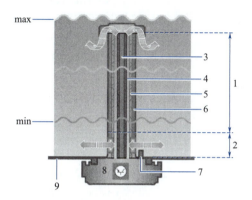

图 2-71 发动机机油状态传感器内部结构

1—油位测量范围;2—电容率测量范围;3—内部电容器;4—电介质(发动机机油);
5—外部电容器;6—壳体;7—温度传感器;8—电子分析装置;9—油底壳

电子分析装置把测得的电容量转换成一个数字信号,然后将这个数字信号发送到发动机控制系统。发动机控制系统将此信号用于内部计算(例如发动机机油中的冷凝水)。

为进行电子油位检查,发动机机油状态传感器上部分中的第二个电容器在发动机运转时探测油位。该电容器在油底壳中的油位高度上。因此随着油位的变化,电容器的电容也发生改变。电子分析装置由此生成一个数字信号。发动机控制系统由此计算出机油油位。中央信息显示器(CID)以及组合仪表显示电子油位检查结果。在不带 CID 的车辆上,只在组合仪表上显示油位。油位显示见图 2-72、图 2-73。

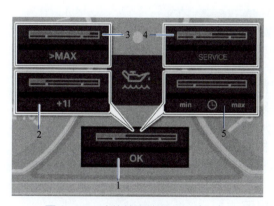

图 2-72 油位检查结果显示(一)

1—油位正常;2—油位处于最小值;3—油位过高;4—发动机机油状态传感器失灵;
5—正在确定油位

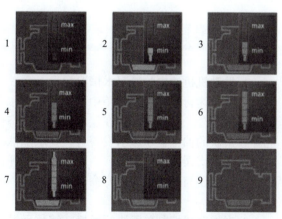

图 2-73 油位检查结果显示(二)

1—油位低于最小值(显示红色);2—油位处于最小值(显示橘黄色);
3—油位正常,1/4(显示绿色);4—油位正常,1/2(显示绿色);
5—油位正常,3/4(显示绿色);6—油位正常,最大值(显示绿色);
7—油位高于最大值,过量加注(显示橘黄色);8—目前无测量数据,正在测量油位;9—对于短期的发动机启动,发动机中有足够的机油(换油时的服务功能)

四、机油状态传感器电路

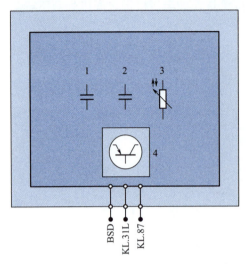

1. 发动机机油状态传感器内部电路

发动机机油状态传感器通过一个串行数据接口连接在发动机控制系统上。传感器的测量系统已完全集成在电子模块中。

传感器的供电方式取决于发动机型号（例如通过总线端 KL.87、总线端 KL.15 或总线端 15N 供电）。图 2-74 为通过总线端 KL.87 供电。

图 2-74 机油状态传感器内部电路
1—电容器 1；2—电容器 2；3—温度传感器；4—带有电子分析装置的电子芯片；BSD—串行数据接口；KL.31L—负荷接地；KL.87—接通点火开关的蓄电池电压

2. 发动机机油状态传感器工作参数
发动机机油状态传感器工作参数见表 2-11。

表 2-11 发动机机油状态传感器工作参数

项目/说明/物理量	参数	项目/说明/物理量	参数
电压范围	9～16V	机油的允许电导率	0.02S/m
油位测量范围	0～75mm	温度范围	-40～160℃
电容率测量范围	1～6F/m		

五、发动机机油状态传感器检查

1. 发动机机油中的冷凝水情况提示

由于短途行驶而在曲轴箱中积累的冷凝水可能影响电容率。由于发动机机油与混入的冷凝水发生混合，水也会积聚在发动机机油状态传感器周围。如果曲轴箱内的水过多，有时可能导致错误的油位显示或引发警告，要求加油。通过在诊断系统上进行故障症状选择，可以处理这个"错误的油位警告"，同时还可以评价机油的电容率，然而不能直接显示电容率。电容率此外还与机油黏度或寿命有关。因此，不是在任何情况下都能保证传感器对机油状态进行评估。

2. 对发动机控制单元进行更换或编程后情况提示

对发动机控制单元进行更换或编程后，暂时未存储油位。因此将显示"油位低于最小值"。在发动机运行约 2min 后才显示正确的油位（发动机暖机、转速大于 0、车辆静止）。

3. 仪表或显示器故障情况

如果组合仪表或中央信息显示器故障时，正常的油位传感器可以用诊断系统读取油位。

第八节 发动机冷却风扇温度开关式传感器

一、发动机冷却风扇温度开关式传感器结构

发动机冷却风扇温度开关式传感器是一种热敏铁氧体温度传感器,由舌簧开关、永久磁铁和热敏铁氧体组成,如图 2-75 所示。通常安装在散热器上或者是散热器冷却循环管路上,常用于控制散热器冷却风扇。

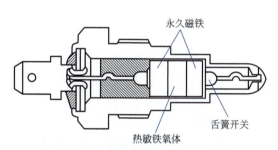

图 2-75 发动机冷却风扇温度开关式
传感器(热敏铁氧体温度传感器)

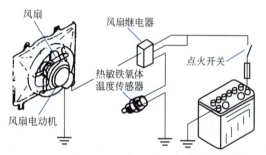

图 2-76 发动机冷却风扇温度开关式传感器电路路径

二、发动机冷却风扇温度开关式传感器工作原理

热敏铁氧体低于某一温度时是强磁性材料,当超过该温度时,其磁导率急剧下降,即从强磁性体向弱磁性体急速转变,这种急变温度称为居里温度。利用居里特性就可以使舌簧开关导通或断开。

当冷却水温低于规定值时,热敏铁氧体温度传感器舌簧开关闭合,风扇继电器触点断开,风扇停止运转;当水温高于规定值时,舌簧开关断开,风扇继电器触点闭合,风扇开始运转。发动机冷却风扇温度开关式传感器电路路径见图 2-76。

三、发动机冷却风扇温度开关式传感器电路

1. 控制风扇停止工作时电路情况

如热敏铁氧体所处环境温度低于某一温度值时,铁氧体为强磁性体,被永久磁铁磁化,并与其形成一个磁铁,对舌簧开关(热敏开关)的触点产生吸力,所以触点断开。这时,风扇继电器断开,风扇停止运转,见图 2-77。

2. 控制风扇运转时电路情况

当热敏铁氧体周围温度高于 100℃ 时,

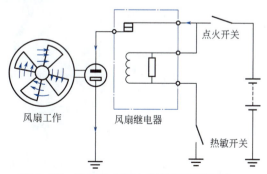

图 2-77 风扇停止运转(热敏开关断开)

铁氧体的磁导率急剧下降，变为常磁性体，热敏铁氧体基本上没有被磁化。舌簧开关（热敏开关）的触点闭合，风扇继电器闭合，风扇运转，见图2-78。

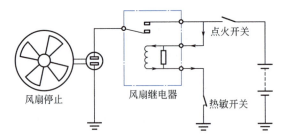

图 2-78　风扇运转（热敏开关闭合）

四、发动机冷却风扇温度开关式传感器的检测

如果冷却风扇不运转，应先排除熔丝、继电器故障，以及检查关联电路是否断路、短路，然后按照下述步骤检查传感器。

将温度传感器拆下，放置于合适的容器中并加水进行加热。当水温低于规定温度时，用万用表测试热敏铁氧体温度传感器，舌簧开关应闭合，电阻应为0。在冷却水温高于规定值时，用万用表测试热敏铁氧体温度传感器，舌簧开关应断开，传感器不导通，电阻应为∞。否则，说明热敏铁氧体温度传感器本体存在故障，需要更换。

第九节　燃油压力温度传感器

一、燃油压力温度传感器结构

燃油压力温度传感器应用在柴油发动机上，其结构见图2-79。燃油温度和压力由一个在进油管路中直接安装在高压泵前的组合传感器负责探测。

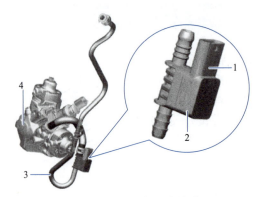

图 2-79　燃油压力温度传感器
1—4芯插头；2—燃油压力温度传感器；3—燃油供油管；4—高压泵

二、燃油压力温度传感器工作原理

1. 基本工作原理

燃油温度传感器测量高压泵前的燃油温度，燃油压力传感器测量高压泵前燃油低压系统中的压力。发动机控制单元利用燃油压力按需控制电动燃油泵。此外，这些传感器信号用于喷油量计算和防止发动机过热。

燃油压力传感器向发动机控制单元提供一个电压信号。燃油压力传感器中的一个膜片将燃油压力转换成一个行程，这个行程由4个压敏电阻转换成一个电压信号。

2. 特性

燃油压力温度传感器包含一个与温度有关的电阻，此电阻竖立在燃油中并测量燃油温度，具有负温度系数（NTC），电阻值随着温度上升而减小。此电阻值根据温度在 75.5kΩ～87.6Ω 的范围内变化，对应于 -40～120℃ 的温度。

电阻上的电压与燃油温度有关。在发动机控制单元中存储了一个表格，此表格说明每个电压值的对应温度。借此可补偿电压和温度之间的非线性关系。燃油温度传感器特性见图 2-80。燃油压力传感器特性见图 2-81。

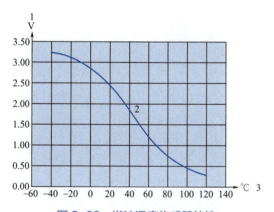

图 2-80　燃油温度传感器特性

1—电压；2—燃油温度传感器特性线；3—温度

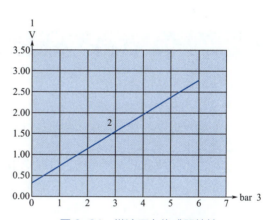

图 2-81　燃油压力传感器特性

1—电压；2—燃油压力传感器特性线；3—压力

三、燃油压力温度传感器电路

1. 内部电路

燃油压力温度传感器通过一个4芯插头进行连接。

燃油压力传感器从发动机控制单元获得接地和5V供电电压。燃油温度传感器的电阻是一个由DDE控制单元提供5V供电的分压电路的部件。燃油压力温度传感器电路见图 2-82。

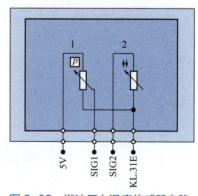

图 2-82　燃油压力温度传感器电路

1—燃油压力传感器；2—燃油温度传感器；5V—5V供电电压；SIG1—燃油压力传感器信号；SIG2—燃油温度传感器信号；KL.31E—总线端KL.31，两个传感器的电子接地线

2. 燃油压力温度传感器参数

表 2-12 为燃油压力温度传感器参数。

表 2-12 燃油压力温度传感器参数

说明 / 物理量	参数	说明 / 物理量	参数
供电电压	5V	燃油压力传感器响应时间	5ms
压力测量范围	0～6bar	燃油温度传感器响应时间	小于 15s
最大电流消耗	15mA	温度范围	-40～125℃

四、燃油压力温度传感器失效影响

燃油压力温度传感器失效时，将出现以下情况：在发动机控制单元中记录故障代码；以替代值紧急运行。

第十节 进气压力传感器

一、进气压力传感器概述

1. 进气压力传感器作用

进气压力传感器也叫歧管绝对压力传感器（MAP），该传感器其实属于速度密度型传感器，安装在进气歧管上，用来测量进气系统内的真空度。

2. 类型

进气压力传感器的种类很多，目前常用的有半导体压敏电阻式、真空膜片式、电容式等。其中半导体压敏电阻式进气压力传感器应用最为广泛。

二、进气压力传感器结构

1. 半导体压敏电阻式进气压力传感器结构

半导体压敏电阻式进气压力传感器利用半导体的压阻效应制成，主要由硅膜片、真空室、硅杯、底座、真空管和引线电极组成，见图 2-83。

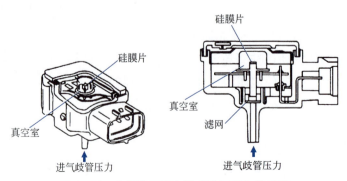

图 2-83 半导体压敏电阻式进气压力传感器

2. 电容式进气压力传感器结构原理

电容式进气压力传感器利用氧化铝膜片和底板彼此靠近排列形成电容，根据其电容量随膜片上下压力差变化的性质研制而成。电容式进气压力传感器结构见图 2-84。

3. 真空膜片式进气压力传感器结构原理

真空膜片式进气压力传感器的膜盒由薄金属片焊接而成，其内部抽成真空，外部为气压室，与发动机进气歧管相连，见图 2-85。该传感器安装在 D 型喷射系统发动机的进气歧管上，用来检测进气压力，并将检测到的压力信号转化为电信号输入发电机控制单元（ECU），实现 ECU 对喷油量的调节。

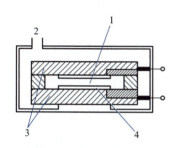

图 2-84　电容式进气压力传感器结构
1—真空管；2—接进气歧管；3—氧化铝膜片；4—厚膜电极

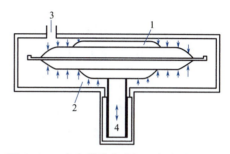

图 2-85　真空膜片式进气压力传感器结构
1—膜片；2—气压室；3—气压增高；4—操纵杆

三、进气压力传感器工作原理

半导体压敏电阻式进气压力传感器的硅膜片一面通过真空室，一面承受来自进气歧管中气体的压力；在气体压力的作用下，硅膜片会产生变形，且压力越大形变越大；硅膜片上应变电阻的阻值在此压应力的作用下就会发生变化，使传感器上以惠斯通电桥方式连接的硅膜片应变电阻的平衡被打破；当电桥的输入端输入一定的电压或电流时，在电桥的输出端便可得到相应变化的信号电压或信号电流，因为此信号比较微弱，所以采用了混合集成电路进行放大后输入给 ECU。

四、进气压力传感器单体电路

进气压力传感器应用压电原理，根据进气管的压力的大小变化，电压值也会随之变化。通过探测进气管压力可计算出各气缸空气量的准确数值。根据该数值对进气门的开启时间和喷射量进行相应调节。进气压力传感器电路见图 2-86。

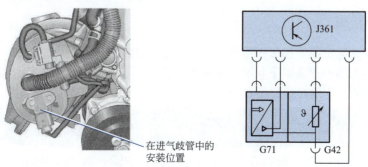

图 2-86　进气压力传感器电路

五、进气压力传感器关联电路

歧管绝对压力传感器接线包括 3 个电路。发动机控制模块（ECM）向 5V 参考电压电路上的传感器提供经过调节的 5V 电压。发动机控制模块向低电平参考电压电路提供搭铁。歧管绝对压力传感器向发动机控制模块提供信号电压，以响应歧管绝对压力传感器信号电路上的压力变化。发动机控制模块将输入的信号电压转换为压力值。

在正常操作条件下，当点火开关置于"ON"（打开）位置且发动机关闭时，进气歧管压力最大，等于大气压力。当在节气门全开（WOT）条件下操作车辆时，涡轮增压器可将歧管压力增加到大气压力以上水平。当车辆怠速或减速时，歧管压力最低。发动机控制模块监测歧管绝对压力传感器压力信号是否超出正常范围。进气压力传感器关联电路见图 2-87。

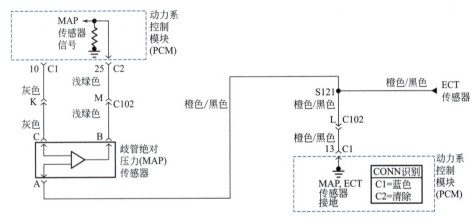

图 2-87　进气压力传感器关联电路

六、进气压力传感器故障判断

（一）进气压力传感器本体检查

歧管绝对压力传感器测量进气歧管内部的压力时，进气歧管压力受发动机转速、节气门开度、空气温度、大气压力和涡轮增压器输出等因素影响。歧管绝对压力传感器内的膜片因压力变化而移动，压力变化是由发动机负荷和工作条件的变化引起的。

（二）电路检查

进气压力传感器按照下述步骤检查，对照电路图 2-88。

第一步　检查是否存在以下状况：传感器外壳损坏、真空管破裂；传感器密封件损坏；传感器松动或安装不正确；传感器真空管堵塞。

维修提示

严禁歧管绝对压力传感器的 5V 参考电压电路与车辆的其他部件相连，否则会损坏传感器及控制单元。

第二步　测量歧管绝对压力传感器 5V 参考电压。

❶ 转动点火开关至"OFF"位置。
❷ 断开歧管绝对压力传感器线束连接器 EN49。
❸ 转动点火开关至"ON"位置。
❹ 测量歧管绝对压力传感器线束连接器 EN49 的 4 号端子与可靠接地之间的电压（标准电压值为 4.5～5.5V）。
❺ 连接歧管绝对压力传感器线束连接器 EN49。

电压是否符合规定值？如果不符合，转至第六步；如果符合，执行下一步。

第三步　测量传感器信号电路。

❶ 转动点火开关至"OFF"位置。
❷ 断开歧管绝对压力传感器线束连接器 EN49。
❸ 转动点火开关至"ON"位置。
❹ 在 EN49 的 3 号和 4 号端子之间连接一根带 5A 熔丝的跨接线，用故障诊断仪观察"实际歧管绝对压力传感器电压"参数（标准电压值为 4.5～5.5V）。
❺ 连接歧管绝对压力传感器线束连接器 EN49。

数据正常吗？如果不正常，转至第七步；如果正常，执行下一步。

第四步　测量歧管绝对压力传感器接地电路。

❶ 转动点火开关至"OFF"位置。
❷ 断开歧管绝对压力传感器线束连接器 EN49。
❸ 转动点火开关至"ON"位置。
❹ 测量歧管绝对压力传感器线束连接器 EN49 的 1 号端子与可靠接地之间的电阻（标准电阻值小于 1Ω）。
❺ 连接歧管绝对压力传感器线束连接器 EN49。

电阻值正常吗？如果不正常，转至第八步；如果正常，执行下一步。

第五步　更换歧管绝对压力传感器，转至第十步。

第六步　检查传感器 5V 参考电压电路。

❶ 转动点火开关至"OFF"位置。
❷ 断开歧管绝对压力传感器线束连接器 EN49。
❸ 断开 ECM 线束连接器 EN44。
❹ 测量歧管绝对压力传感器线束连接器 EN49 的 4 号端子与 ECM 线束连接器 EN44 的 59 号端子之间的电阻值，检查是否存在断路情况，否则修理故障部位。
❺ 测量歧管绝对压力传感器线束连接器 EN49 的 4 号端子与可靠接地之间的电阻值，检查是否存在对地短路情况，否则修理故障部位。
❻ 测量歧管绝对压力传感器线束连接器 EN49 的 4 号端子与可靠接地之间的电压值，检查是否存在对电源短路情况，否则修理故障部位。

以上各测量参数见表 2-13。

表 2-13　测量参数（一）

测量项目	标准值	测量项目	标准值
EN49（4）-EN44（59）电阻值	小于 1Ω	EN49（4）- 可靠接地电压值	0V
EN49（4）- 可靠接地电阻值	10kΩ 或更高		

电阻值正常吗？如果正常，执行下一步；如果不正常，转至第九步。

第七步　检查传感器信号电路。

❶ 转动点火开关至"OFF"位置。

❷ 断开歧管绝对压力传感器线束连接器 EN49。

❸ 断开 ECM 线束连接器 EN44。

❹ 测量歧管绝对压力传感器线束连接器 EN49 的 3 号端子与 ECM 线束连接器 EN44 的 19 号端子之间的电阻值，检查是否存在断路情况，否则修理故障部位。

❺ 测量歧管绝对压力传感器线束连接器 EN49 的 3 号端子与可靠接地之间的电阻值，检查是否存在对地短路情况，否则修理故障部位。

❻ 测量歧管绝对压力传感器线束连接器 EN49 的 3 号端子与可靠接地之间的电压值，检查是否存在对电源短路情况，否则修理故障部位。

以上各测量参数见表 2-14。

表 2-14　测量参数（二）

测量项目	标准值	测量项目	标准值
EN49（3）-EN44（19）电阻值	小于 1Ω	EN49（3）- 可靠接地电压值	0V
EN49（3）- 可靠接地电阻值	10kΩ 或更高		

电阻值正常吗？如果不正常，执行下一步；如果正常，转至第九步。

第八步　检查传感器接地电路。

❶ 转动点火开关至"OFF"位置。

❷ 断开歧管绝对压力传感器线束连接器 EN49。

❸ 断开 ECM 线束连接器 EN44。

❹ 测量歧管绝对压力传感器线束连接器 EN49 的 1 号端子与 ECM 线束连接器 EN44 的 40 号端子之间的电阻值，检查是否存在断路情况，否则修理故障部位。

❺ 测量歧管绝对压力传感器线束连接器 EN49 的 1 号端子与可靠接地之间的电压值，检查是否存在对电源短路情况，否则修理故障部位。

以上各测量参数见表 2-15。

表 2-15　测量参数（三）

测量项目	标准值	测量项目	标准值
EN49（1）-EN44（40）电阻值	小于 1Ω	EN49（1）- 可靠接地电压值	0V

电阻值正常吗？如果不正常，执行下一步；如果正常，执行下一步。

第九步　检查 ECM 电源电路。

❶ 检查 ECM 电源电路是否正常。

❷ 检查 ECM 接地电路是否正常。

电路正常吗？如果不正常，处理故障部位；如果正常，执行下一步。

第十步　更换 ECM。

第十一步　利用故障诊断仪确认故障代码是否再次存储。

❶ 连接故障诊断仪至诊断测试接口。

❷ 转动点火开关至"ON"位置。
❸ 清除故障代码。
❹ 启动发动机并怠速暖机运行至少 5min。
❺ 路试车辆至少 10min。
❻ 再次对控制系统进行故障代码读取，确认系统无故障代码输出。如果没有再次存储，属于间歇性故障，故障排除。

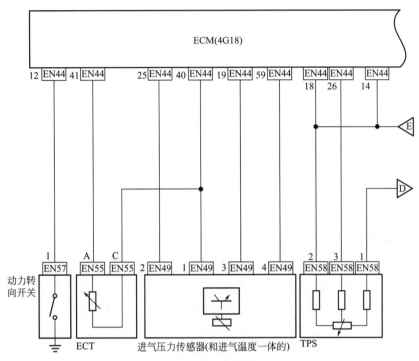

图 2-88　电路图

（三）故障码分析

为了提供喷油嘴正确的喷油量，进气量须由增压型歧管绝对压力传感器反馈至 PCM。装配位置通常位于进气歧管顶部。PCM 依据发动机的其他相关参数状态，进而推算出实际进入发动机参与燃烧的实际空气量（实际进气量）。

PCM 依据流体力学原理，根据进气歧管内的空气温度和压力实际测试数据并组合考虑到其他相关参数的影响因素并根据所得出的进气量为发动机提供理想比例的燃油喷射量。

1. 故障码 P0105 分析

（1）故障描述　进气压力传感器电路，进气压力传感器没有动作。

（2）故障原因　可能的故障原因：进气压力传感器线路接头不良；进气压力传感器线束断路或短路；进气压力传感器故障；发动机控制单元故障。

（3）故障识别条件　节气门开度小于 30% 且发动机转速 350r/min 以上，而发动机运转 2s 以下，每 7.81ms 诊断一次中，PCM 检测 160 个测试样本内有 120 个失败，当上述条件满足时故障码会被设定。

2. 故障码 P0107 分析

（1）故障描述　进气压力传感器电压太低。

（2）故障原因　可能的故障原因：进气压力传感器线束断路或短路到接地；进气压力传感器故障；发动机控制单元损坏；TPS 传感器故障。

（3）故障识别条件　发动机控制单元检测到进气压力传感器电压低于 0.20V，持续 5s 以上。发动机转速 1000r/min 以下时节气门开度大于 0% 或发动机转速 1000r/min 以上时节气门开度大于 20% 时，当 PCM 检测到的进气歧管压力值信号电压小于 0.2V，设置故障码 P0107。

3. 故障码 P0108 分析

（1）故障描述　进气压力传感器电压太高。

（2）故障原因　可能的故障原因：进气压力传感器线束短路到电源；进气压力传感器故障；发动机控制单元损坏；TPS 传感器故障。

（3）故障识别条件　发动机控制单元检测到进气压力传感器电压高于 4.8V，持续 5s 以上。发动机转速 2400r/min 以下时节气门开度小于 15% 或发动机转速 2400r/min 以上时节气门开度小于 35% 时，当 PCM 检测到的进气歧管压力值信号电压大于 4.8V，在每 125ms 诊断一次中，ECM 检测 640 个测试样本内有 320 个测试失败，当上述条件满足时故障码会被设定。

（四）失效影响

为了确定燃油喷射量，必须将进气流量信息输入至发动机控制单元。进气压力传感器（MAP）是速度-密度类型的传感器，测量进气歧管内的压力，间接测量空气流量。MAP 将与进气歧管压力成正比的模拟信号输出到 ECM，ECU（ECM）根据此信号和发动机转速计算空气流量。

进气压力传感器失灵时，根据节气门位置和发动机转速计算出一个替代值。在这两种情况下，故障存储器中都会记录一个故障。

七、进气压力传感器的更换

1. 进气压力传感器拆卸（图 2-89）

> 维修图解

❶ 拔开进气压力传感器连接器 A。

❷ 旋出螺栓 B，从进气歧管上拆卸进气压力传感器。

2. 进气压力传感器安装

按照拆卸相反顺序进行安装，把传感器插入安装孔。注意，安装时小心操作，不要损坏传感器。

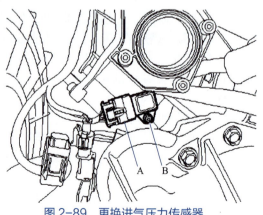

图 2-89　更换进气压力传感器

八、进气温度-增压压力传感器

(一)概述

进气温度-增压压力传感器(图2-90)是组合式传感器,向发动机控制单元提供以下信息:增压空气温度;增压压力。

增压压力传感器用于增压压力调节。利用进气压力传感器的信号,发动机控制单元还将对节气门的位置进行补偿。

(二)功能说明

1. 增压压力传感器

采用应变仪进行压力测量。施加压力时,传感器中装有应变仪的金属膜会发生变形。应变仪的电阻变化将通过一个测量电桥,以电子方式进行记录并分析。然后,所测得的电压将作为实际值输入到增压压力调节装置中。

2. 进气温度传感器

进行温度记录时,使用的是与温度有关的电阻器。该电路包括一个分压器,可对其测量与温度有关的电阻值,通过一条传感器特有的特性线转换成温度值。在进气温度传感器中安装有一个热导体(NTC),其电阻值随温度的上升而下降。此电阻值根据温度在167kΩ～150Ω 的范围内变化,对应于-40～130℃的温度。

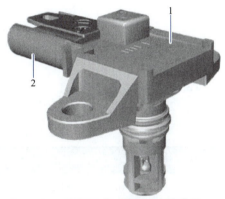

图2-90 进气温度-增压压力传感器
1—进气温度-增压压力传感器;2—4芯插头

(三)进气温度-增压压力传感器电路

1. 内部电路

> 维修图解

进气温度-增压压力传感器通过一个4芯插头进行连接,该传感器由发动机控制系统提供5V的电压。内部电路见图2-91。

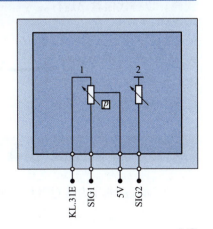

图2-91 传感器内部电路
1—增压压力传感器;2—进气温度传感器;KL.31E—总线端KL.31,电子接地线;SIG1—增压压力信号;5V—5V 供电电压;SIG2—进气温度信号

2. 传感器特性

增压压力的信息将通过一条信号线传输给发动机控制装置。增压压力的有效信号根据压力变化而波动。测量范围 0.5～4.5V，对应于 20～250kPa（0.2～2.5bar）的增压压力，见图 2-92。

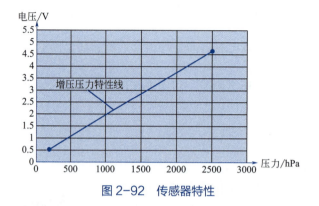

图 2-92 传感器特性

进气温度传感器的电阻随着温度在 167kΩ～150Ω 的范围内变化，对应于 −40～130℃ 的温度。

3. 工作参数

表 2-16 为进气温度-增压压力传感器参数。

表 2-16 进气温度-增压压力传感器参数

项目／物理量	参数
增压压力传感器电压范围	0.5～4.5V
增压压力测量范围	0.2～2.5bar
进气温度传感器的分辨率	±1℃
最大输出电流	10mA
温度范围	−40～130℃

（四）故障影响

在进气温度-增压压力传感器失效时，将出现以下情况：在发动机控制单元中记录故障代码；以替代值紧急运行。

第十一节　机油压力传感器

一、机油压力传感器结构

发动机机油压力传感器是一个压力开关，在汽车维修中，又叫机油压力开关（图 2-93）

或机油压力感应塞。

机油压力传感器一般会安装在机油滤清器座上，由触点、弹簧、隔板及膜片等组成。当无机油压力作用时，弹簧推动膜片，触点处于闭合状态；当机油压力达到规定值时，膜片克服弹簧作用力，使触点断开。

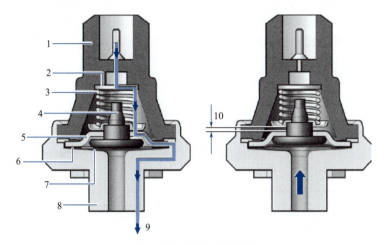

图 2-93　机油压力开关

1—由塑料制成的壳体上部件；2—触点顶端；3—弹簧；4—压板；5—隔板；6—密封环；7—膜片；
8—由金属制成的壳体；9—触点闭合时的电流；10—触点打开时的间隙

二、机油压力传感器工作原理

机油压力传感器用于监控润滑系统。发动机处于静止状态且点火开关打开时，机油压力指示灯通过机油压力传感器接地，指示灯亮起。启动发动机后，机油压力使接地触点克服弹簧力打开，指示灯熄灭。机油压力传感器如图 2-94 所示。

如图 2-95 所示，当系统发动机机油压力低于设定值时，机油压力传感器开关闭合，点亮仪表内的机油压力警告灯；当正常着车启动后由于机油泵向系统输送压力，因此此开关断开，仪表内的机油压力警告灯熄灭。

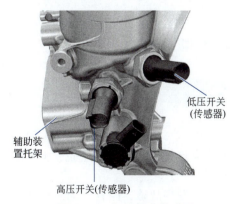

图 2-94　机油压力传感器

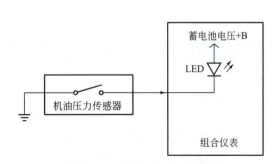

图 2-95　机油压力传感器原理

三、机油压力传感器关联电路

发动机控制模块（ECM）监视发动机机油压力开关电路上的电压，如果点火开关接通，但发动机不运行或发动机机油压力低于设定值，则发动机机油压力开关使发动机控制模块电压输入端接地，发动机控制模块通过数据电路，将发动机机油压力信息发送到仪表板组合仪表，仪表板组合仪表控制发动机机油压力指示器。机油压力传感器关联电路见图2-96。

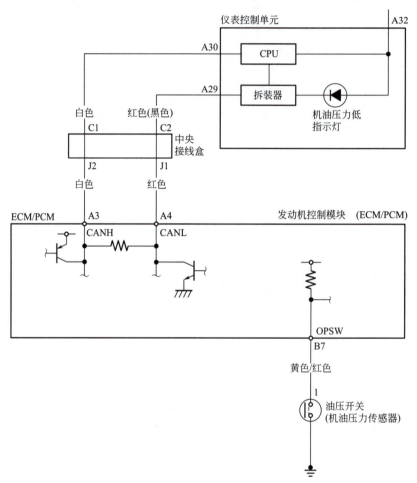

图 2-96 机油压力传感器关联电路

四、机油压力传感器故障判断

1. 电路检查

（1）检查端子 检查发动机控制模块（ECM）和线束连接器端子是否松脱、不匹配，锁片是否折断、变形或损坏，以及导线连接是否有故障。

（2）检查线束 检查线束是否损坏。如果线束检查未发现故障，断开发动机机油压力开关，接通点火开关并移动与发动机机油压力开关电路相关的线束，测试发动机机油压力开关连接器接头间的电压。如果电压显示变化表明该部位有故障。

2. 机油压力传感器压力检查

（1）低压传感器 在达到较低机油压力时此开关闭合。如果开关失效，则会存储故障码并且仪表中机油压力警告灯亮起。发动机系统压力在 0.55～0.85bar 过压时，警告灯亮起，否则更新机油压力开关。机油压力传感器在系统中的位置见图 2-97。

（2）高压传感器 在机油压力较高时开关闭合。如果此开关失效，则发动机转速被限制为 4000r/min，仪表 EPC 警告灯亮起。发动机系统压力在 2.15～2.95bar 过压时，警告灯亮起，否则更新机油压力开关。机油压力传感器（高压）图 2-98。

图 2-97 机油压力传感器在系统中的位置

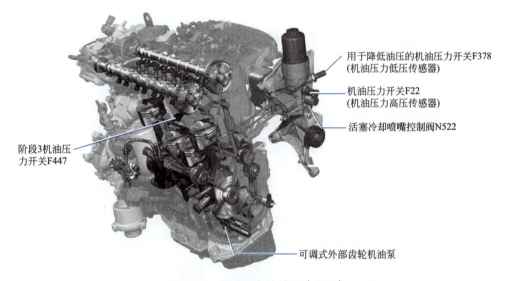

图 2-98 机油压力传感器（高压）

五、机油压力传感器的更换

1. 机油压力传感器（开关）测试

❶ 从机油压力开关 B 上断开机油压力开关连接器 A。
❷ 检查正极端子 C 和发动机搭铁之间的导通性，发动机停止时应导通，发动机运转时应不导通。
机油压力传感器测试见图 2-99。

2. 机油压力传感器（开关）更换

❶ 断开机油压力开关连接器 A，然后拆下机油压力开关 B。
❷ 清除开关和开关安装孔上旧的密封胶。
❸ 在机油压力开关螺纹上涂抹少量的密封胶，然后安装机油压力开关。
机油压力传感器更换见图 2-100。

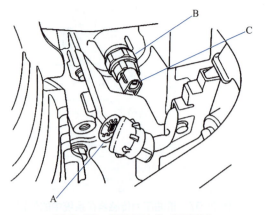

图2-99 机油压力传感器测试

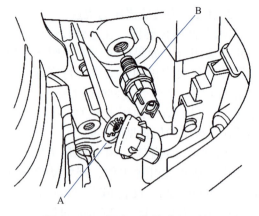

图2-100 机油压力传感器更换

第十二节 燃油压力传感器

一、燃油压力传感器结构

燃油压力传感器也叫燃油压力调节器,用来控制油路中的燃油压力,保持喷油器恒定的供油油压,并将多余的燃油送回油箱。

如图2-101所示,燃油压力传感器由印制电路板、传感器元件、间隔块和壳体等组成,其内有1个压力腔,腔内有1个具有溢流阀的膜片,膜片里侧为真空腔,且腔内有一个弹簧。

二、燃油压力传感器工作原理

燃油系统的压力与进气管真空度造成的压力差及弹簧弹力共同作用于膜片。当燃油系统的压力与进气管真空度造成的压力差低于弹簧弹力时,溢流阀关闭;当燃油系统的压力与进气管真空度造成的压力差高于弹簧弹力时,溢流阀打开,多余的燃油经回油管流回燃油箱。

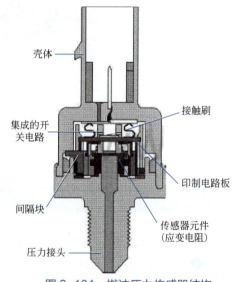

图2-101 燃油压力传感器结构

> **维修提示**
>
> 燃油压力传感器的核心是一个钢膜,在钢镆上安装有应变电阻。只要压力作用在钢膜的一侧,则应变电阻由于变形而改变其阻值。发动机控制单元提供5V电压,压力升高,电阻减少,信号电压升高,信号电压可折算到相应的压力值。

三、燃油压力传感器电路

1. 燃油高压传感器

燃油高压传感器安装在下部燃油分配管上,它测量高压燃油系统中的燃油压力。

(1)信号应用 发动机控制单元会分析燃油高压传感器信号,并通过高压泵内的燃油压力调节阀 N276 来调节高压燃油压力。

(2)传感器失效(信号中断)的影响 如果这个传感器信号中断了,发动机控制单元就以低压传感器信号(一个固定值)来控制燃油压力调节阀。燃油高压传感器(G247)及电路见图 2-102。

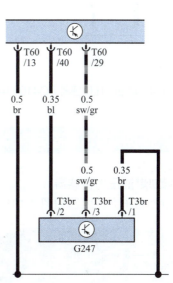

图 2-102 燃油高压传感器(G247)及电路

2. 燃油低压传感器

燃油低压传感器在高压燃油泵上(图 2-103),它测量低压燃油系统中的燃油压力。

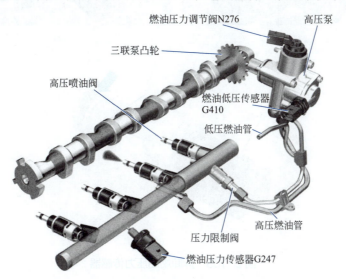

图 2-103 燃油低压传感器安装在高压燃油泵上

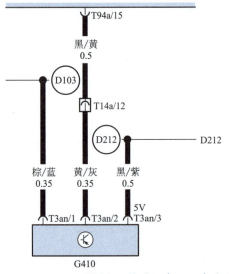

（1）信号应用 发动机控制单元使用燃油低压传感器这个信号来调节低压燃油系统中的燃油压力。发动机控制单元接收到这个信号后，会发给燃油泵控制单元J538一个信号，J538会根据实际需要来调节燃油泵。

（2）传感器失效（信号中断）的影响 如果燃油压力传感器信号中断，那么就无法根据需要来调节燃油压力了，燃油压力就始终保持为一个固定值。燃油低压传感器（G410）电路见图2-104。

图2-104 燃油低压传感器（G410）电路

四、燃油压力传感器更换

1. 拆卸燃油压力传感器

拆卸燃油压力传感器如图2-105所示。

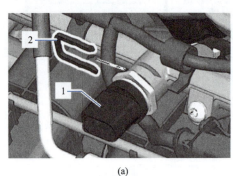

(a)

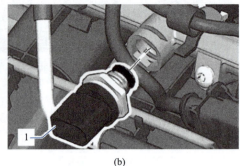

(b)

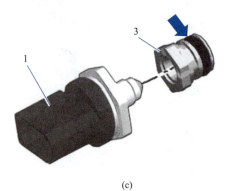

(c)

图2-105 拆卸燃油压力传感器

维修图解

❶ 拆下发动机盖板。
❷ 拔下燃油压力传感器线路连接器。
❸ 拔出夹子2。
❹ 将燃油压力传感器1从燃油分配管拔出。
❺ 将燃油压力传感器1从转接器3拧下。

2. 安装燃油压力传感器
❶ 必须更换O形环。
❷ 将燃油压力传感器拧入转接器。
❸ 小心将燃油压力传感器推入燃油分配管，一直推到底。
❹ 将固定夹滑入槽中，以固定燃油压力传感器。
❺ 连接连接器。

第十三节　燃油油位传感器

一、燃油油位传感器结构

如图2-106所示，燃油油位传感器置于电动燃油泵上，用来感知燃油箱内燃油油量。

二、燃油油位传感器工作原理

1. 基本原理

燃油油位传感器依油箱内燃油量多少通过机械式浮子高低移动使可变电阻产生变化，由燃油油位传感器输出电压给ECU，ECU再通过CAN线路传送信号给组合仪表板。燃油油位传感器包含2个零件，一个是机械式浮子，另一个是可变电阻。

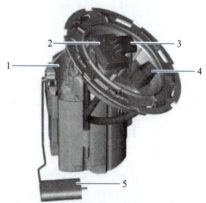

图2-106　燃油油位传感器（在电动燃油泵总成上安装）
1—电动燃油泵；2—真空自然泄漏检测；
3，4—插头；5—燃油油位传感器

2. 工作过程

宝马车系中燃油油位传感器1和燃油油位传感器2的信号由以下控制单元供电并分析：F01、F10、F25、F26车型中为接线盒电子装置（JBE）；F20、F30车型中为后部车身电子模块（REM）；F45、F56、G11、G12车型中为车身域控制器（BDC）；I01、I12车型中为混合动力-压力油箱电子控制系统（TFE）。

控制单元JBE或REM或BDC或TFE为每个燃油油位传感器供电。控制单元通过电位计上的电压降（与液位有关）确定电阻值，该电阻值被发送至组合仪表，在组合仪表中通过特性线确定以公升为单位的燃油箱油位。具有滑动触头和滑动触头轨道的电位计位于燃油油位传感器1或燃油油位传感器2的万向节内。浮子和杠杆臂的位置根据燃油箱油位发生变化。

因此按照一定的电阻值可以分配各种角度。

F01 的燃油箱中安装了 2 个燃油油位传感器，如图 2-107 所示。

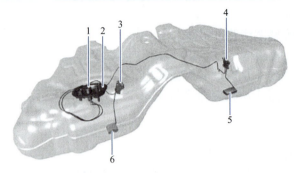

图 2-107　燃油油位传感器

1—插头；2—盖板；3—燃油油位传感器 2；4—燃油油位传感器 1；5—燃油油位传感器 1 的浮子；
6—燃油油位传感器 2 的浮子

三、燃油油位传感器电路与特性

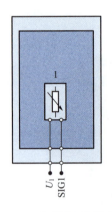 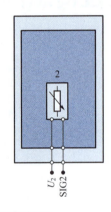

1. 燃油油位传感器电路

燃油油位传感器与维修盖板上的多芯插头相连。每个燃油油位传感器通过插头、特有的供电线以及信号线与控制单元 JBE 或 REM 或 BDC 或 TFE 相连，如图 2-108 所示。

图 2-108　燃油油位传感器电路

1—燃油油位传感器 1；2—燃油油位传感器 2；SIG1—燃油油位传感器 1 的信号；SIG2—燃油油位传感器 2 的信号；U_1—燃油油位传感器 1 的供电电压；U_2—燃油油位传感器 2 的供电电压

2. 燃油油位传感器特性

燃油油位传感器的测量范围为 0 ~ 200mm（油箱里油面高度）。燃油油位传感器特性线见图 2-109。

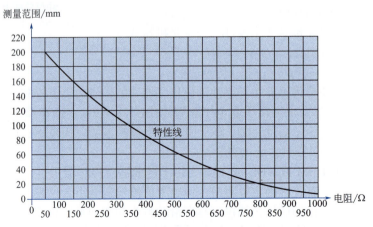

图 2-109　燃油油位传感器特性线

燃油油位传感器1或燃油油位传感器2的参数见表2-17。

表 2-17　燃油油位传感器工作参数

项目/说明/物理量	参数	项目/说明/物理量	参数
供电	7～16V	损失功率	≤ 0.125W
供电电压（间歇）	8V	温度范围	-40～80℃
工作电流（间歇）	20mA		

四、燃油油位传感器故障检查

❶ 点火关闭，断开燃油油位传感器上的连接器。

❷ 测试燃油油位传感器接地电路端子5和接地之间的电阻是否小于5Ω。如果超过规定范围，测试接地电路是否开路或电阻过高。

❸ 点火接通，测试燃油油位传感器接地电路端子5和燃油油位传感器信号电路端子1之间电压是否在规定电压范围：如果低于规定范围，测试燃油油位传感器电压电路是否对地短路；如果高于规定范围，测试燃油油位传感器电压电路是否对电压短路；如果电压电路测试正常，更换发动机控制模块。

五、燃油油位传感器的更换

1. 拆卸燃油油位传感器

❶ 拆下燃油泵总成。

❷ 脱开插头连接。

❸ 如图2-110所示，将锁止片1解锁，然后沿箭头方向拆下燃油油位传感器2。

2. 安装燃油油位传感器

按照相反程序安装燃油油位传感器。

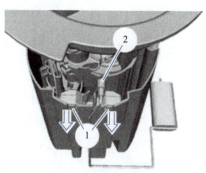

图 2-110　拆卸燃油油位传感器

第十四节　氧传感器

一、氧传感器概述

1. 氧传感器作用

氧传感器安装在三元催化器上（图2-111），用来检测发动机排放气体中氧气的含量、空燃比的浓稀，并将检测的结果转变为电压或电流信号反馈给ECU，ECU根据氧传感器传来的信号，不断对喷油时间和喷油量进行修正，使混合气浓度保持在理想的范围内，实现空燃比的反馈控制。氧传感器结构原理见图2-112。

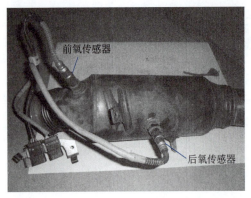

图2-111 安装在三元催化器上的氧传感器

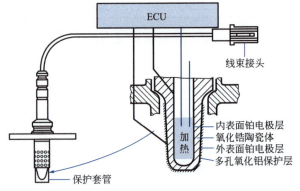

图2-112 二氧化锆式氧传感器结构原理

2. 氧传感器类型

汽车上的氧传感器非常多,有前后之分,前氧传感器通常简称氧传感器。此外,还可按如下方式分类。

(1) 普通氧传感器 汽车用氧传感器主要有二氧化锆式和二氧化钛式2种类型。两种类型的氧传感器都各有加热式和不加热式之分,汽车上大部分使用的是加热式的。

(2) 空燃比传感器 空燃比传感器能连续检测混合气从浓到稀的整个范围的空燃比。与普通的氧传感器相比,这样的传感器可以在发动机的整个运转范围内实现空燃比的反馈控制,在各个区域上实现最佳油耗、最佳排放及最佳运转性能。在稀燃发动机领域的空燃比反馈控制系统中,采用了稀燃传感器,这种传感器能够在混合气极稀薄时,连续地测出稀薄燃烧区的空燃比,实现了稀薄领域的反馈控制。

(3) 氮氧化物传感器 氮氧化物传感器用来识别和检查三元催化器的功能是否正常。

3. 氧传感器结构

氧传感器有1个一端封闭的陶瓷二氧化锆管,管的外表面暴露在废气中,内表面暴露在大气中。二氧化锆式氧传感器结构见图2-112。

简单地说,氧传感器是提供混合气浓度信息,用于修正喷油量,实现对空燃比的闭环控制,保证发动机实际的空燃比接近理论空燃比的主要元件。如图2-113所示,氧传感器安装在三元催化器上。

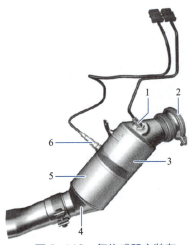

图2-113 氧传感器安装在三元催化器上

1—三元催化器前氧传感器;2—废气涡轮增压器上的接口;3—陶瓷载体1;4—三元催化器;5—陶瓷载体2;6—三元催化器后氧传感器

二、氧传感器工作原理

1. 闭环控制

前氧传感器是通过氧化锆元件检测出废气中残留的氧浓度,从而检测出空燃比的传感器。

它检测废气中的氧气浓度，与环境空气中的氧含量比较。氧化锆元件的外侧接触废气，内侧接触大气，这样氧化锆元件的两侧会有氧气的浓度差，因而产生电压。对于前氧传感器的电压，如果空燃比在浓混合气状态，则在 1V 附近；如果在稀混合气状态，则在 0 附近。将产生的该电压反馈给 ECU（ECM/PCM），以前氧传感器的电压为基础进行控制，使可燃混合气浓度保持在理论空燃比附近。

氧传感器作用就是检测空燃比，实现空燃比闭环控制，闭环控制框图见图 2-114。

图 2-114 闭环控制框图

2. 基本原理

氧传感器的工作原理与干电池相似，传感器中的氧化锆元素起类似电解液的作用。其基本工作原理是：在一定条件（高温和铂催化）下，利用氧化锆内外两侧的氧浓度差，产生电位差，且浓度差越大，电位差越大。大气中氧的含量为 21%，浓混合气燃烧后的废气实际上不含氧，稀混合气燃烧后生成的废气或因缺火产生的废气中含有较多的氧，但仍比大气中的氧少得多。

在高温及铂的催化下，带负电的氧离子吸附在氧化锆套管的内外表面上。由于大气中的氧气比废气中的氧气多，套管上与大气相通一侧比废气一侧吸附更多的负离子，两侧离子的浓度差产生电动势。当套管废气一侧的氧浓度低时，在电极之间产生一个高电压（0.6～1V），这个电压信号被送到 ECU 放大处理，ECU 把高电压信号看作浓混合气，而把低电压信号看作稀混合气。根据氧传感器的电压信号，发动机 ECU 按照尽可能接近 14.7∶1 的理论最佳空燃比来稀释或加浓混合气。因此氧传感器是电子控制燃油计量的关键传感器。

氧传感器通过监测排气中氧离子的含量获得混合气的空燃比信号，并将空燃比信号转变为电信号输入发动机 ECU。ECU 根据氧传感器信号对喷油时间进行修正，实现空燃比反馈控制（闭环控制），使发动机得到最佳浓度的混合气，从而达到降低有害气体的排放量和节约燃油的目的。氧传感器见图 2-115。

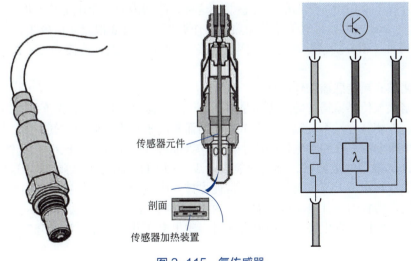

图 2-115 氧传感器

三、二氧化锆式氧传感器

1. 二氧化锆式氧传感器结构

二氧化锆式氧传感器（图 2-116）的基本元件是氧化锆陶瓷管（固体电解质），亦称锆管。锆管固定在带有安装螺纹的固定套中，内外表面均覆盖着一层多孔性的铂膜，其内表面与大气接触，外表面与废气接触。氧传感器的接线端有一个金属护套，其上开有 1 个用于锆管内腔与大气相通的孔，电线将锆管内表面铂电极经绝缘套从此接线端引出。

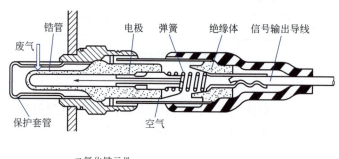

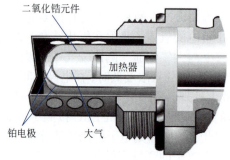

图 2-116　二氧化锆式氧传感器

二氧化锆在温度超过 300℃ 后，才能进行正常工作。早期使用的氧传感器靠排气加热，这种传感器必须在发动机启动运转数分钟后才能开始工作，它只有 1 根接线与 ECU 相连。现在，大部分汽车使用带加热器的氧传感器，这种传感器内有 1 个电加热元件，可在发动机启动后的 20～30s 内迅速将氧传感器加热至工作温度。它有 3 根或 4 根接线。三线连接：1 根接 ECU，另外 2 根分别接地和电源。四线连接：2 根是信号线，连接 ECU；2 根是加热线，一正一负。

2. 二氧化锆式氧传感器工作原理

二氧化锆式氧传感器锆管的陶瓷体是多孔的，渗入其中的氧气，在温度较高时发生电离。由于锆管内、外侧氧含量不一致，存在浓差，因而氧离子从大气侧向排气一侧扩散，从而使锆管成为一个微电池，在两铂电极间产生电压。当混合气的实际空燃比小于理论空燃比，即发动机以较浓的混合气运转时，排气中氧含量少，但 CO、HC、H_2 等较多。这些气体在锆管外表面的铂催化作用下与氧发生反应，将耗尽排气中残余的氧，使锆管外表面氧气浓度变为零，这就使得锆管内、外侧氧浓差加大，两铂极间电压陡增。因此，锆管氧传感器产生的电压将在理论空燃比时发生突变：稀混合气时，输出电压几乎为零；浓混合气时，输出电压接近 1V。

要准确地保持混合气浓度为理论空燃比是不可能的。实际上的反馈控制只能使混合气在理论空燃比附近一个狭小的范围内波动,故氧传感器的输出电压在 0.1～0.9V 之间不断变化(通常每 10s 内变化 8 次以上)。如果氧传感器输出电压变化过缓(每 10s 少于 8 次)或电压保持不变(不论保持在高电位或低电位),则表明氧传感器有故障,需检修。氧传感器电压特性见图 2-117。

四、二氧化钛式氧传感器

1. 二氧化钛式氧传感器结构

二氧化钛式氧传感器是利用二氧化钛材料的电阻值随排气中氧含量的变化而变化的特性制成的,故又称电阻型氧传感器。二氧化钛式氧传感器的外形和氧化锆式氧传感器相似,在传感器前端的护罩内是一个二氧化钛厚膜元件。

纯二氧化钛在常温下是一种高电阻的半导体,但表面一旦缺氧,便会出现缺陷,电阻随之减小。由于二氧化钛的电阻也随温度不同而变化,因此,在二氧化钛式氧传感器(图 2-118)内部也有一个电加热器,以保持二氧化钛式氧传感器在发动机工作过程中的温度恒定不变。

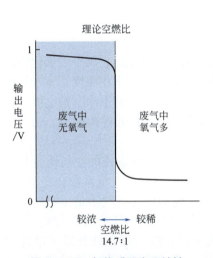

图 2-117　氧传感器电压特性

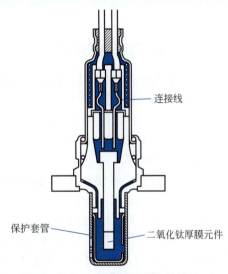

图 2-118　二氧化钛式氧传感器

二氧化钛式氧传感器能正常调节混合气应满足的条件:发动机温度高于 60℃;氧传感器自身温度高于 600℃;发动机工作在怠速工况和部分负荷工况。

2. 二氧化钛传感器检测

> **维修图解**

ECU 2# 端子将一个恒定的 1V 电压加在二氧化钛式氧传感器的一端上,传感器的另一端与 ECU 4# 端子相接。当排出的废气中氧浓度随发动机混合气浓度变化而变化时,氧传感器的电阻随之改变,ECU 4# 端子上的电压降也随着变化。当 4# 端子上的电压高于参考电压时,ECU 判定混合气过浓;当 4# 端子上的电压低于参考电压时,ECU 判定混合气过稀。通过 ECU 的反馈控制,可保持混合气的浓度在理论空燃比附近。在实际的反馈控制过程中,二氧化钛式氧传感器与 ECU 连接的 4# 端子上的电压也是在 0.1～0.9V

之间不断变化，这一点与二氧化锆式氧传感器是相似的。如图 2-119 所示。

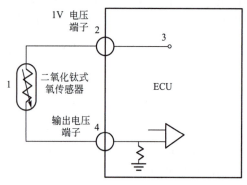

图 2-119　二氧化钛式氧传感器检测

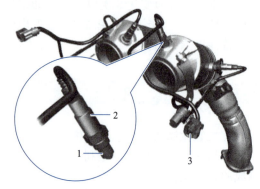

图 2-120　宽带氧传感器
1—氧传感器；2—壳体；3—6 芯插头（5 芯被使用）

五、宽带氧传感器

（一）宽带氧传感器结构

宽带氧传感器的传感机构由二氧化锆陶瓷层（层压板）组成，因此，它属于二氧化锆式氧传感器。层压板中插入的加热元件确保快速加热到至少 760℃ 的必要工作温度。宽带氧传感器具有 2 个元件，即一个所谓的测量元件和一个参考元件。这两个元件上涂有铂电极。其中，测量元件由能斯特元件和氧元泵元件共同构成，参考元件由能斯特元件构成。

如图 2-120 所示。

为了实现完全燃烧，发动机需要的理论空燃比为 14.7 : 1。实际输送的空气质量与化学计算的空气质量之间的比称为空气过量系数。在车辆正常运行时空气过量系数会变动（介于 0.65～1.4 之间），通过宽带氧传感器可以无级地测得。发动机在空气不足（空气过量系数约 0.9，为浓混合气）时具有最佳功率；发动机在空气过量（空气过量系数约 1.1，为稀混合气）时油耗最低。当混合气在空气过量系数为 1 时，废气催化转换器可最佳地减少有害物质的排放。在先进的废气催化转换器上转换率（即已转换的有害物质部分）达 98%～100%。油气混合气的最佳成分由发动机控制调节。氧传感器这时提供关于废气成分的基本信息。

（二）宽带氧传感器工作原理

宽带氧传感器不断测量废气中的残余氧含量。残余氧含量的摆动值作为电压信号继续传送给发动机控制单元。发动机控制系统通过喷射修正混合气成分。

（三）宽带氧传感器电路

1. 内部电路

在氧元泵元件上施加一个电压，于是很多氧气便被抽送到测量元件中，直到测量元件的电极之间出现一个 450mV 的电压为止。从而可在燃烧室内建立理想的空燃比。宽带氧传感器电路如图 2-121 所示。

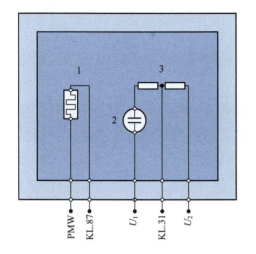

图 2-121　宽带氧传感器电路

1—氧传感器加热器；2—参考元件；3—测量元件；PWM—氧传感器加热装置按脉冲宽度调制的控制；KL.87—蓄电池电压，总线端 15 接通；U_1—参考元件电压；KL.31—总线端虚拟接地；U_2—泵室电压

2. 特性和参数

（1）宽带氧传感器特性　宽带氧传感器的主要特点是自空气过量系数为 0.65 起可扩大测量范围。此外，它还有较高的温度耐受性、较短的响应时间（缩短到 30ms 以下），以及较高的信号精确度。宽带氧传感器特性见图 2-122。

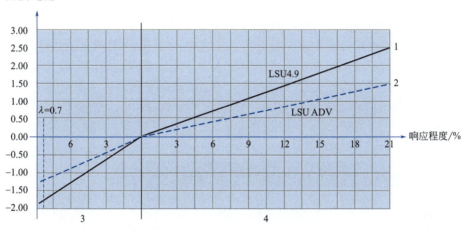

图 2-122　宽带氧传感器特性

1—氧传感器特性线（LSU 意思为通用氧传感器）；2—氧传感器的特性线（LSU ADV 意思为高级通用氧传感器）；3—氧气浓度（浓混合气）；4—氧气浓度（稀少）

（2）工作参数　表 2-18 为宽带氧传感器参数。

表 2-18　宽带氧传感器参数

项目 / 说明 / 物理量	参数范围	项目 / 说明 / 物理量	参数范围
氧传感器加热装置电压范围	10.7～16.5V	工作温度	760℃
氧传感器加热装置不超过 5s 的电压	12V	20℃ 时的加热电阻	2.0～3.2Ω
氧传感器加热装置不超过 6.5s 的电压	9V	最大空气泵电流	1.5mA

（四）诊断说明

在宽带氧传感器失灵时，预计将出现以下情况：在发动机控制单元中记录故障代码；调校值或用替代值紧急运行；组合仪表中排放警示灯亮起。

下列诊断功能用于检查发动机和排气系统的状态：

（1）氧传感器调校值　空燃比调校（混合气调校）用于补偿影响混合气的部件公差和老化效应。

（2）三元催化转换器诊断　该诊断检查废气催化转换器的氧气存储能力。氧气存储能力是废气催化转换器转换能力的一个指标。

> **知识贴**
>
> 理论空燃比都很熟悉，就是理论空气和燃油的质量比为 14.7 : 1，当 1 份质量的燃油和 14.7 份的空气进行充分混合，然后进行压缩并燃烧，所生成的一氧化碳（CO）、碳氢化合物（HC）和氮氧化物（NO_x）最少。
>
> 那什么是 λ（Lambda）？多人会把 λ 和空燃比搞混在一起。确切地讲，其实 λ 为过量空气系数，在空燃比为 14.7 时，λ 为 1。例如，数据流看到的 λ 为 0.8 时，此时的空燃比就为 11.76 : 1，为大负荷状态时的空燃比，为浓混合气。
>
> 为了满足越来越严格的排放标准，很多厂家利用"稀薄燃烧技术"，这样就会使 λ 可达到 1.2、1.3 甚至更高，空燃比可以达到 18 : 1。
>
> 一般的四线氧传感器只能告诉你混合气是否浓或者稀，而随着混合气的控制范围加宽，这样的窄域氧传感器无法满足空燃比的控制要求。逐渐地就开始使用宽带式氧传感器，宽带氧传感器不但能监控混合气是否浓或者稀，还能精确地监测具体浓多少或稀多少。
>
> 宽带氧传感器可精确测量从 λ>0.7（浓混合气）到 λ<4（纯空气）的 λ 值范围。λ=4 时，约等于 60 份空气比 1 份燃油。

六、空燃比传感器

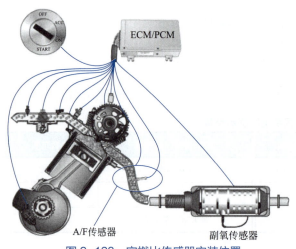

图 2-123　空燃比传感器安装位置

（一）空燃比（A/F）传感器作用

当空燃比传感器发生某种故障时，将无法正确监测空燃比，无法进行正常的反馈控制，其结果将导致发动机的恶化。

空燃比传感器监测三元催化器前的空燃比。ECM/PCM 将该值与通过副氧传感器输出值计算出的目标空燃比进行比较来决定燃料喷射量，见图 2-123。

（二）空燃比传感器特性

以前氧传感器只可能检测到排出气体浓度高低，以理论空燃比为界，反复出现浓度或高或低的现象。这样的话，要使 A/F 能够不断保持在理论空燃比就显得非常困难。为了减少有害气体的排出量，所以就有了可以线性检测空燃比的空燃比传感器，来代替了以前主要使用的氧传感器。

空燃比传感器不但能检测出排出气体的浓度高低，同时也可以正确地检测出实际的空燃比状况。采用了这种传感器，不但可以控制高精度的 A/F，同时可以大大地减少燃料费用上升以及有害气体的排出。空燃比传感器不像氧传感器是采用电压,而是采用电流检测。图 2-124 和图 2-125 为氧传感器和空燃比传感器特性。

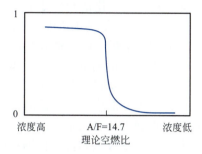

图 2-124　氧传感器理论空燃比

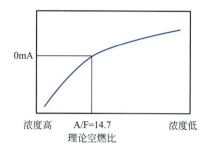

图 2-125　空燃比传感器理论空燃比

(三) 四线空燃比传感器

1. 四线空燃比传感器结构

四线空燃比传感器是一种极限电流式传感器,这种 A/F 传感器的连接器处有 4 个接线头,从外观上看与氧传感器基本没有变化,因此比较难以区分。

前端部分的构造如图 2-126、图 2-127 所示,在氧化锆元件与加热器之间设有 1 个排出气体不能进入的大气导入室。氧化锆元件与扩散层之间有 1 个大气检测室,这是为了限制扩散层通过的排气量。而在氧化锆元件的大气侧与排气侧各有 1 个铂电极。与氧传感器的主要不同就是扩散层,还有就是在 ECM/PCM 传感器两个电极上加载了电压。A/F 就是通过流过电极间的电流值来进行判断的。

图 2-126　四线氧传感器 (一)

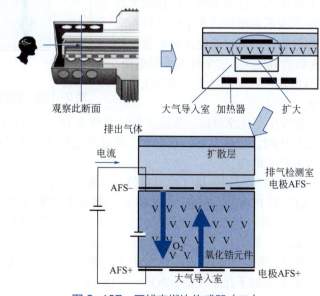

图 2-127　四线空燃比传感器 (二)

2. 四线空燃比传感器特性

如图 2-128 所示，浓度高时流过电极间的电流值为正值，浓度低时为负值。端子线共有 4 根，分别是氧化锆元件 2 个电极上的 2 根，以及加热器的正负极的 2 根。

3. 四线空燃比传感器基本工作原理

进入排气检测室的排出气体，被扩散层控制在一定量。对氧化锆元件加载电压，当可燃混合气浓度低时将排气检测的氧吸到大气导入室，而在浓度高时从大气导入室吸入到排气检测室内，这样就可以用排气检测室内的 A/F 来得到理论空燃比。为了使排气检测室内保持理论空燃比，加载电压后使氧移动时，

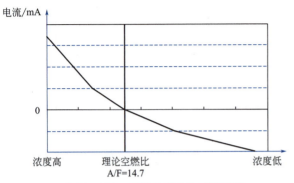

图 2-128 四线空燃比传感器特性

与排气 A/F 相对应的氧就会通过氧化锆元件。由于通过 AFS+ 与 AFS- 间的电流值与其氧气量是成比例的，因此通过测定电流，就可以得到此时的排气的 A/F。

（1）浓度高的情况 氧化锆元件会产生电动势，从而对 A 向加载电压。对与此相反方向的 B 则是由 ECM/PCM 来稍加电压，形成电压大，且朝向 A 的加压状态，所以氧气由大气侧向排气侧（A 向）移动。另外，由于从扩散层进入的排出气体受到限制，与吸入的氧气反应，排气中的 HC 或 CO 也受到限制。由于这些作用，排气检测室内的 A/F 在达到理论空燃比之前，氧气就一直在移动。因此，氧化锆元件中是只流过为达到理论空燃比所必要的氧气，这时通过检测电流就可以得到排出气体的 A/F。

（2）浓度低的情况 由于氧化锆元件不会产生电动势，根据 ECM/PCM 对 B 向加载的电压，使氧气由排气侧向大气侧（B 向）移动，强制性地使排气检测室的 A/F 达到理论空燃比。氧化锆元件在特性上，不能使排气检测室内浓度比理论空燃比的高（强制地使其达到浓度高时，在氧化锆元件中产生逆电动势，即使加大加载电压，流动氧气的电压也不会增加。使电流变得不能流动），即使再加大加载电压，流过的电流也不会增加（增加是指向 A 方向流动的氧气），这个称为极限电流，测定出这个时候的电流值就可以得到 A/F。空燃比传感器工作原理见图 2-129。

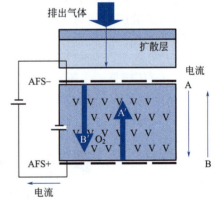

图 2-129 空燃比传感器工作原理

如图 2-130 所示，是发生了化学反应。实际上氧气是作为 O^{2-} 流动于氧化锆元件内。

在混合气为理论空燃比时，燃烧良好的情况下，经过渗透层到达排气检测室的氧气浓度刚好使氧化锆两极产生 0.45V 的电压。

如果混合气偏浓，经过渗透层到达排气检测室的氧气浓度会下降，氧化锆两极产生的电压会高于 0.45V，这个信号被 PCM 检测到后，PCM 会控制氧化锆使 O_2 从大气室进入排气检测室，从而最终使排气检测室达到理论混合气时的氧气浓度，作用过程是 PCM 控制大气室一侧电极为低电压，从而发生如下化学反应：$O_2+4e^- \longrightarrow 2O^{2-}$。

PCM 控制排气检测室一侧电极为高电压，吸引大气侧电极产生的 O^{2-} 穿过氧化锆到达大气导入室侧电极，从而发生如下化学反应：$2O^{2-} \longrightarrow O_2+4e^-$。

通过这种 PCM 控制进行的泵氧过程，从而使排气检测室由混合气过浓造成的缺氧状态

到达氧气浓度达到理论空燃比时的氧气浓度状态,从而达到平衡状态,这种由不平衡进入平衡状态的作用过程很快。

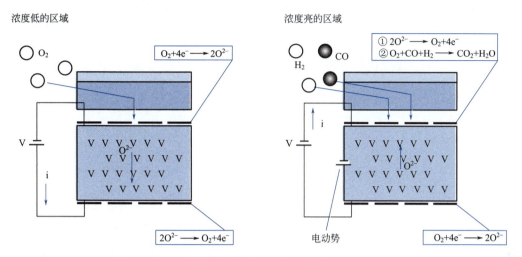

图 2-130　四线空燃比传感器工作机理(电极化学反应)

如果混合气偏稀,则进行相反的过程,偏稀的混合气造成经过渗透层到达排气检测室的氧气浓度上升,氧化锆两极产生的电压会低于 0.45V,这个信号被 PCM 检测到后,PCM 会控制氧化锆使 O_2 从排气检测室进入大气室,从而最终使排气检测室达到理论混合气时的氧气浓度,作用过程是 PCM 控制排气检测室一侧电极为低电压,从而发生如下化学反应:$O_2+4e^- \longrightarrow 2O^{2-}$

PCM 控制大气室一侧电极为高电压,吸进排气检测室侧电极产生的 O^{2-} 穿过氧化锆到达大气室侧电极,从而发生如下化学反应:$2O^{2-} \longrightarrow O_2+4e^-$。

通过这种 PCM 控制进行的泵氧过程,从而使排气检测室由混合气过稀造成的富氧状态到达氧气浓度达到理论空燃比时的氧气浓度状态,从而达到平衡状态。

4. 电路检测

A/F 传感器是一个检测电流值的传感器。由于电流值的直接检测会使 ECM/PCM 或是传感器产生故障,所以在实际维修中检测比较困难,所以就分析一下如何检测电压。

这种类型的 A/F 传感器在工作时,AFS+ 与 SG 之间的电压常常是在 2.2V 的附近值(根据车型不同,也会有不同情况)。ECM/PCM 如果要变更 AFS 值的话,就要控制流过氧化锆元件的氧气量。

AFS+、AFS- 之间的电压在理论空燃比时输出为 0.45V,浓度高时会稍低(0.4V),浓度低时则会稍高一点(0.5V)。但是,实际上为了取得电流值而使用的电压值,有可能会由于老化而出现变动,因此有可能出现与上述不同的数值,这一点需要注意。

(四)五线空燃比传感器

1. 五线空燃比传感器结构

五线空燃比传感器(图 2-131、图 2-132)是泵氧式传感器,这种 A/F 传感器是:连接器的传感器侧有 5 个接线头,在 ECM/PCM 侧有 7 个接线头。在传感器侧的连接器处有 1 个电阻(制造时,用于识别个体差异),它与四线空燃比传感器相比,在浓度低一侧精度很高。(如本田 V6 发动机上使用)

图 2-131　五线空燃比传感器（一）

图 2-132　五线空燃比传感器（二）

如图 2-133 所示，这种类型的 A/F 传感器也是由氧化锆元件和加热器 2 层构成。氧化锆元件部分的内部由 2 个空间与 4 个电极构成，一个空间称为排出气体检测室，它是将排出气体通过扩散层少量导入，另外一个称为大气导入室，它导入外部气体。

电感元件（voltage sensing cell，VS cell）将这两个空间分离开，另外，在氧化锆元件加热器的反面装有一个电离元件（ion pumping cell，IP cell）。各元件都有正负的铂电极。

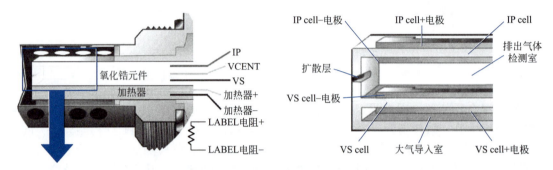

图 2-133　五线空燃比传感器（三）

维修图解

IP cell 负电极与 VS cell 的负电极都采用共同的接线（VCENT）。

这种类型的 A/F 传感器为了使输出值的误差降到最小，在生产后要对每个传感器特性偏差进行全数检查，为了可以用 ECM/PCM 来修正误差，针对其偏差量要在 A/F 传感器的连接器部位装配 1 个电阻。因此连接器的传感器侧会有 5 根接线，而在 ECM/PCM 侧有 7 根接线。五线空燃比传感器内部电路见图 2-134。

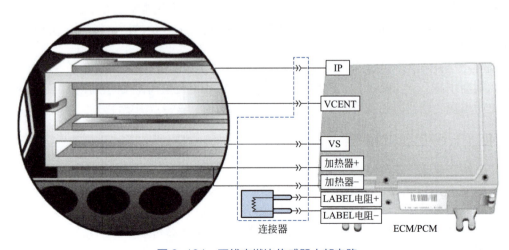

图 2-134　五线空燃比传感器内部电路

2. 五线空燃比传感器工作原理

五线空燃比传感器原理如图 2-135 所示,它在如下所述的 3 个阶段工作。

❶ 大气导入室的氧气浓度要比排出气体检测室高。如果开始 VS 元件与通常的氧传感器浓度一样,浓度高时,输出 1V 左右电压,而浓度低时,则输出 0V,如为完全理论空燃比时则输出 0.45V。总之,VS 元件就是检测排出气体检测室现在的浓度是高还是低。

❷ 如果从 VS 元件可以得到浓度高的电压(0.45V 以上),加载在 IP 元件

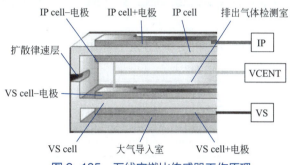

图 2-135　五线空燃比传感器工作原理

上的电压就可能将氧气吸入到排出气体检测室,使排出气体检测室的 A/F 达到理论空燃比。相反,如果得到浓度低的电压(0.45V 以下),利用 IP 元件将氧气从排出气体检测室吸出,使排出气体检测室的 A/F 达到理论空燃比。VS 元件的电压在不是 0.45V 时就一直这样工作。之后,为了使 VS 元件电压维持在 0.45V,就要调整加载在 IP 元件上的电压。

❸ 此时,可以利用检测流过 IP 元件的氧气量来检测 A/F。由于这个量也与流过 IP 元件的电流值是成比例的,这样传感器就通过检测 IP 电流从而得到 A/F 值。

3. 五线空燃比传感器检测

VCENT 与 VS 两极间的电压通常输出 0.45V。如果由于突变而使 A/F 强制性地变化,排出气体检测室的 A/F 也会短时发生变化。因此 VCENT 与 VS 之间的电压是变动的,换句话说,由于突变使电压变动的话,也可以确认此传感器是运作的。

IP 与 VCENT 间的电压值根据传感器的工作状况会有很大变动,通常是浓度低时数值高,浓度高时数值低,总之,由于利用了电压来控制,使排出气体检测室保持在理论空燃比,在控制过程中会有正负。但是,由于怠速等原因,如果稳定在理论空燃比附近的 A/F 上时,就会变为在 0V 附近值(在 ±0.2V 左右变动),这时 IP 与 VCENT 的电压是一样的。此时,IP 元件没有电流流过。

(五)空燃比传感器监测

发动机控制单元对空燃比传感器执行监控,见表 2-19、表 2-20。

表 2-19　发动机控制单元对空燃比传感器执行监控(四线空燃比传感器)

故障代码	检测项目	说明
P1157	A/F 传感器 AFS+/AFS- 电压高	断线或短路的监测
P2252	A/F 传感器 AFS- 电压低	断线或短路的监测
P2238	A/F 传感器 AFS+ 电压低	断线或短路的监测
P0135	A/F 传感器加热器回路异常	断线或短路的监测
P0134	A/F 传感器活性异常	劣化的监测
P0133	A/F 传感器应答迟缓	劣化的监测
P2A00	A/F 传感器输出性能偏差	劣化的监测
P2195	A/F 传感器浓度低停滞	劣化的监测
P1172	A/F 传感器测量范围在浓度低侧	劣化的监测

表 2-20 发动机控制单元对空燃比传感器执行监控（五线空燃比传感器）

故障代码		检测项目	说明
P2252	P2255	A/F 传感器 VS 电压低	断线或短路的监测
P2251	P2254	A/F 传感器 VS 电压高	断线或短路的监测
P2245	P2249	A/F 传感器 VCENT 电压低	断线或短路的监测
P2243	P2247	A/F 传感器 VCENT 电压高	断线或短路的监测
P2238	P2241	A/F 传感器 IP 电压低	断线或短路的监测
P2237	P2240	A/F 传感器 IP 电压高	断线或短路的监测
P2627	P2630	A/F 传感器 LABEL 电阻电压低	断线或短路的监测
P2628	P2631	A/F 传感器 LABEL 电阻电压高	断线或短路的监测
P0135	P0155	A/F 传感器加热器回路异常	断线或短路的监测
P0134	P0154	A/F 传感器活性异常	劣化的监测
P0133	P0153	A/F 传感器应答迟缓	劣化的监测
P2A00	P2A03	A/F 传感器输出性能偏差	劣化的监测
P2195	P2197	A/F 传感器浓度低停滞	劣化的监测
P1172	P1174	A/F 传感器测量范围偏离浓度低侧	劣化的监测

1. 故障诊断

空燃比传感器可能发生的故障原因见表 2-21，但不仅限于本表所列。

表 2-21 空燃比传感器可能发生的故障原因

故障现象	可能的故障原因	
元件堵塞	发动机油中的金属添加剂；劣质燃料中的不纯物	劣质燃油或添加剂
元件开裂	重复加热、冷却	老化，A/F 异常，水分的混入
元件的内部阻抗增大	重复加热、冷却	老化，A/F 异常
电极催化剂能力下降	重复加热、冷却	老化，A/F 异常
保护器堵塞	油添加物，炭氧化所造成的保护器的变形	指定外添加剂 油更换周期不合适，A/F 异常
加热器不升温	重复加热、冷却	老化
信号线绝缘下降	线束表皮破损	
传感器偏离	冲击，紧固转矩	
各线的断线短路	配线线束、连接器、传感器等的机械损伤	

2. 空燃比传感器活性异常监测（P0134）

A/F 传感器通过加热器对元件进行加热，并保持一定的高温，来激活元件的催化剂作用，从而进行正确的 A/F 测量。因此，当加热器发生故障等导致元件温度不能充分上升时，A/F

传感器将无法被激活，排放情况恶化。当 A/F 传感器激活时，A/F 传感器的内部阻抗将减少，所以通过检测该值来监视加热器的动作状态。实际的检测通过以下 2 种方法进行。

（1）刚启动之后　A/F 传感器加热器通电开始后，如果在规定时间内 A/F 传感器没有激活（A/F 传感器内部电阻值大），则判断为 A/F 传感器的活性不良，见图 2-136。

（2）行驶中（一旦被判断为活性后又变为不活性时）　虽然加热器维持通电状态，但 A/F 传感器由活性状态（A/F 传感器内部电阻值小）变为不活性状态（A/F 传感器内部电阻值大），经过了规定时间后仍不能恢复到活性状态时，则判定为 A/F 传感器的活性不良。根据故障程度不同，内部电阻值是不同的，对发动机控制的影响程度也不同，所以故障判定值有 2 种，根据先成立的一方来判定为故障。

当超过反馈停止用的临界值时，紧急性将提高，所以立即判定为不良，其时间为 1s 左右，见图 2-137。

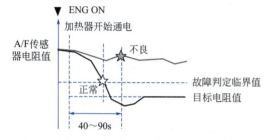

图 2-136　发动机刚启动后空燃比传感器活性异常监测

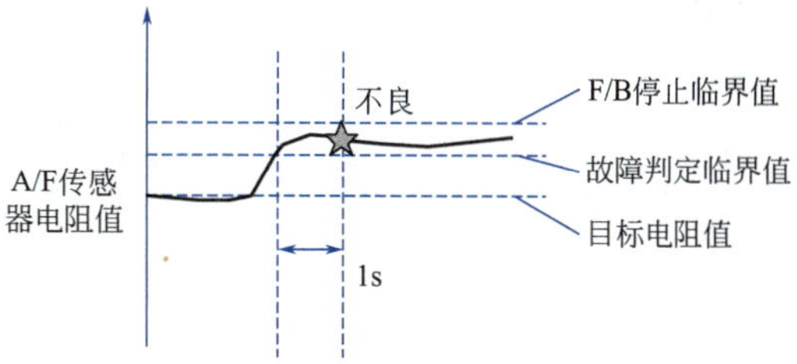

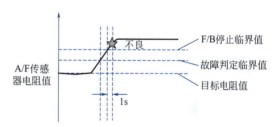

图 2-137　行车中空燃比传感器活性异常监测（一）

如果行驶中发生断线或短路，有可能在断线或短路的故障检测之前就作出不良的判定。需要注意，即加热器活性不良有可能是根据信号线的断线或短路而被判定为不良的，见图 2-138。

四线空燃比传感器与 VS 元件、IP 元件一同进行检测。

图 2-138　行车中空燃比传感器活性异常监测（二）

3. 空燃比传感器应答迟缓（P0133）

比较空燃比传感器的输出电流值和燃料喷射量，从输出电流值中取出基于应答的成分进行积分，其值在监测过程中如果不超过故障判定值，则判断为应答劣化，见图 2-139。

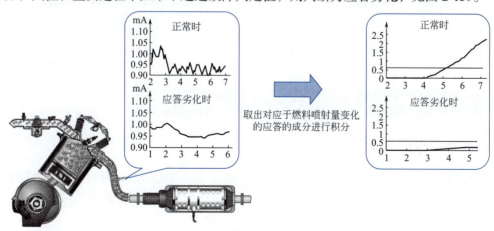

图 2-139　空燃比传感器应答迟缓的监测

4. 空燃比传感器输出性能偏差（P2A00）

当发生倾斜位移的故障时，其输出值会以各 A/F 相同的比率偏离。因此，通过检测 A/F 传感器输出值，看其值是否在正常范围内就可以推测在全部领域的偏差。因此，测量减速断油时的 A/F 传感器输出值，如果不在正常范围内，则判断为异常，见图 2-140。

5. 断路或短路的监测

空燃比传感器断路或短路的监测见表 2-22、表 2-23。

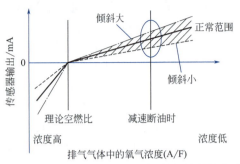

图 2-140 空燃比传感器输出性能偏差的监测

表 2-22 四线空燃比传感器断路或短路的监测

故障代码		检测项目	监测方法
P2252	P2255	A/F 传感器 VS 电压低	电压如果低于临界值则判断为故障
P2251	P2254	A/F 传感器 VS 电压高	电压如果超过临界值则判断为故障
P2245	P2249	A/F 传感器 VCENT 电压低	电压如果低于临界值则判断为故障
P2243	P2247	A/F 传感器 VCENT 电压高	VCENT 如果断线，IP、VS 将发生振动。计算其峰值超过上限值的次数，如果超过标准则为故障
P2238	P2241	A/F 传感器 IP 电压低	电压如果低于临界值则判断为故障
P2237	P2240	A/F 传感器 IP 电压高	电压如果超过临界值则判断为故障
P2627	P2630	A/F 传感器 LABEL 电阻电压低	测量电阻线间的电压，如果低于临界值，则判断为故障
P2628	P2631	A/F 传感器 LABEL 电阻电压高	测量电阻线间的电压，如果超过临界值，则判断为故障
P0135	P0155	A/F 传感器加热器电路异常	通过返回检查来判断故障

表 2-23 五线空燃比传感器断路或短路的监测

故障码	检测项目	监测方法
P1157	A/F 传感器 AFS+/AFS- 电压高	测量阻抗，如果超过临界值，则判断为故障
P2252	A/F 传感器 AFS- 电压低	电压如果低于临界值则判断为故障
P2238	A/F 传感器 AFS+ 电压低	电压如果超过临界值则判断为故障
P0135	A/F 传感器加热器电路异常	测量加热器中流过的电流，判断故障

七、氮氧化物传感器

（一）废气排放

燃烧过程产生的未处理的废气通过排气歧管进入三元催化转换器内。废气中的残余含氧量经过具有稳态特性曲线的氧传感器进行测量。发动机管理系统根据测定结果对燃烧过程的质量进行评估，然后根据需要进行相应的干预。

废气通过三位一体的排气歧管、三元催化转换器和氮氧化物储存催化转换器进入双通道。

排气系统的主要任务是将燃烧过程中产生的物质可靠地从发动机输送到汽车的后部,同时抑制噪声。废气的成分由传感器进行监控。发动机管理系统监视给出的结果以便优化随后的燃烧过程。发动机排气系统见图2-141。

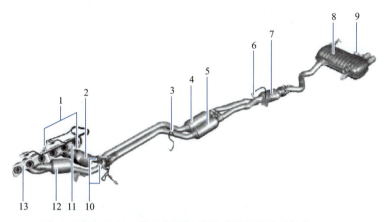

图 2-141　发动机排气系统（某宝马发动机）

1—氧传感器（具有稳态特性曲线的主氧传感器）；2—三元催化转换器（气缸列2）；3—排气温度传感器；4—氮氧化物储存催化转换器（气缸列2）；5—氮氧化物储存催化转换器（气缸列1）；6—氮氧化物传感器；7—中间消音器；8—后部消音器；9—排气挡板；10—氧传感器（监控具有不稳定特性的传感器）；11—三位一体排气歧管（气缸列2）；12—三元催化转换器（气缸列1）；13—三位一体排气歧管（气缸列1）

废气中含有的3种污染物HC、CO和NO_x都在三元催化转换器内转换成无毒的成分H_2O、CO_2和N_2。催化剂是能够触发化学反应的一种物质,但是不参与化学反应过程。含碳的成分通过氧化作用进行转换。转换所需要的氧有一部分来自废气中的残余氧气和氮氧化物中的氧成分。在这个过程中,氮氧化物被还原成分子状的无害氮气。但是,与均匀工作模式一样,这个过程只在氮氧化物的含量相对较低时才可能实现。废气处理过程见图2-142。

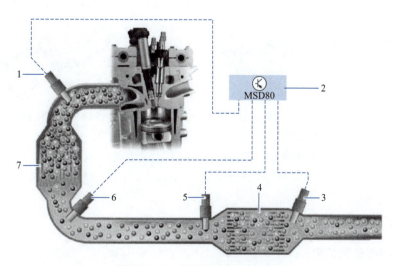

图 2-142　发动机废气处理过程

1—控制具有上升特性的传感器；2—发动机控制单元；3—氮氧化物传感器；4—氮氧化物储存催化转换器；5—排气温度传感器；6—监控具有不稳定特性的传感器；7—三元催化转换器

三元催化转换器的功能性由安装在催化转换器下游的具有不稳定特性的氧传感器来进行监控。在氧传感器的帮助下，发动机控制单元探测是否有足够的氧从废气中取得并被用来转化污染物。

（二）氮氧化物储存催化转换器

当发动机在稀混合气模式下工作时，废气排放的效果就使碳含量急剧下降。废气内的含氧量增加，碳含量降低，意味着氮氧化物的浓度不能在三元催化转换器内降低。此外，在 $\lambda=1$ 附近，氮氧化物的含量开始急剧增加。在空气略微过剩的情况下，氮氧化物废气的极限值范围 λ 在 1.05～1.1 之间。

为了补偿废气的增加以及三元催化转换器再生能力的降低，发动机需要配备其他功能部件来对废气进行处理。每个三元催化转换器的下游都连接 1 个氮氧化物储存催化转换器。废气中的氮氧化物在这些储存催化转换器内进行隔离，然后转化成无害的物质。

维修图解

氮氧化物储存催化转换器的设计和结构类似于三元催化转换器。洗涤层（承载层）可以用贵金属作为催化剂，还有一种材料用来储存氮氧化物。氮氧化物储存催化转换器的工作温度范围为 220～450℃，也就是说它可以在这个温度范围内接收、排放和转换氮氧化物。对于脱硫过程而言，需要更高的温度，即 600～650℃。

以上这些工作温度由排气温度传感器进行监控。根据储存在发动机管理系统内的一个计算模型以及氮氧化物传感器给出的测定值对氮氧化物的反应进行控制和监控。在氮氧化物储存催化转换器的有效温度范围之外，发动机在均匀模式下工作。图 2-143 为发动机配备的 E93 型氮氧化物储存催化转换器（宝马某发动机）。

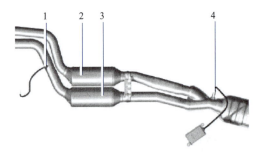

图 2-143　发动机配备的 E93 型氮氧化物储存催化转换器（宝马某发动机）

1—排气温度传感器；2—氮氧化物储存催化转换器（气缸列 1）；3—氮氧化物储存催化转换器（气缸列 2）；4—氮氧化物传感器

图 2-144　氮氧化物传感器

（三）氮氧化物传感器结构和工作原理

1. 氮氧化物传感器结构

氮氧化物传感器（图 2-144）由有效的测量探头和一种相关的控制单元组成。控制单元通过 LoCAN 与发动机控制单元进行通信。

2. 氮氧化物传感器工作原理

氮氧化物传感器将氮氧化物的测定值与氧气的测量值进行比较。排气废气离开氮氧化物储存催化转换器时，氧气与氮气的混合物到达氮氧化物传感器。

在第一个舱内，借助于第一个泵，氧气从这种混合物中电离出来，然后通过固体电解质进行排放。对于第一个舱的泵电流，可以发出一个λ信号。剩余的氮氧化物随后穿过第二个隔离板到达传感器的第二个舱。在这里，氮氧化物通过催化剂被分解成氧气和氮气。用这种方法释放出来的氧气被电离，并能够通过固体电解质。氧气的量取决于泵电流，氮气含量则根据这个值进行测定。氮氧化物传感器的功能原理见图 2-145。

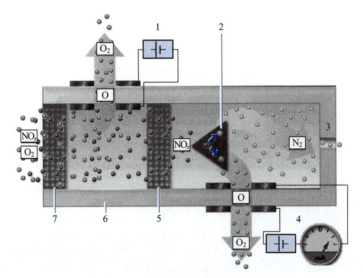

图 2-145　氮氧化物传感器的功能原理
1—泵电流（第一个舱）；2—催化剂成分；3—氮气输出口；4—泵电流（第二个舱）；
5—隔离板 2；6—二氧化锆固体电解质；7—隔离板 1

八、氧传感器检测和故障诊断

（一）故障判断原理

PCM（ECM/ECU）基于以下条件监控氧传感器反馈。

1. 灵敏度

氧传感器从稀到浓再到稀的循环时间。传感器响应时间过长时，PCM 检测到故障。

2. 导通性

如果氧传感器电压恒定在约 0.3V，PCM 检测到开路。当出现中毒或者老化后，氧传感器的电压周期大大增加或者氧传感器的信号电压将变得平直（图 2-146）。

3. 输出电压

PCM 监控氧传感器输出电压。氧传感器的最高和最低电压不能达到规定值时，PCM 检测到故障。如果前加热式氧传感器发生故障，PCM 将燃油喷射系统反馈控制从闭环切换到开环并存储故障码。

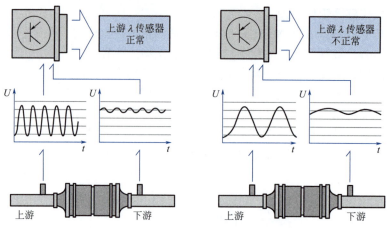

图 2-146 氧传感器故障判断原理示意图

（二）氧传感器诊断说明

废气中的氧气密度与大气中的相差较大时（浓状态），氧化锆产生大约 1V 的电压；废气中的氧气密度与大气中的相差较小时（稀状态），氧化锆产生大约 0V 的电压。传感器信号发送至 ECM，ECM 以调整喷油脉宽以达到三元催化转换器效率最高的理想空燃比。在电压由大约 1V 完全变为 0V 时产生最理想的空燃比。

维修图解

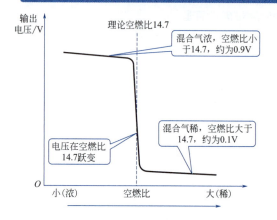

图 2-147 空燃比示意图

如果氧传感器信号电压较高或长时间保持在较高电压（0.8～1V），表示混合气较浓，ECM 减小喷油脉宽使混合气变稀；如果氧传感器信号电压较低或长时间保持在较低电压（0～0.1V），表示混合气较稀，ECM 增加喷油脉宽使混合气变浓。图 2-147 为空燃比示意图。

（三）故障码分析

1. 故障码 P0134 分析

（1）故障描述　加热型氧传感器 1 电路活性不足。

（2）故障原因

❶ 加热型氧传感器高电平信号，开路或高电阻。

❷ 加热型氧传感器低参考电压。

（3）故障生成原理　加热型氧传感器用于燃油控制和后催化剂监测。每个加热型氧传感器将环境空气的氧含量与废气流中的氧含量进行比较。加热型氧传感器必须达到工作温度以提供准确的电压信号。加热型氧传感器内部的加热元件使传感器达到工作温度所需的时间为最短。

当发动机首次启动时，发动机控制模块在开环状态下运行，忽略加热型氧传感器电压信号。一旦加热型氧传感器达到工作温度并达到"闭环"运行条件，加热型氧传感器将在0～1000mV范围内产生围绕450mV上下波动的电压。加热型氧传感器电压较高，表明废气流较浓；加热型氧传感器电压较低，表明废气流较稀。

故障码P0134为电路监测。

发动机控制模块检测到氧传感器电压信号始终保持在一个电压0.3V，如果读取该电压的时间比规定时间长，则判断为故障，生成故障码P0134，见图2-148。

2. 故障码P1143分析

故障码P1143为混合气稀变化监测。

氧传感器的输出电压被监控以确定"浓"输出是否足够高（如约大于0.6V），以及"稀"输出是否足够低（如约小于0.35V）。如果两个输出均变到稀侧（氧传感器的最高和最低电压均低于规定值），则检测到故障，生成故障码P1143，见图2-149。

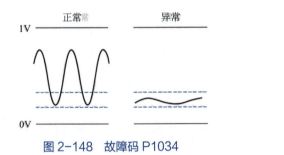

图2-148 故障码P1034 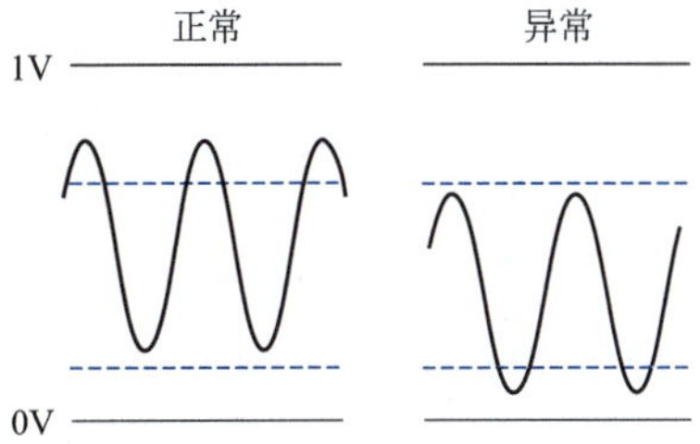　　　　图2-149 故障码P1143

3. 故障码P1144分析

故障码P1144为混合气浓变化监测。

在监控传感器输出电压期间，如果两个输出均变到浓侧（氧传感器的最高和最低电压均高于规定值），也检测到故障，生成故障码P1144，见图2-150。

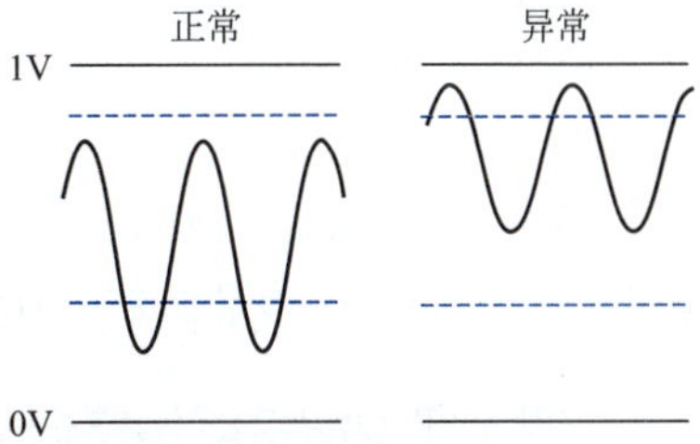

4. 故障码P0133分析

（1）故障描述　加热型氧传感器1电路响应慢。P0133是B类故障诊断码。

（2）故障原因

加热型氧传感器由浓变稀或由稀变浓的平均响应时间超过规定值。

图2-150 故障码P1144

（3）故障生成原理　故障码P0133为响应监测。

加热型氧传感器监控器会跟踪氧传感器信号上升和下降过程中的电压变化速率。当电压变化速率低于校准值时，发动机控制模块就会开始修改空燃比，试图提高氧传感器的电压变化速率。如果发动机控制模块已经达到可以接受的燃油修正限制或者已超过可接受的燃油修正的时间长度，而仍然没有监测到可以接受的电压变化速率的话，该故障码就会出现。故障原因包括氧传感器燃油污染、氧传感器信号电路开路、排气管或排气歧管泄漏、发动机控制模块（PCM或ECM）故障等。

发动机控制模块测量氧传感器由稀（如约0.35V）到浓（如约0.55V）或由浓到稀循环所用的时间。如果这些时间的总和大于规定值，则检测到故障，生成故障码P0133，见图2-151。

5. 故障码 P0132 分析

（1）故障描述　加热型氧传感器 1 电路电压过高。

（2）故障原因　加热型氧传感器高电平信号对电压短路。

（3）故障生成原理　故障码 P0132 为前氧传感器高电压监测。发动机控制模块检查前加热型氧传感器的电压输出不应过高（如约大于 1.1V），如果 ECM 读取到过高的电压，则判断为故障，生成故障码 P0132，见图 2-152。

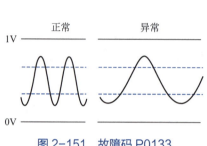

图 2-151　故障码 P0133

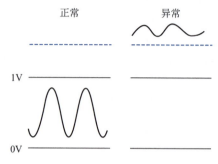

图 2-152　故障码 P0132

6. 故障码 P0135 分析

（1）故障描述　1 列 1 号氧传感器加热器电路故障。

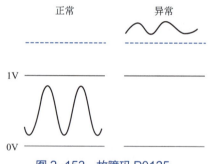

图 2-153　故障码 P0135

（2）故障原因　发动机控制模块检测到用于测定废气中氧含量的电路有问题，如果是氧传感器信号电路和接地线电路所导致的故障，则该故障码 P0135 就会出现。

（3）故障生成原理　故障码 P0135 为电压监测。发动机控制模块（ECM）根据发动机转速控制氧传感器加热器的打开和关闭操作。加热器在特定的发动机转速下打开和关闭。

ECM 通过测量内置在加热器电路内的特定电阻两侧的电压来监控加热器电流。如果电压超出规定水平，则判断为故障，生成故障码 P0135，见图 2-153。

（四）典型宽带氧传感器故障码分析（以宝马汽车为例）

1. 故障码 P0130 分析

（1）故障描述　三元催化转换器前氧传感器加热器故障。

（2）故障原因　该故障为电气故障。系统诊断监控三元催化转换器前氧传感器的温度。

（3）故障生成原理　如果三元催化转换器前氧传感器在加热后仍达不到工作温度，则会识别到故障，生成故障码 P0130。

（4）故障识别条件

❶ 电压识别条件：车载网络电压在 9～16V 之间。

❷ 温度识别条件：发动机温度高于 80℃。

（5）故障存储和显示　立刻记录故障，故障指示灯点亮。

（6）故障处理措施　检查发动机控制模块和三元催化转换器前氧传感器之间的电线束；更新三元催化转换器的前氧传感器。

2. 故障码 P0131 分析

（1）故障描述　三元催化转换器前氧传感器，对地短路。

（2）故障原因　可能的故障原因：废气催化转换器前氧传感器的电线束损坏；废气催化转换器前氧传感器损坏；发动机控制模块损坏。

（3）故障生成原理　该故障为信号线对地短路，诊断监控氧传感器内部组件的信息，故障可通过自诊断识别，生成故障码 P0131。

（4）故障识别条件

❶ 电压条件：无。

❷ 温度条件：无。

❸ 时间条件：1s。

❹ 其他条件：发动机运转，未存储其他故障。

（5）故障存储和显示　如果故障存在时间超过 0.5s，则被记录；发动机故障指示灯点亮。

（6）故障处理措施

❶ 检测废气催化转换器前氧传感器的电线束。

❷ 更新废气催化转换器前氧传感器。

❸ 更新发动机控制模块。

3. 故障码 P0132 分析（一）

（1）故障描述　三元催化转换器前氧传感器信号线对正极短路。

（2）故障原因　可能的故障原因：废气催化转换器前氧传感器的电线束损坏；废气催化转换器前氧传感器损坏；发动机控制模块损坏。

（3）故障生成原理　诊断系统监控内部氧传感器模块的信息。故障可通过自诊断识别，生成故障码 P0132。

（4）故障识别条件　未存储其他故障，总线端 15 接通。

❶ 电压条件：无。

❷ 温度条件：无。

❸ 时间条件：1s。

（5）故障存储和显示

❶ 故障存储条件：如果故障存在时间超过 0.5s，则被记录。

❷ 故障显示：发动机故障指示灯点亮；电子式发动机功率下降，关闭；CC 信息，1 个。

（6）故障处理措施

❶ 检测废气催化转换器前氧传感器的电线束。

❷ 更新废气催化转换器前氧传感器。

❸ 更新发动机控制模块。

4. 故障码 P0132 分析（二）

（1）故障描述　如果在废气催化转换器前氧传感器正常运行期间此氧传感器信号的原始值超出极限值（极限值为 3200mV），则记录该故障。

（2）故障识别条件　在监控时以下条件必须激活：校准未激活；氧传感器加热装置已激活；在排气背压较高时，氧传感器电压可能超过极限值，因此，氧传感器安装位置处已过滤的排气背压必须低于阈值（极限值 1700mbar，控制单元电压 9.5～16V）。

（3）故障存储和显示　如果故障存在时间（反跳时间）超过 500ms，则记录故障。

（4）故障处理措施

❶ 检查导线和插头连接。

❷检查排气系统是否不密封和损坏。

如果前面进行的检测都正常，则更新废气催化转换器前氧传感器。

5. 故障码 P0133 分析（一）

（1）故障描述　该诊断监控强制激励时氧传感器信号的振幅比。如果振幅比的衰减超过0.9，则识别到该故障。

（2）故障原因　可能的故障原因：三元催化转换器前氧传感器损坏；三元催化转换器后氧传感器损坏；三元催化转换器后氧传感器的电线束损坏。

（3）故障识别条件

❶电压条件：无。

❷温度条件：发动机温度大于 85℃。

❸时间条件：无。

❹其他条件：在中等转速时，以 50～80km/h 的车速行驶；未存储其他故障；总线端 KL.15 接通。

（4）故障存储条件　如果故障存在时间超过 400s，则被记录。

（5）故障处理措施

❶检测氧传感器的电线束。

❷更换三元催化转换器前氧传感器。

❸更换三元催化转换器后氧传感器。

（6）驾驶员信息

❶ECE 排放警示灯：接通。

❷US 排放警示灯：接通。

❸ECE 电子发动机功率降低：关闭。

❹US 电子发动机功率降低：关闭。

❺CC 信息：无。

（7）服务提示：无。

6. 故障码 P0133 分析（二）

（1）故障描述　诊断系统监控强制激励时的空燃比信号振幅比。

（2）故障识别条件

❶电压条件：无。

❷温度条件：发动机温度高于 85℃。

❸时间条件：无。

❹其他条件：在中等转速下，以 50～80km/h 的车速行驶；未存储其他故障；总线端 KL.15 接通。

（3）故障存储条件　如果故障存在时间超过 400s，则被记录。

（4）故障处理措施

❶检查氧传感器电线束。

❷更换三元催化转换器前氧传感器。

❸更换三元催化转换器后氧传感器。

（5）驾驶员信息　排放警示灯和发动机警告灯接通。

7. 故障码 P0133 分析（三）

（1）故障描述　诊断系统监控强制激励时的空燃比信号振幅比。如果振幅比阻尼超过0.9，便将识别出该故障。

(2）故障原因　可能的故障原因：三元催化转换器前氧传感器损坏；三元催化转换器后氧传感器损坏；三元催化转换器后氧传感器的电线束损坏。

（3）故障识别条件

❶ 电压条件：无。

❷ 温度条件：无。

❸ 时间条件：无。

❹ 其他条件：在中等转速下，以 50～80km/h 的车速行驶；未存储其他故障；总线端 KL.15 接通。

（4）故障存储条件　如果故障存在时间超过 400s，则被记录。

（5）故障处理措施

❶ 检查氧传感器电线束。

❷ 更换三元催化转换器前氧传感器。

❸ 更换三元催化转换器后氧传感器。

（6）驾驶员信息

❶ MJ10

ECE 排放警示灯：接通。

ECE 电子式发动机功率下降：关闭。

CC 信息：1 个。

❷ MJ11

ECE 排放警示灯：接通。

US 排放警示灯：接通。

ECE 电子式发动机功率下降：关闭。

US 电子式发动机功率下降：关闭。

CC 信息：1 个。

8. 故障码 P0133 分析（四）

（1）故障描述　本诊断将监控三元催化转换器前氧传感器的动态性。如果三元催化转换器前氧传感器对于废气中的氧含量变化反应过于迟钝，则识别到该故障。

（2）故障识别条件

❶ 电压条件：控制单元电压 9～16V。

❷ 温度条件：冷却液温度高于 80℃。

❸ 时间条件：无。

❹ 其他条件：采用中等发动机转速（1100～3000r/min）时定速行驶；无表明汽油混合气存在故障的故障记录；总线端 KL.15 接通。

（3）故障存储条件　如果故障存在时间超过 1min，则记录该故障。

（4）故障处理措施

❶ 检查是否记录有关于下列部件/功能的故障，如有则应首先排除这些故障：可调式凸轮轴控制装置；燃油箱排气系统；点火开关；喷射装置；曲轴传感器；凸轮轴传感器；电动节气门调节器；热膜式空气质量计。

❷ 检测下列部件之间的导线和插头连接：发动机控制单元；三元催化转换器前氧传感器。

❸ 检查三元催化转换器前和后氧传感器是否混淆。

❹ 检测曲轴箱通风装置。

❺ 更换三元催化转换器前氧传感器。

❻ 故障排除之后将混合气调校复位。

（5）用于故障后果的提示

❶ 燃油消耗增加。

❷ 发动机运行不平稳。

❸ 由于废气催化转换器的转换严重受限导致总检查/排放检查不合格。

（6）驾驶员信息　排放警示灯接通。

（7）服务提示

❶ 检查气缸同步是否可信，如果气缸同步不可信，则在修理后执行气缸同步。

❷ 插头连接处不能接触清洁剂或溶剂，因为氧传感器可能因此被损坏。

9. 故障码 P0133 分析（五）

（1）故障描述　在从负荷转为滑行的过渡阶段，对三元催化转换器前氧传感器进行动态监控。如果测得的氧气含量在从负荷向滑行过渡时，达到规定跳跃所需的时间长于规定的持续时间（约0.6s），则识别为一项故障；如果从负荷向滑行的过渡已结束一段时间（约10s），但规定的氧气含量依然未达到，也会识别为一项故障。

（2）故障识别条件　在发动机合适的运行点每次进行负荷-滑行过渡时都执行一次监控。

以下条件必须激活才能进行监控：传感器上不存在暂时性故障；检测被许可；当前运行模式被许可。

如果满足下列所有条件，则激活监控：发动机转速超过最低转速（900～1200r/min，取决于配置）；喷油量超过最小值（9mg/冲程）；蓄电池电压大于最小电压（10700mV）；控制单元电压 9.5～16V。

（3）故障存储条件　如果识别到故障时间（反跳时间）超过5s，则记录故障。

（4）故障处理措施

❶ 检查导线和插头连接。

❷ 检查排气装置的密封性和三元催化转换器前氧传感器是否正确安装。

❸ 检查三元催化转换器前氧传感器是否蒙上烟炱（可以通过清洁刷净和吹洗清洁）。

如果前面进行的检测都正常，更换三元催化转换器前氧传感器。

（5）用于故障后果的提示　前往附近的BMW保养服务中心；不存在部件损坏。

（6）驾驶员信息　无。

（7）服务提示　当确定排气系统上存在不密封时，应当删除调校；当更换氧传感器时，应当删除调校。

九、后氧传感器的检测和故障诊断

（一）后氧传感器检测项目

加热型后氧传感器用于燃油控制和后催化剂监测。加热型氧传感器将环境空气的氧含量与废气流中的氧含量进行比较。加热型后氧传感器必须达到工作温度以提供准确的电压信号。加热型后氧传感器内部的加热元件使传感器达到工作温度所需的时间为最短。

当发动机首次启动时，发动机控制模块在开环状态下运行，忽略加热型后氧传感器电压信号。一旦加热型后氧传感器达到工作温度并达到"闭环"运行条件，加热型后氧传感器将在 0～1000mV 范围内产生围绕 450mV 上下波动的电压。加热型后氧传感器电压较高，表明废气流较浓;加热型后氧传感器电压较低,表明废气流较稀。

维修图解

后氧传感器的核心元件也是氧化锆管,它是一种固体电解质,其内外表面都覆盖有多孔铂电极和氧化铝保护层,内表面与大气相通,外表面与尾气接触。

尾气在与锆管的外表面接触时,尾气中的残留氧气透过铂电极和氧化铝保护层同氧化锆接触,在一定高温下锆管内外由于氧浓度差而产生电势差。当在浓燃烧时,尾气中的氧浓度降低,后氧传感器输出电压升至参考电压以上;当在稀燃烧时,尾气中的氧浓度升高,后氧传感器输出电压降至参考电压以下。氧化锆氧传感器结构见图 2-154。

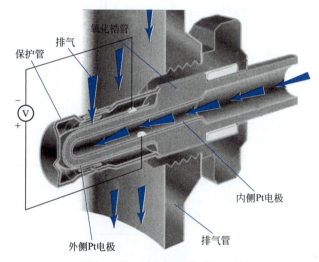

图 2-154 氧化锆氧传感器结构

(二)后氧传感器检测

后氧传感器检测在汽车正常工作期间进行。如果 OBD 系统在行驶循环中检测到未超过浓稀阈值,那么可强制使空燃比变浓或变稀来控制后氧传感器。如在强制变浓或变稀情况下传感器仍不能超过最大浓稀阈值,则表明存在故障。

后氧传感器在前氧传感器的检测后,才执行检测。在检测前氧传感器之后,并在后氧传感器的加热器接通后,PCM 将进行输出电压的最大值和最小值与极限值的比较。如果氧传感器电压的最大值和最小值都正常,则这个氧传感被视为正常。如果未能达到氧传感器电压的最大值和最小值,燃油系统将进入开环状态。

(三)后氧传感器故障判断原理

在发动机运行过程中,OBD 系统持续监控后氧传感器的工作灵敏度、后氧传感器信号电压以及后氧传感器的加热器。当后氧传感器中毒或者老化后会对后氧传感器产生不利的一面,这种中毒往往是由于汽油中的含铅成分过高,导致后氧传感器铅中毒。当出现中毒或者老化后,后氧传感器的电压周期大大增加或者后氧传感器的信号电压将变得平直。

发动机控制单元提高 λ 调节值,从而使得燃油空气混合气变浓。尽管混合气变浓了,但是三元催化转换器后氧传感器电压仍是很低(因为有故障),于是发动机控制单元继续提高

λ调节值，直至达到调节极限并识别出故障。后氧传感器故障的判断示意图见图 2-155、图 2-156。

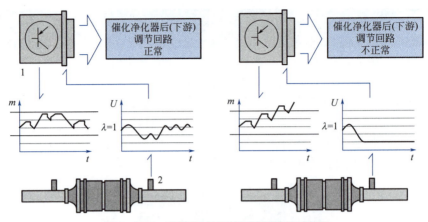

图 2-155　后氧传感器故障判断原理示意图

m—λ调节值；U—电压；t—时间；1—发动机控制单元；2—催化净化器后（下游）λ传感器

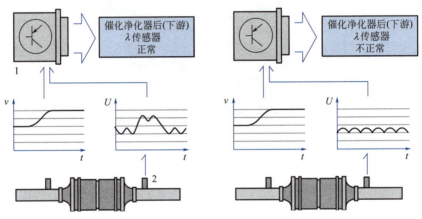

图 2-156　后氧传感器运动诊断示意图

v—车速；U—电压；t—时间

（四）后氧传感器加热器监测

在加热型后氧传感器所在的尾气排放系统部位的温度达到最低值以前，加热型后氧传感器的加热器是不会接通的。这是为了在接通加热器之前，使尾气排放系统达到干燥状态，避免后氧传感器产生热裂损。

当接通后氧传感器加热器时，PCM 驱动器的电压应为低电压；当关闭后氧传感器加热器时，PCM 驱动器的电压应为高电压。如果检测结果与上述电压不符，则说明后氧传感器加热器及电路存在故障。

如果尾气排放系统的温度超过规定的最大值，则后氧传感器加热器将被关闭，以避免其过热。

当发动机启动后并处于燃油闭环状态时，PCM 将直接监测后氧传感器中氧含量由浓到稀的反应时间，如果反应时间超过规定值或没有变化（浓/稀变化），则说明加热型后氧传感器有可能存在故障或燃油喷射控制功能不正常。一旦监测到没有反应信号，PCM 将设置故障码。

(五)加热型后氧传感器故障分析

三元催化转换器后面的后加热型氧传感器监控废气中的氧含量。即使前加热型氧传感器的开关特性改变,通过后加热型氧传感器的信号也可以将空燃比控制在理论空燃比范围内。与前加热型氧传感器相同,后加热型氧传感器也有1个一端封闭的陶瓷氧化锆管。它的工作与前加热型氧传感器的相同。

1. 故障码 P0138 分析

(1)故障描述　加热型后氧传感器2电路电压过高。

(2)故障原因　发动机控制模块检测到氧传感器电压信号大于3.8V。

(3)故障生成原理　PCM检查后加热型氧传感器的电压输出不应过高,如果PCM读取到过高的电压,则判断为故障P0138,见图2-157。该故障码是B类故障诊断码。

2. 故障码 P0139 分析

(1)故障描述　后氧传感器2电路响应慢。

(2)故障原因　如果持续长时间在节气门全关闭状态下进行减速,就会进入废气中的氧浓度很高的贫油状态,后氧传感器输出显示为低电压。因此,在节气门全关闭的减速中,如果后氧传感器的输出依然持续为高电压时,则判定故障为氧传感器电路电压过高,传感器2(故障码P0138)。此外,如果输出停滞在规定范围内,则就会判定为中间停滞故障,故障为后氧传感器电路响应慢(故障码P0139)。

(3)故障生成原理　PCM检查在正常行驶条件下电压输出的切换响应是否比断油条件下更快。如果传感器的切换时间比规定时间长,则检测到故障,生成故障码P0139,见图2-158。

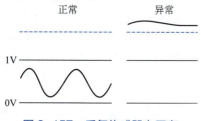

图2-157　后氧传感器电压高

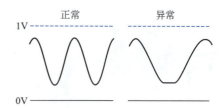

图2-158　后氧传感器电路响应慢

3. 故障码 P0141 分析

(1)故障描述　1列2号氧传感器加热器线路故障(后氧传感器线路故障)。

(2)故障原因　通过PCM内的电路直接测定后氧传感器加热器中的电流,在规定值以上或以下的状态持续5s则MIL灯亮。

(3)故障生成原理　与前加热型氧传感器的监控方式相同,PCM通过测量内置在加热器电路内的特定电阻两侧的电压来监控加热器电流。如果电压超出规定水平,则判断为故障,生成故障码P0141。

4. 故障码 P1146 分析

后加热型氧传感器与前加热型氧传感器相比有较长的浓稀切换时间。三元催化转换器的氧气储量是造成这个切换时间较长的原因。为此,数据采样时间比前加热型氧传感器的更长。

在不同行驶条件下(例如断油),PCM监控传感器的最低输出电压是否足够低(例如小于约0.47V)。如果最低电压不能达到规定值,则检测到故障,见图2-159。

5. 故障码 P1147 分析

在不同行驶条件下,PCM监控传感器的最高输出电压是否足够高(例如大于约0.68V)。

如果最高电压不能达到规定值，则检测到故障，见图 2-160。

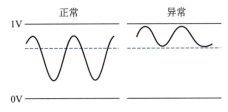

图 2-159　后氧传感器最低电压

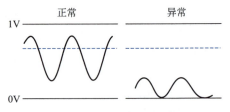

图 2-160　后氧传感器最高电压

（六）跳跃式特性线后氧传感器诊断

1. 后氧传感器监控原理

后氧传感器是具有跳跃式特性线的监控用传感器，安装在三元催化转换器的后面，也就是后氧传感器，或者叫下游氧传感器，用于三元催化转换器诊断。监控用传感器识别空气过量系数等于1的可靠偏差，但不能确定混合气浓度偏差的大小。

2. 结构功能

前氧传感器不断测量废气中的残余氧含量，残余氧含量的摆动值被作为电流信号转发到发动机控制单元，发动机控制单元通过喷射修正混合气成分。

维修图解

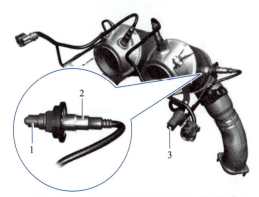

图 2-161　三元催化转换器上的后氧传感器

1—后氧传感；2—壳体；3—连接

在三元催化转换器后安装有第二个氧传感器（监控用传感器）。三元催化转换器具有较高的氧气存储能力，因此在三元催化转换器后只有少量氧气。监控用传感器输出几乎恒定的（经平缓处理的）电压。随着不断老化，三元催化转换器的氧气存储能力下降，后氧传感器于是越来越频繁地通过电压波动对空气过量系数偏差作出反应。这种特性可通过一项专用的诊断功能用于三元催化转换器监控。通过排放警示灯显示三元催化转换器的功能异常。图 2-161 为三元催化转换器上的后氧传感器。

3. 内部电路

因为即使在用浓混合气运行时废气中依然含有残余氧含量，在外部电极和内部电极之间会出现一个电压。为了使基准参数保持不变，参考空气道与大气保持连接，因而基准参数就是大气的氧含量。

保护层可防止由于废气中的残留物而可能在外部电极上产生损坏。二氧化锆（ZrO_2）陶瓷层自约 350℃ 起可传导氧离子。为了使氧传感器尽快达到运行温度，集成了一个加热元件。图 2-162 为后氧传感器电路。

4. 特性和参数

（1）后氧传感器特性　信号曲线及标准值见图 2-163。通过一个对应于空气过量系数等于1时的混合气成分的残余氧气含量,测量元件上的电压,测量显示1个450mV的电压。空气过量系数等于1时各种材料的废气成分最理想。

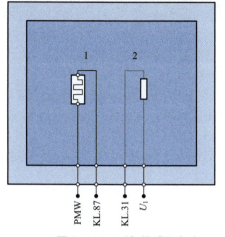

图 2-162　后氧传感器电路

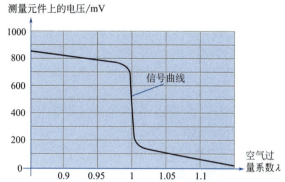

图 2-163　后氧传感器特性

1—氧传感器加热装置；2—测量元件；PWM—氧传感器加热装置按脉冲宽度调制的控制；KL.87—蓄电池电压, 总线端15 接通；KL.31—测量元件的接地；U_1—测量元件上的电压

（2）后氧传感器参数　见表2-24。

表 2-24　后氧传感器参数

项目/说明/物理量	参数	项目/说明/物理量	参数
氧传感器加热装置电压范围	10.7～16.5V	20℃时的加热电阻	(9±2)Ω
工作温度	350℃	最大泵电流	2.2～2.6mA

5. 故障诊断说明

（1）部件失效　监控用传感器失灵时会出现下列状况：在发动机控制单元中记录故障代码；组合仪表中排放警示灯亮起。

（2）一般提示　诊断的下列监控功能检查发动机和排气系统的状态。

❶ 氧传感器调校值。空燃比调校（混合气调校）用于补偿影响混合气的部件公差和老化效应。

❷ 三元催化转换器诊断。后氧传感器诊断检查废气催化转换器的氧气存储能力。氧气存储能力是三元催化转换器转换能力的一个指标。

维修提示

监控用传感器需要探头内部的大气,大气经插头通过电缆进入内部。因此,必须防止插头被蜡或防腐剂等污染。空燃比控制有故障时必须检查宽带氧传感器的插头是否被污染。

6. 故障码分析

下述故障码分析主要列举宝马汽车中对故障码的解释和判断。

（1）故障码 P0136 分析（一）

维修提示

　　汽车在不同条件和状况下生成的故障码不同，或者是同一故障会有不同的故障条件和生成状态。所以，下述有相同故障码，但分析中发现会有不同的关联细节。

　❶ 故障描述。三元催化转换器后氧传感器信号断路。

　❷ 故障原因。诊断系统监控三元催化转换器后氧传感器信号的电压上下限及内阻上限。可能的故障原因：三元催化转换器后氧传感器的电线束损坏；三元催化转换器后氧传感器损坏。

　❸ 故障生成原理。如果氧传感器电压小于 0.498V 而大于 0.352V，且电阻大于一定值，便将识别出该故障。

　❹ 故障识别条件。

　电压条件：无。

　温度条件：无。

　时间条件：120s。

　其他条件：发动机启动；没有存储其他故障；总线端 KL.15 接通。

　❺ 故障存储和显示。如果故障存在时间超过 2.5s，则被记录。

　ECE 排放警示灯：接通。

　美规排放警示灯：接通。

　ECE 发动机电功率下降：关闭。

　美规发动机电功率下降：关闭。

　CC 信息：接通。

　❻ 故障处理措施。检查三元催化转换器后氧传感器的电线束；更新三元催化转换器后氧传感器。

（2）故障码 P0136 分析（二）

　❶ 故障描述。三元催化转换器后氧传感器，信号：断路。

　❷ 故障原因。诊断系统监控三元催化转换器后氧传感器信号的电压上下限及内阻上限。可能的故障原因：三元催化转换器后氧传感器的电线束损坏；三元催化转换器后氧传感器损坏。

　❸ 故障生成原理。如果氧传感器电压小于 0.498V 而大于 0.352V，便将识别出该故障。

　❹ 故障识别条件。

　电压条件：无。

　温度条件：发动机温度 > 85℃。

　时间条件：120s。

　其他条件：发动机运转；未存储其他故障。

　❺ 故障存储和显示。立刻记录故障。

　ECE 排放警示灯：打开。

　US 排放警示灯：打开。

　ECE 电子发动机功率降低：关闭。

　US 电子发动机功率降低：关闭。

　CC 信息：关闭。

❻故障处理措施。检查三元催化转换器后氧传感器的电线束；更新三元催化转换器后氧传感器。

（3）故障码P0136分析（三）

❶故障描述。三元催化转换器后氧传感器，信号：断路。

❷故障原因。诊断系统监控三元催化转换器后氧传感器信号的电压上下限及内阻上限。可能的故障原因：三元催化转换器后氧传感器的电线束损坏；三元催化转换器后氧传感器损坏。

❸故障生成原理。如果氧传感器电压小于0.498V而大于0.352V，且电阻大于一定值，便将识别出该故障。

❹故障识别条件。

电压条件：无。

温度条件：无。

时间条件：120s。

其他条件：发动机启动；没有存储其他故障；总线端KL.15接通。

❺故障存储和显示。如果故障存在时间超过2.5s，则被记录。

ECE排放警示灯：接通。

US排放警示灯：接通。

ECE发动机电功率下降：关闭。

US发动机电功率下降：关闭。

CC信息：接通。

❻故障解决措施。检查三元催化转换器后氧传感器的电线束；更新三元催化转换器后氧传感器。

（4）故障码P0136分析（四）

❶故障描述。三元催化转换器后氧传感器，电气：断路。本诊断将监控三元催化转换器后氧传感器。如果存在断路，则识别到故障。

❷故障识别条件。

电压条件：供电电压介于9～16V之间。

温度条件：发动机温度高于80℃。

时间条件：加热装置激活控制大于1min。

其他条件：发动机打开；总线端KL.15接通。

❸故障存储和显示。该故障将在10min内记录。

❹故障处理措施。检测下列部件之间的导线和插头连接：发动机控制单元；三元催化转换器后氧传感器。

更新三元催化转换器后氧传感器。

❺用于故障后果的提示。燃油消耗增加；发动机运行不均匀。

❻驾驶员信息。排放警示灯点亮。

（5）故障码P0136分析（五）

❶故障描述。三元催化转换器后氧传感器，电气：断路。本诊断将监控三元催化转换器后氧传感器。如果三元催化转换器后氧传感器有电气断路，将识别为故障。

❷故障识别条件。

电压条件：供电电压介于9～16V之间。

温度条件：无。

时间条件：氧传感器加热装置的激活时间长于 1min。

其他条件：发动机打开；总线端 KL.15 接通。

❸ 故障存储和显示。如果该故障存在时间超过 6min，则记录该故障。

❹ 故障处理措施。检测下列部件之间的导线和插头连接：发动机控制单元；三元催化转换器后氧传感器。

更新三元催化转换器后氧传感器。

❺ 驾驶员信息。排放警示灯点亮。

（6）故障码 P0136 分析（六）

❶ 故障描述。三元催化转换器后氧传感器，电气：断路。本诊断将监控三元催化转换器后氧传感器。如果三元催化转换器后氧传感器有电气断路，将识别为故障。

❷ 故障识别条件。

电压条件：控制单元电压 9～16V。

温度条件：无。

时间条件：氧传感器加热装置的激活时间长于 1min。

其他条件：发动机运转；总线端 KL.15 接通。

❸ 故障存储和显示。如果该故障存在时间超过 6min，则记录该故障。

❹ 故障处理措施。如果额外存在从 CAS/FEM/BDC 至 DME 的总线端 15_3 故障，则是联锁故障，首先处理这些故障。

检测下列部件之间的导线和插头连接：CAS/FEM/BDC；DME。

检测下列部件之间的导线和插头连接：DME；三元催化转换器后氧传感器。

如果在导线和插头连接上未发现任何故障，更新三元催化转换器后氧传感器。

❺ 用于故障后果的提示。无。

❻ 驾驶员信息。无。

（7）故障码 P0136 分析（七）

❶ 故障描述。三元催化转换器后氧传感器，电气：断路。该诊断监控三元催化转换器后氧传感器是否有电气故障，如果存在断路，则识别为故障。

❷ 故障识别条件。

电压条件：控制单元电压 9～16V。

温度条件：无。

时间条件：氧传感器加热装置激活超过 1min。

其他条件：发动机运转；总线端 KL.15 接通。

❸ 故障存储和显示。如果该故障存在时间超过 6min，则记录该故障。

❹ 故障处理措施。如果额外存在从 CAS/FEM/BDC 至 DME 的总线端 15_3 故障，首先处理这些故障。

检测下列部件之间的导线和插头连接：CAS/FEM/BDC；DME。

检测下列部件之间的导线和插头连接：DME；三元催化转换器后氧传感器。

如果在导线和插头连接上未发现任何故障，更新三元催化转换器后氧传感器。

❺ 用于故障后果的提示。无。

❻ 驾驶员信息。排放警示灯。

（8）故障码 P0136 分析（八）

❶ 故障描述。三元催化转换器后氧传感器，电气：断路。本诊断将监控三元催化转换器后氧传感器。如果三元催化转换器后氧传感器有电气断路，将识别为故障。

❷ 故障识别条件。

电压条件：控制单元电压 9～16V。

温度条件：无。

时间条件：氧传感器加热装置的激活时间长于 1min。

其他条件：发动机运转；总线端 KL.15 接通。

❸ 故障存储和显示。如果故障持续时间超过 6min，则将被记录。

❹ 故障处理措施。检测下列部件之间的导线和插头连接：DME；三元催化转换器后氧传感器。

更新三元催化转换器后氧传感器。

❺ 用于故障后果的提示。无。

❻ 驾驶员信息。排放警示灯点亮。

（9）故障码 P0136 分析（九）

❶ 故障描述。三元催化转换器后氧传感器，电气：断路。该诊断监控废气催化转换器后氧传感器是否有电气故障，如果存在断路，则识别为故障。

❷ 故障识别条件。

电压条件：控制单元电压 9～16V。

温度条件：无。

时间条件：氧传感器加热装置激活超过 1min。

其他条件：发动机运转；总线端 KL.15 接通。

❸ 故障存储和显示。如果该故障存在时间超过 6min，则记录该故障。

❹ 故障处理措施。如果额外存在从 CAS/FEM/BDC 至 DME 的总线端 15_3 故障，首先处理这些故障。

检测下列部件之间的导线和插头连接：CAS/FEM/BDC；DME。

检测下列部件之间的导线和插头连接：DME；三元催化转换器后氧传感器。

如果在导线和插头连接上未发现任何故障，更新三元催化转换器后氧传感器。

❺ 用于故障后果的提示。无。

❻ 驾驶员信息。排放警示灯点亮。

（10）故障码 P0136 分析（十）

❶ 故障描述。三元催化转换器后氧传感器，电气：断路。该诊断监控废气催化转换器后氧传感器是否有电气故障。如果存在断路，则识别为故障。

❷ 故障识别条件。

电压条件：控制单元电压 9～16 V。

温度条件：无。

时间条件：对于其他所有车型，氧传感器加热装置激活超过 1min；对于其他所有车型，氧传感器加热装置的主动控制持续时间大于 1min。

其他条件：发动机运转；总线端 KL.15 接通。

❸ 故障存储和显示。对于其他所有车型，如果该故障存在时间超过 6min，则记录该故障。

❹ 故障处理措施。对于其他所有车型，如果额外存在从 CAS/FEM/BDC 至 DME 的总线端 15_3 故障，首先处理这些故障。检测下列部件之间的导线和插头连接：CAS/FEM/BDC；DME。

检测下列部件之间的导线和插头连接：发动机控制单元；三元催化转换器后氧传感器。

更新三元催化转换器后氧传感器。

❺ 用于故障后果的提示。燃油消耗增加；发动机运行不平稳。

❻ 驾驶员信息。排放警示灯点亮。

（11）故障码P0136分析（十一）

❶ 故障描述。三元催化转换器后氧传感器，电气：断路。本诊断将监控三元催化转换器后氧传感器，如果存在断路，则识别到故障。

❷ 故障识别条件。

电压条件：车载网络电压在9～16V之间。

温度条件：发动机温度高于80℃。

时间条件：主动加热控制超过1min。

其他条件：发动机接通；总线端KL.15。

❸ 故障存储和显示。该故障将在10min内记录。

❹ 故障处理措施。检查下列部件之间的导线和插头连接：DME；三元催化转换器后氧传感器。

更新三元催化转换器后氧传感器。

（12）故障码P0136分析（十二）

❶ 故障描述。三元催化转换器后氧传感器，电气：断路。诊断系统监控三元催化转换器后氧传感器信号的电压上下限及内阻上限。如果氧传感器电压小于0.498V而大于0.352V，且电阻大于某一值，便将识别出该故障。

❷ 故障原因。可能的故障原因：三元催化转换器后氧传感器的电线束损坏；三元催化转换器后氧传感器损坏。

❸ 故障识别条件。

电压条件：无。

温度条件：发动机温度>85℃。

时间条件：120s。

其他条件：发动机运转；未存储其他故障；总线端KL.15接通。

❹ 故障存储和显示。无。

❺ 故障处理措施。检查三元催化转换器后氧传感器的电线束；更新三元催化转换器后氧传感器。

❻ 用于故障后果的提示。可能的感觉，无；故障停车提示，无。

（13）故障码P0137分析（一）

❶ 故障描述。三元催化转换器后氧传感器，信号：对地短路。如果在三元催化转换器前氧传感器正常运行过程中氧比例的电压原始信号小于极限值300mV，则设置该故障。

❷ 故障识别条件。以下条件必须激活，才能进行故障检测氧：氧气校准未激活；加热式氧传感器激活；不允许热再生。

❸ 故障存储和显示。时间脉冲输出（500ms）。

❹ 故障处理措施。检查导线和插头连接；如果导线和插头连接正常，更新三元催化转换器后氧传感器。

（14）故障码P0137分析（二）

❶ 故障描述。三元催化转换器后氧传感器，信号：对地短路。如果在三元催化转换器后氧传感器正常运行期间，氧传感器信号的原始值低于极限值300mV，则确定该故障。

❷ 故障识别条件。在监控时以下条件必须激活：校准未激活；氧传感器加热装置已激活。

❸ 故障存储和显示。如果故障存在时间超过500ms，则记录故障。

❹故障处理措施。检查导线和插头连接；如果导线和插头连接正常，更新三元催化转换器后氧传感器。

（15）故障码P0137分析（三）

❶故障描述。三元催化转换器后氧传感器，信号：对地短路。如果在三元催化转换器后氧传感器正常运行期间，氧传感器信号的原始值低于极限值20mV，则确定该故障。

❷故障识别条件。
- 在监控时以下条件必须激活：校准未激活；氧传感器加热装置已激活。
- 控制单元电压：9.5～16V。
- 总线端KL.15接通。

❸故障存储和显示。如果故障存在时间（反跳时间）超过2000ms，则记录故障。

❹故障处理措施。检查导线和插头连接；如果导线和插头连接正常，更新三元催化转换器后氧传感器。

（16）故障码P0138分析

❶故障描述。三元催化转换器后氧传感器，信号电压过高或信号补偿电流断路。在三元催化转换器前氧传感器正常运行过程中，氧比例的电压原始信号超过极限值3200mV。

❷故障识别条件。以下条件必须激活，才能进行故障检测：氧气校准未激活；氧传感器加热装置已激活。

❸故障存储和显示。时间脉冲输出（500ms）。

❹故障处理措施。检查导线和插头连接；如果导线和插头连接正常，更新三元催化转换器下游氧传感器。

（17）故障码P2270分析

❶故障描述。三元催化转换器后氧传感器，信号确定为混合气过稀。该诊断监控三元催化转换器后氧传感器的电压。

❷故障生成原理。如果发动机运行时氧传感器电压小于0.8V，则识别到故障，生成故障码P2270。

❸故障识别条件。
- 电压条件：控制单元电压9～16V。
- 温度条件：废气温度大于300℃且小于800℃。
- 时间条件：无。
- 其他条件：发动机运转；总线端KL.15接通。

❹故障存储和显示。如果故障存在时间超过20min，则记录该故障，发动机故障灯点亮。

❺故障处理措施。检测发动机控制单元和三元催化转换器之间的导线和插头连接；更新三元催化转换器后氧传感器。

（18）故障码P2271分析

❶故障描述。三元催化转换器后氧传感器，信号确定为混合气过浓。该诊断监控滑行运行时三元催化转换器后氧传感器的电压。

❷故障生成原理。如果滑行时氧传感器电压大于0.2V，则识别为故障，生成故障码P2271。

❸故障识别条件。
- 电压条件：控制单元电压9～16V。
- 温度条件：废气温度大于300℃且小于800℃。
- 时间条件：无。

- 其他条件：发动机处于滑行运行；总线端 KL.15 接通。

❹ 故障存储和显示。如果故障存在时间超过 20min，则记录该故障。

❺ 故障处理措施。检测发动机控制单元与三元催化转换器后氧传感器之间的导线和插头连接；更换三元催化转换器后氧传感器。

❻ 驾驶员提示。无。

（19）故障码 P0141 分析（一）

❶ 故障描述。三元催化转换器后氧传感器加热器，内电阻过高。该诊断监控废气催化转换器后氧传感器的内电阻。

❷ 故障原因。可能的故障原因：三元催化转换器后氧传感器受外部影响（例如结冰）降温过大；三元催化转换器后氧传感器的电线束损坏；三元催化转换器后氧传感器损坏。

❸ 故障生成原理。如果废气催化转换器后氧传感器的内电阻大于 5000Ω，则识别到该故障，生成故障码 P0141。

❹ 故障识别条件。

- 电压条件：无。
- 温度条件：废气温度＜700℃。
- 时间条件：无。
- 其他条件：发动机运转；未存储其他故障。

❺ 故障存储和显示。如果故障存在时间超过 400s，则被记录，发动机警告灯点亮。

❻ 故障处理措施。如有可能，检查故障是否是由结冰引起的；检测三元催化转换器后氧传感器的电线束；更换三元催化转换器后氧传感器。

（20）故障码 P0141 分析（二）

❶ 故障描述。三元催化转换器后氧传感器加热器，内电阻过高。诊断监控三元催化转换器后氧传感器加热装置。

❷ 故障生成原理。如果氧传感器的内电阻超过所允许的最大值，则识别到故障，生成故障码 P0141。

❸ 故障识别条件。

- 电压条件：控制单元电压 9～16V。
- 温度条件：无。
- 时间条件：在氧传感器准备就绪后直接进行诊断。
- 其他条件：发动机运转；至 60min 停止时间；之前刚刚删除故障代码存储器时诊断未启用；总线端 KL.15 接通。

❹ 故障存储和显示。立刻记录故障。发动机故障灯点亮。

❺ 故障处理措施。检测发动机控制单元与三元催化转换器之间的导线和插头连接；如果在导线和插头连接上未发现任何故障则更换三元催化转换器后氧传感器。

维修提示

❶ 本故障会导致发动机运行不平稳、燃油消耗增加。

❷ 氧传感器加热装置的内电阻可在拔下或拆卸状态下测得。当氧传感器损坏且处于冷态（＜50℃）时，在氧传感器加热装置的 12V 电源和接地之间可能测得大于 100Ω 的电阻。

❸ 插头连接处不能接触清洁剂或溶剂，因为氧传感器可能因此被损坏。

（21）故障码P0036分析

❶故障描述。三元催化转换器后氧传感器加热器，控制：断路。

❷故障原因。可能的故障原因：三元催化转换器后氧传感器的电线束损坏；三元催化转换器后氧传感器损坏；发动机控制单元损坏。

❸故障生成原理。该诊断监控内部末级诊断的信息。该故障可通过自诊断识别，生成故障码P0141。

❹故障识别条件。

- 电压条件：车载网络电压＞10V。
- 温度条件：无。
- 时间条件：0.2s。
- 其他条件：发动机运转；未存储其他故障。

❺故障存储和显示。将立即记录该故障，发动机故障灯点亮。

❻故障处理措施。检测三元催化转换器后氧传感器的电线束；更换三元催化转换器后氧传感器；更新发动机控制单元。

（22）故障码P0038分析

❶故障描述。三元催化转换器后氧传感器加热器，控制：对正极短路。

❷故障原因。可能的故障原因：废气催化转换器后氧传感器的电线束损坏；废气催化转换器后氧传感器损坏；发动机控制单元损坏。

❸故障生成原理。该诊断监控内部末级诊断的信息。该故障可通过自诊断识别，生成故障码P0141。

❹故障识别条件。

- 电压条件：车载网络电压＞10V。
- 温度条件：无。
- 时间条件：0.2s。
- 其他条件：发动机运转；未存储其他故障。

❺故障存储和显示。将立即记录该故障，发动机故障灯点亮。

❻故障处理措施。检测三元催化转换器后氧传感器的电线束；更换三元催化转换器后氧传感器；更换发动机控制单元。

十、氧传感器电路

（一）前氧传感器电路说明

车辆启动后，控制模块在开环模式下工作，即在计算空燃比时忽略前氧传感器的信号电压。控制模块向前氧传感器提供大约450mV的基准电压。在发动机运行时，前氧传感器加热并开始生成0～0.1V电压，该电压沿基准电压上下波动。控制模块一旦发现前氧传感器的电压超过设定的门槛电压则立即进入闭环模式。控制模块使用前氧传感器电压来确定空燃比。如果前氧传感器电压上升至基准电压以上（趋向于1V），则表示混合气过浓。如果前氧传感器的电压低于基准电压（趋向于0），则表示混合气过稀。

ECM通过ECM线束连接器EN44的45号端子给前氧传感器线束连接器EN45的4号端子提供一个信号电路；ECM通过线束连接器EN44的39号端子给前氧传感器线束连接器

EN45 的 3 号端子提供一个 ECM 内部低参考电压电路，见图 2-164。

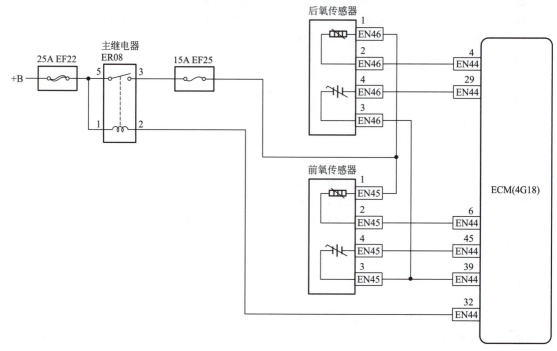

图 2-164　前氧传感器电路

结合图 2-164，按照以下步骤执行检查。
第一步　连接故障诊断仪。
第二步　启动发动机，并打开故障诊断仪。
第三步　使发动机转速保持在 2500r/min 左右暖机 2min 以上，直至发动机水温达到 80℃（176 ℉）。
第四步　在故障诊断仪上选择：发动机 / 读数据流 /1 组氧传感器电压 1（前传感器）。
第五步　观察氧传感器输出电压，数据流显示应该在 0.1～0.8V 的范围内上下波动。如果不在范围内执行下一步。
第六步　执行氧传感器信号测试。

❶ 如果数据流显示电压持续低于 0.45V（混合气过稀），则在进气口喷入适量丙烷气体，观察前氧传感器数据流电压是否发生明显变化，信号电压会迅速升高。

❷ 如果数据流显示电压持续高于 0.45V（混合气过浓），则使变速器挡位处于空挡，拉紧手制动，踩下加速踏板使发动机的转速突然之间上升到 4000r/min，然后迅速松开加速踏板。

重复这一步骤 3 次以上，观察前氧传感器数据流电压是否发生明显变化，信号电压会迅速降低。

在执行以上测试时，氧传感器信号电压应该随着测试产生非常明显的变化。
电压产生非常明显的变化吗？如果没有则执行下一步。
第七步　检查控制系统无其他故障代码输出。

❶ 连接故障诊断仪至车辆诊断接口。
❷ 转动点火开关至"ON"位置。
❸ 按下故障诊断仪的电源键。

❹ 选择以下菜单项：发动机 / 读故障码。
❺ 读取故障诊断代码，结果见表 2-25。

表 2-25　故障码信息

显示的 DTC	至步骤
除 P0030、P0031、P0032、P0053 以外的 DTC	进行相关故障码检修
P0030、P0031、P0032、P0053	第八步

第八步　测量前传感器信号电路。
❶ 转动点火开关至"OFF"位置。
❷ 断开前氧传感器线束连接器 EN45。
❸ 转动点火开关至"ON"位置。
❹ 测量前氧传感器线束连接器 EN45 的 4 号端子与可靠接地间的电压值（标准电压值 0.35～0.5V）。
❺ 连接前氧传感器线束连接器 EN45。
电压符合规定值吗？如果电压不符合规定值转至第十一步；如果电压符合参数值则执行下一步。

第九步　测量前氧传感器接地电路。
❶ 转动点火开关至"OFF"位置。
❷ 断开前氧传感器线束连接器 EN45。
❸ 转动点火开关至"ON"位置。
❹ 测量前氧传感器 EN45 的 3 号端子与可靠接地之间的电阻值（标准电阻值小于 1Ω）。
❺ 连接前氧传感器线束连接器 EN45。
电阻值符合规定值吗？如果电阻不符合规定值转至第十二步；如果电阻符合参数值则执行下一步。

第十步　更换前氧传感器，转至第十五步。

第十一步　检查前氧传感器信号电路。
❶ 转动点火开关至"OFF"位置。
❷ 断开前氧传感器线束连接器 EN45。
❸ 断开 ECM 线束连接器 EN44。
❹ 测量前氧传感器线束连接器 EN45 的 4 号端子与 ECM 线束连接器 EN44 的 45 号端子之间的电阻值，检查是否存在断路情况，否则修理故障部位。
❺ 测量前氧传感器线束连接器 EN45 的 4 号端子与可靠接地之间的电阻值，检查是否存在对地短路情况，否则修理故障部位。
❻ 测量前氧传感器线束连接器 EN45 的 4 号端子与可靠接地之间的电压值，检查是否存在对电源短路情况，否则修理故障部位。
以上各测量参数见表 2-26。

表 2-26　前氧传感器信号电路测量参数

测量项目	标准值	测量项目	标准值
EN45（4）-EN44（45）电阻值	小于 1Ω	EN45（4）- 可靠接地电压值	0V
EN45（4）- 可靠接地电阻值	10kΩ 或更高		

如果正常，转至第十五步。

第十二步　检查前氧传感器接地电路。

❶ 转动点火开关至"OFF"位置。

❷ 断开前氧传感器线束连接器 EN45。

❸ 断开 ECM 线束连接器 EN44。

❹ 测量前氧传感器线束连接器 EN45 的 3 号端子与 ECM 线束连接器 EN44 的 39 号端子之间的电阻值，检查是否存在断路情况，否则修理故障部位。

❺ 测量前氧传感器线束连接器 EN45 的 3 号端子与可靠接地之间的电阻值，检查是否存在对地短路情况，否则修理故障部位。

❻ 测量前氧传感器线束连接器 EN45 的 3 号端子与可靠接地之间的电压值，检查是否存在对电源短路情况，否则修理故障部位。

以上各测量参数见表 2-27。

表 2-27　前氧传感器接地电路测量参数

测量项目	标准值	测量项目	标准值
EN45（3）-EN44（39）电阻值	小于 1Ω	EN45（3）- 可靠接地电压值	0V
EN45（3）- 可靠接地电阻值	10kΩ 或更高		

正常执行下一步。

第十三步　检查 ECM 电源电路。

❶ 检查 ECM 电源电路是否正常。

❷ 检查 ECM 接地电路是否正常。

如果不正常处理故障部位；如果正常执行下一步。

第十四步　更换 ECM。

第十五步　利用故障诊断仪确认故障代码是否再次存储。

❶ 连接故障诊断仪至诊断测试接口。

❷ 转动点火开关至"ON"位置。

❸ 清除故障代码。

❹ 启动发动机并怠速暖机运行至少 5min。

❺ 路试车辆至少 10min。

❻ 再次对控制系统进行故障代码读取，确认系统无故障代码输出，如果故障代码没有再次存储属于间歇性故障。

故障排除。

（二）后氧传感器电路说明

车辆启动后，控制模块在开环模式下工作，即在计算空燃比时忽略加热型氧传感器的信号电压。控制模块向加热型氧传感器提供大约 450mV 的基准电压。在发动机运行时，加热型氧传感器加热并开始生成 0～0.1V 电压，该电压在基准电压上下方波动。控制模块一旦发现加热型氧传感器的电压超过设定的门槛电压后立即进入闭环模式。控制模块使用加热型氧传感器电压来确定空燃比。如果加热型氧传感器电压上升至基准电压以上（趋向于 1V），则表示燃油混合气过浓。如果加热型氧传感器的电压低于基准电压（趋向于 0），则表示燃油混合气过稀。

ECM 通过 ECM 线束连接器 EN44 的 29 号端子给后氧传感器线束连接器 EN46 的 4 号端子提供一个信号电路；ECM 通过 ECM 线束连接器 EN44 的 39 号端子给后氧传感器线束连接器 EN46 的 3 号端子提供一个 ECM 内部低参考电压电路，见图 2-165。

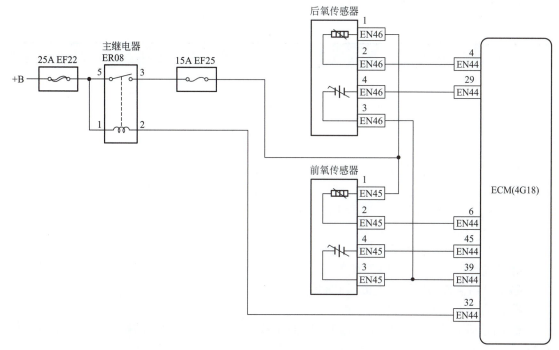

图 2-165　后氧传感器电路

结合图 2-165，按照以下步骤执行检查。

第一步　连接故障诊断仪。

第二步　启动发动机，并打开故障诊断仪。

第三步　使发动机转速保持在 2500r/min 左右暖机 2min 以上，直至发动机水温达到 80℃（176°F）。

第四步　在故障诊断仪上选择：发动机 / 读数据流 / 后氧传感器电压。

第五步　观察氧传感器输出电压，数据流显示应该在 0.6～0.7V 的范围内不变。如果不在范围内，则属间歇性故障；如果在范围内则执行下一步。

第六步　执行氧传感器信号测试。

❶ 如果数据流显示电压持续低于 0.45V（混合气过稀），则在进气口喷入适量丙烷气体，观察后氧传感器数据流电压是否发生明显变化，信号电压会迅速升高。

❷ 如果数据流显示电压持续高于 0.45V（混合气过浓），则使变速器挡位处于空挡，拉紧手制动，踩下加速踏板使发动机的转速突然之间上升到 4000r/min 然后迅速松开加速踏板。

重复这一步骤 3 次以上，观察后氧传感器数据流电压是否发生明显变化，信号电压会迅速降低。

在执行以上测试时，氧传感器信号电压应该随着测试产生非常明显的变化。

电压产生非常明显的变化吗？如果电压产生不明显执行下一步。

第七步　检查控制系统无其他故障代码输出。

❶ 连接故障诊断仪至车辆诊断接口。
❷ 转动点火开关至"ON"位置。
❸ 按下故障诊断仪的电源键。
❹ 选择以下菜单项：发动机 / 读故障码。
❺ 读取故障诊断代码，结果见表 2-28。

表 2-28　故障码信息

显示的 DTC	至步骤
除 P0137、P0138、P0140 以外的 DTC	进行相关故障码检修
P0137、P0138、P0140	第八步

第八步　检查排气系统密封性。
❶ 检查三元催化转换器外观是否完好（有无高温过的迹象、有无密封垫缺失等情况）。
❷ 检查排气管外观是否完好，密封垫是否完好。
如果密封垫破损则更换损坏部件，转至第十六步。
如果不破损则执行下一步。
第九步　测量后氧传感器信号电路。
❶ 转动点火开关至"OFF"位置。
❷ 断开后氧传感器线束连接器 EN46。
❸ 转动点火开关至"ON"位置。
❹ 测量后氧传感器线束连接器 EN46 的 4 号端子与可靠接地间的电压值（标准电压值 0.35～0.5V）。
❺ 连接后氧传感器线束连接器 EN46。
电压符合规定值吗？如果不符合规定值，转至第十二步；如果符合电压参数值则执行下一步。
第十步　测量后氧传感器接地电路。
❶ 转动点火开关至"OFF"位置。
❷ 断开后氧传感器线束连接器 EN46。
❸ 转动点火开关至"ON"位置。
❹ 测量后氧传感器 EN46 的 3 号端子与可靠接地之间的电阻值（标准电阻值小于 1Ω）。
❺ 连接后氧传感器线束连接器 EN46。
电阻值符合规定值吗？如果不符合规定值，转至第十三步；如果符合电阻参数值则执行下一步。
第十一步　更换后氧传感器，转至第十六步
第十二步　检查后氧传感器信号电路。
❶ 转动点火开关至"OFF"位置。
❷ 断开后氧传感器线束连接器 EN46。
❸ 断开 ECM 线束连接器 EN44。
❹ 测量后氧传感器线束连接器 EN46 的 4 号端子与 ECM 线束连接器 EN44 的 29 号端子之间的电阻值，检查是否存在断路情况，否则修理故障部位。
❺ 测量后氧传感器线束连接器 EN46 的 4 号端子与可靠接地之间的电阻值，检查是否存

在对地短路情况，否则修理故障部位。

❻ 测量后氧传感器线束连接器 EN46 的 4 号端子与可靠接地之间的电压值，检查是否存在对电源短路情况，否则修理故障部位。

以上测量参数见表 2-29。

表 2-29　后氧传感器信号电路测量参数

测量项目	标准值	测量项目	标准值
EN46（4）-EN44（29）电阻值	小于 1Ω	EN46（4）- 可靠接地电压值	0V
EN46（4）- 可靠接地电阻值	10kΩ 或更高		

如果正常转至第十四步。

第十三步　检查后氧传感器接地电路。

❶ 转动点火开关至"OFF"位置。
❷ 断开后氧传感器线束连接器 EN46。
❸ 断开 ECM 线束连接器 EN44。
❹ 测量后氧传感器线束连接器 EN46 的 3 号端子与 ECM 线束连接器 EN44 的 39 号端子之间的电阻值，检查是否存在断路情况，否则修理故障部位。
❺ 测量后氧传感器线束连接器 EN46 的 3 号端子与可靠接地之间的电阻值，检查是否存在对地短路情况，否则修理故障部位。
❻ 测量后氧传感器线束连接器 EN46 的 3 号端子与可靠接地之间的电压值，检查是否存在对电源短路情况，否则修理故障部位。

以上测量参数见表 2-30。

表 2-30　后氧传感器接地电路测量参数

测量项目	标准值
EN46（3）-EN44（39）电阻值	小于 1Ω
EN46（3）- 可靠接地电阻值	10kΩ 或更高
EN46（3）- 可靠接地电压值	0V

正常执行下一步。

第十四步　检查 ECM 电源电路。

❶ 检查 ECM 电源电路是否正常。
❷ 检查 ECM 接地电路是否正常。

如果不正常则处理故障部位；如果正常则执行下一步。

第十五步　更换 ECM；进行曲轴位置传感器的学习。
第十六步　利用故障诊断仪确认故障代码是否再次存储。

❶ 连接故障诊断仪至诊断测试接口。
❷ 转动点火开关至"ON"位置。
❸ 清除故障代码。
❹ 启动发动机并怠速暖机运行至少 5min。
❺ 路试车辆至少 10min。

❻再次对控制系统进行故障代码读取，确认系统无故障代码输出，如果没有故障码输出则属间歇性故障。

故障排除。

十一、氧传感器更换

1. 氧传感器拆卸
拆卸氧传感器通常要使用专用套筒扳手。

维修图解

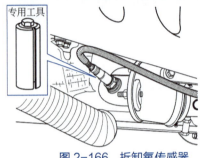

图2-166 拆卸氧传感器

❶ 松开并断开热氧传感器连接器的连接。
❷ 用专用套筒扳手从前排气管上取下热氧传感器，见图2-166。

2. 氧传感器安装
❶ 清洁热氧传感器和前排气管的结合面。
❷ 给氧传感器抹上密封脂后，用专用工具装上热氧传感器并拧紧至55N·m。
❸ 连接热氧传感器的连接器。
❹ 连上蓄电池的接地端。

第十五节　曲轴位置传感器

一、曲轴位置传感器概述

1. 曲轴位置传感器作用

曲轴位置传感器（CPS或CKP），通常也称为发动机转速传感器，是发动机控制系统最主要的传感器之一，其功用是采集曲轴转动角度和发动机转速信号，并输入ECU，以便确定喷射顺序、喷射正时、点火顺序、点火正时，然后根据信号监测到的曲轴转角波动大小来判断发动机是否有失火现象。

2. 曲轴位置传感器类型

现在汽车曲轴位置传感器主流的是磁脉冲式曲轴位置传感器，它一般安装于靠近飞轮的变速器壳体位置，见图2-167。还有一种是霍尔式曲轴位置传感器，一般安装在曲轴前端的曲轴皮带轮旁的位置，也有安装在曲轴末端飞轮旁的变速器壳体上，现在已经不是主流。再有一种是光电式曲轴位置传感器，现在基本已经淘汰。

3. 曲轴位置传感器结构

（1）磁脉冲式曲轴位置传感器　磁脉冲式曲轴位置传感器用螺钉固定在发动机缸体上，由永磁铁、线圈和连接器插头组成，线圈即为信号线圈，永磁铁上带有一个磁头，磁头与信号转子相对安装，磁头与导磁板连接构成导磁回路，见图 2-168。

图 2-167　曲轴位置传感器安装位置

1—多极传感轮；2—插头；3—曲轴位置传感器

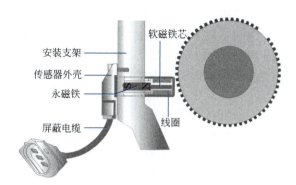

图 2-168　磁脉冲式曲轴位置传感器结构

（2）霍尔式曲轴位置传感器

❶ 触发翼片式霍尔曲轴位置传感器　触发翼片式霍尔曲轴位置传感器主要由触发叶轮、霍尔集成电路、磁轭（导磁钢片）和永久磁铁组成，而霍尔集成电路又由霍尔元件、放大电路、稳压电路、温度补偿电阻、信号变换电路和输出电路组成。

❷ 触发轮齿式霍尔曲轴位置传感器

触发轮齿式霍尔曲轴位置传感器一般都是由霍尔信号发生器和信号转子2个基本元件组成。

（3）光电式曲轴位置传感器　光电式曲轴位置传感器一般安装在分电器内或者凸轮轴左前部（无分电器），由带缝隙、光孔的信号盘和信号发生器组成。

二、发动机失火

1. 发动机失火采集

失火，修车过程中经常说缺火、缺缸等。点火缺火识别是由发动机控制单元来完成的。点火缺火识别可通过转速信号采集来识别燃烧不良的气缸。监测发动机时，为了产生有说服力的数值，发动机必须在怠速下运行至少3min以上甚至更长的时间。怠速平稳性分析只在怠速下起作用（冷态或热态），可识别单个燃烧不良的气缸。个别气缸运转平稳性数值的偶然波动可以通过详细观察来识别。对于理论上均匀燃烧的发动机,运转平稳性数值为0(所有气缸的平均值）。例如，点火缺火、空气过剩、混合气浓度偏差、燃油供应故障、压缩压力不足都可能导致运转平稳性数值升高。因此不能定义准确的调节极限。借助曲轴传感器可以在增量轮上测量发动机转速。除了转速信号采集，还可监控发动机的运行平稳性（点火缺火识别）。为进行点火缺火识别，增量轮在发动机控制单元中被根据点火间隔（2个点火过程之间）划分成多个扇形区。发动机控制单元中测量各个扇形区的周期持续时间并进行统计分析，为每个特性曲线值存储了运行不稳定的最大允许值（作为发动机转速、负荷和冷却液温度）。如果在一定次数的燃烧时超过这些数值，则为一个被识别成有故障的气缸存储1条故障代码存储记录。

2. 发动机运转平稳性数值和点火缺火识别

安静、无故障的运行以及在发动机的大部分转速范围内均无振动时，称为运行平稳性。

受制于结构设计，6缸发动机由于惯性力均衡，其运行平稳性原则上高于4缸发动机。但运行平稳性主要取决于燃烧动力，而非惯性力。燃烧不均匀时尤其会产生运行不稳定现象。因此，发动机控制系统具有运行平稳性控制功能。

通过曲轴位置传感器识别曲轴的转动速度变化。在各个气缸中每次引爆/燃烧混合气时，均会稍稍加速曲轴，并在换气期间又再次将其稍微制动。如果加速力增加，则怠速转速也会增加，直到加速和制动之间重新达到平衡。针对8缸发动机，在2个工作周期（720°曲轴）内进行8次燃烧周期，即每次燃烧可以分配到90°曲轴角度的扇形区。因此，燃烧周期可以分配给各个气缸，并可以相互比较。6缸发动机示例：720°除以6等于120°，即为120°曲轴。

平均值与较高的加速度的偏差得到正的运转平稳性数值；平均值与较高的减速度的偏差得到负的运转平稳性数值。

一个周期（720°曲轴）的运转平稳性数值总和在转速恒定时为0值。实际上，会出现与总和值0较小的偏差。这重新又会导致通常几乎难以察觉的小转速波动。

怠速时的运转平稳性数值不超过一定值，仍处于正常范围。

例如某发动机，当所有气缸值按相似的数量级变化时，这些值介于−7～+7之间，仍处于正常范围并且未察觉到偏差。当气缸值接近0并且只有1个气缸值达到5～7时，已经可以察觉到偏差。运行不稳定尤其因为下列原因而出现：喷油量偏差、混合气浓度偏差（喷油嘴故障）；不同的气缸进气（例如进气道积炭、过剩空气）；不同的压缩、缺少压缩；缓慢的燃烧（火花塞、点火线圈）；不一致的气缸列增压（废气涡轮增压器）。

当上述原因导致熄火时，运行平稳性尤其差。

三、曲轴位置传感器工作原理

1. 基本原理

曲轴位置传感器是控制发动机燃油喷射和点火时刻确认曲轴位置的信号源，同时也是测量发动机转速的信号源。曲轴位置传感器用来检测活塞上止点及曲轴转角的信号并将其输入发动机ECU，用来对点火时刻和喷油正时进行控制。在电控发动机上，曲轴位置传感器和发动机转速传感器制成一体，既可用于发动机曲轴位置、活塞上止点位置的测定，又可用于发动机转速的测定。所以曲轴位置传感器也称发动机转速传感器。

2. 工作过程

（1）转速信号采集　上述怠速平稳性分析只在怠速下起作用（冷态或热态），可识别单个燃烧不良的气缸。不良路段识别功能可识别在不良行驶路段上的不良路段运行模式。

（2）信号发生　曲轴位置传感器集成在径向轴密封环中。曲轴位置传感器借助一个拧在飞轮上的多极传感轮探测曲轴位置。发动机控制单元据此计算出发动机转速。曲轴位置传感器连同凸轮轴位置传感器一起，是全顺序喷射装置所必需的（与气缸中的点火时刻最佳协调的燃油喷射）。

此外，发动机控制单元通过曲轴传感器的信号分析曲轴加速度。通过曲轴加速度可推断出各个气缸的燃烧质量。多极传感轮具有58个磁极对和1个参考点。多极传感轮的参考点是一个双倍长度的磁极。通过该基准点，可识别出第一个气缸的上死点。通过监控各个磁极对，霍尔传感器向发动机控制单元发送一定数量的信号。

(3)工作原理

发动机控制单元根据读取的信号计算出发动机转速。为了正常启动发动机,发动机控制单元检查下列条件是否满足:曲轴位置传感器和凸轮轴位置传感器发出的信号没有错误;必须按规定的时间顺序识别到这两个信号。这一步骤称为同步过程,并仅在车辆启动时执行。首先,同步使发动机控制单元能够正确控制燃油喷射。不同步时不能启动车辆。

如果在发动机启动时(在曲轴旋转第一圈时),曲轴位置传感器信号缺失,或识别出无效同步,便会立即开始进行诊断。这时将读取凸轮轴位置传感器信号。如果读取了凸轮轴上的 12 个齿面,而故障仍然存在,便会存入一个故障。一旦运转中的发动机未接收到曲轴位置传感器信号,或不存在有效的同步,便会开始确认故障。曲轴位置传感器见图 2-169。

图 2-169 曲轴位置传感器
1—轴传感器;2—多极传感轮;3—插头连接器

(4)曲轴位置传感器特性线 从高相位到低相位的过渡标志着磁场的变化。在发动机控制单元中对这些变化进行计数。磁场两次切换之间的偏差为 6° 曲轴转角。曲轴位置传感器见图 2-170、图 2-171。曲轴位置传感器参数见表 2-31。

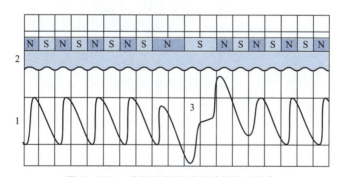

图 2-170 曲轴位置传感器(特性曲线)
1—信号曲线(系统内部计算);2—多极传感轮;3—基准信号

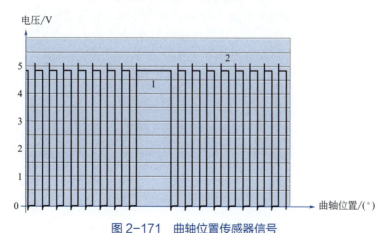

图 2-171 曲轴位置传感器信号
1—曲轴位置传感器参考信号;2—曲轴位置传感器信号曲线

表 2-31 曲轴位置传感器参数

项目	参数	项目	参数
电压范围	4.5～5.5V	空气间隙范围	0.1～1.8mm
信号电压	4.1～5.1V	最大电流消耗	25mA
转速范围	8000r/min 以下	温度范围	-40～160℃

四、霍尔式曲轴位置传感器

1. 霍尔式曲轴位置传感器基本原理

霍尔式曲轴位置传感器就是利用霍尔效应产生与曲轴转角相对应的电压脉冲信号的原理制成的，可分为触发翼片式和触发轮齿式 2 种曲轴位置传感器。

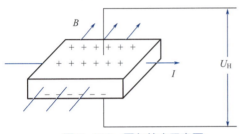

图 2-172 霍尔效应示意图

当有电流的导体垂直于磁感线放入磁场中时，在导体横向侧面上就会产生一个垂直于电流方向和磁场的电压 U_H，U_H 与通过导体的电流和磁感应强度 B 成正比，当取消磁场时电压 U_H 立即消失。这种现象被称为霍尔效应，U_H 被称为霍尔电压，见图 2-172。

利用霍尔效应制成的传感器称为霍尔效应式传感器（简称霍尔式传感器或霍尔传感器），它有 2 个突出优点：一是输出电压信号近似于方波信号；二是输出电压高低与被测物体的转速无关。霍尔效应式传感器与磁感应式传感器不同的是需要外加电源。

2. 触发翼片式霍尔曲轴位置传感器

当触发叶轮随转子轴一同转动时，翼片便在霍尔集成电路与永久磁铁间转动；当曲轴转动并带动转子轴转动时，触发叶轮随转子轴一起转动，触发叶轮的翼片便从霍尔集成电路与永久磁铁之间的气隙中转过；当翼片进入气隙时，霍尔集成电路中的磁场被翼片旁路，此时霍尔元件产生的霍尔电压为零，集成电路输出级的三极管截止，传感器输出一个高电平信号电压；当翼片离开气隙时，永久磁铁的磁通便经过霍尔集成电路和导磁钢片构成回路，此时霍尔元件产生霍尔电压，霍尔集成电路输出级的三极管导通，传感器输出一个低电平信号电压。ECU 便根据向它输入的脉冲信号计算出曲轴的转角及活塞上止点位置，从而对发动机点火和喷油时刻进行控制。霍尔式曲轴位置传感器见图 2-173、图 2-174。

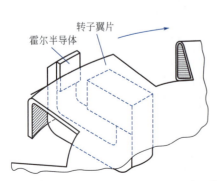

图 2-173 霍尔式曲轴位置传感器原理示意图（一）

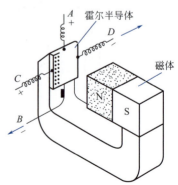

图 2-174 霍尔式曲轴位置传感器原理示意图（二）

霍尔半导体固定在陶瓷支座上。它有 4 个电接头，电源由 AB 端输入，霍尔电压由 CD 端输出。该片的对面装有 1 个永久磁体，它和霍尔半导体之间留有一定的空气间隙（气隙）。传感器转子由分电器轴驱动，转子上有和气缸数目相同的翼片。当翼片转离磁极和霍尔基层之间的气隙时，磁场通过霍尔基层，其 CD 端产生霍尔电压。

当叶片转入磁极和霍尔基层之间的气隙时，磁力线被隔断，不能通过霍尔基层，使霍尔电压下降为 0。在分电器转动 1 圈的过程中，传感器输出和气缸数目相同个数的矩形电压脉冲信号。通常将脉冲信号的下降沿作为活塞到达上止点的基准信号（Ne 信号）。

3. 触发轮齿式霍尔曲轴位置传感器

触发轮齿式霍尔曲轴位置传感器即差动霍尔式曲轴位置传感器，也叫双霍尔式曲轴位置传感器，其结构与磁脉冲式曲轴位置传感器相似，由带凸齿的信号转子和霍尔信号发生器组成。

触发轮齿式霍尔曲轴位置传感器的工作原理与触发翼片式霍尔曲轴位置传感器的工作原理相同。根据霍尔效应，在传感器的霍尔元件中就会产生电压信号，其输出电压由 2 个霍尔信号电压叠加而成。因为输出信号为叠加信号，所以转子凸齿与信号发生器之间的气隙可以增大到（1.0±0.5）mm（普通霍尔式传感器仅为 0.2～0.4mm），从而可将信号转子制成像磁感应式传感器转子一样的齿盘式结构，其突出优点是信号转子便于安装。

五、曲轴位置传感器电路

1. 磁感应式曲轴位置传感器电路

（1）磁感应式曲轴位置传感器电路连接　在发动机运行中，当曲轴位置传感器出现故障时，会导致信号中断，发动机不能启动或在运行时立即熄火，这时 ECU 可以诊断到故障并进行故障码存储。

> **维修图解**

如图 2-175 所示，大众车磁感应式曲轴位置传感器的端子 T3i/2 为传感器其中一极，与 ECU 的 T80/64 端子相连；端子 T3i/3 与 ECU 的 T80/53 端子相连；端子 T3i/1 为屏蔽线端子，在发动机线束内的搭铁连接。

（2）曲轴位置传感器电路检测

❶ 电阻的检测。关闭点火开关，拔下传感器插接器插头，检测传感器上 3 端子和 2 端子间的电阻，应为 450～1000Ω。若电阻为无穷大，则说明信号线圈存在断路，应更换传感器。检测传感器上端子 T3i/3 或端子 T3i/2 与屏蔽线端子 T3i/1 之间的电阻，阻值应为无穷大。如果该电阻不是无穷大，则应更换传感器。

❷ 输出电压检测。用万用表的交流电压挡在线路正常连接、发动机运转时测量端子 T3i/3 或端子 T3i/2 间的电压，该电压值在 0.2～2V 范围内波动。

❸ 曲轴位置传感器与 ECU 之间的连接线束检测。分别检测 T3i/2 与 ECU 的 T80/64 端子、T3i/3 与 ECU 的 T80/53 端子、T3i/1 端子与发动机线束内电源线间的电阻值，应不超过 1.5Ω。如果电阻为无穷大，则说明存在导线断开的情况。

2. 霍尔式曲轴位置传感器的电路

（1）电压检测　拔下传感器插头，打开点火开关，检测插头上电源端子与接地之间的电压，为5V。如果无电压，则应检测传感器与ECU之间的线路及ECU上相应端子的电压；如果ECU相应端子有电压，则为传感器到ECU之间线路断路，否则为ECU故障。

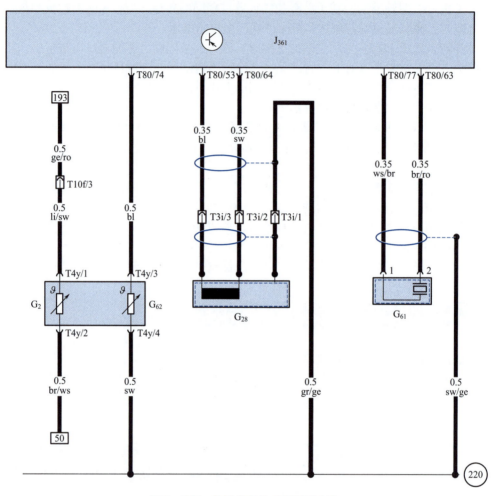

图2-175 曲轴位置传感器关联电路

G_2—冷却液温度传感器；G_{28}—曲轴位置传感器（发动机转速传感器）；G_{61}—爆震传感器1；G_{62}—冷却液温度传感器；J_{361}—发动机控制单元；T3i—3芯黑色插头；T4y—4芯黑色插头；T10f—10芯灰色插头；T80—80芯黑色插头；(220)—发动机线束中的接地连接（传感器接地）

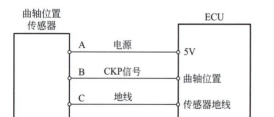

图2-176 霍尔式曲轴位置传感器的电路

（2）输出信号检测 将传感器插头插回，启动发动机，测量传感器输出端子信号的输出电压值，其值应在3～6V之间。如果不符，则为传感器故障。如某车型输出信号是矩形脉冲信号，高电位为5V，低电位为0.3V。霍尔式曲轴位置传感器电路见图2-176。

3. 双线制霍尔式曲轴位置传感器

普通霍尔式曲轴位置传感器有3根引线，分别为电源线、信号线和搭铁线；有些车采用的新型霍尔式曲轴位置传感器只有2根引线，如大众高尔夫、CC等。

维修图解

两根引线分别为电源线和信号线。输出信号均为方波脉冲信号，占空比范围为 30%～70%，一般为 50%，如图 2-177 所示，但输出信号的高、低电压存在差异。新型霍尔式曲轴位置传感器输出信号的高、低电压不受速度影响，主要由 ECU 内部的电阻 R 决定，电阻 R 一定，高、低电压便一定，即使转速很低，发动机 ECU 仍能检测到输出信号电压，这就克服了电磁式传感器输出信号电压随转速变化而变化的缺点。

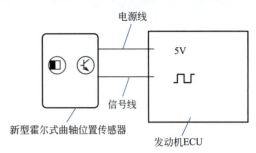

图 2-177　双线制霍尔式曲轴位置传感器

六、曲轴位置传感器故障

1. 霍尔式曲轴位置传感器失灵检查

❶ 检查霍尔式曲轴位置传感器线路有无断路或短路，以及插接器端子有无腐蚀。
❷ 清洁霍尔式曲轴位置传感器头部。
❸ 检查霍尔式曲轴位置传感器的供电与搭铁情况。
❹ 用示波器读取波形，波形应为方波信号。
❺ 串接一个发光二极管，启动发动机，观察发光二极管的闪烁情况，发光二极管应有规律地闪烁，否则为曲轴位置传感器信号不良。

2. 故障码设置

发动机控制模块使用曲轴位置传感器的信息确定何时出现发动机失火，并且使用凸轮轴位置传感器的信息确定哪个气缸正在失火。发动机控制模块通过监测各缸曲轴转速的变化，可以检测到各个失火。如果发动机控制模块检测到失火率足以使排放水平超出法定标准，则设置故障码 P0300。

在一定的行驶条件下，失火率过高会导致三元催化转换器过热，可能使转换器损坏。当转换器过热、出现损坏故障和设置故障码 P0300 时，故障指示灯将闪烁。4 缸发动机故障码 P0301～P0304 对应于气缸 1～4；6 缸发动机故障码 P0301～P0306，对应于气缸 1～6；8 缸发动机故障码 P0301～P0308，对应于气缸 1～8；12 缸发动机故障码 P0301～P0312，对应于气缸 1～12。如果发动机控制模块可以确定失火的是哪个气缸，则设置该气缸的故障诊断码。

七、曲轴位置传感器的更换

1. 拆卸曲轴位置传感器

曲轴位置传感器位置见图 2-178。
❶ 断开曲轴位置传感器线束连接器。
❷ 拆卸曲轴位置传感器固定螺栓，图 2-179。

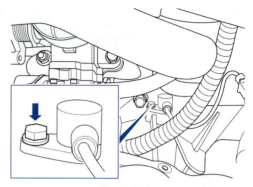

图 2-178　曲轴位置传感器（拆卸位置）　　　图 2-179　曲轴位置传感器（拆卸螺栓）

维修提示

取出曲轴位置传感器后，笔者建议塞住传感器安装孔，防止杂物掉入。

2. 安装曲轴位置传感器

❶ 安装传感器，并紧固螺栓（一般不超过 10N·m 的力矩，具体以车型手册数据为准）。
❷ 连接曲轴位置传感器线束连接器。

第十六节　凸轮轴位置传感器

一、凸轮轴位置传感器概述

1. 凸轮轴位置传感器作用

凸轮轴位置传感器（CMP），汽车维修中又称为相位传感器。凸轮轴位置传感器的作用主要是检测凸轮轴位置和转角，从而确定第一缸活塞的压缩上止点位置。在启动时，发动机控制单元根据凸轮轴位置传感器和曲轴位置传感器提供的信号，识别出各个气缸活塞的位置和行程，控制燃油喷射顺序和点火顺序，进行准确的喷油和点火控制。

2. 凸轮轴位置传感器类型和结构

汽车用凸轮轴位置传感器有霍尔式凸轮轴位置传感器、磁阻式凸轮轴位置传感器、磁电式凸轮轴位置传感器 3 种。

（1）霍尔式凸轮轴位置传感器　霍尔式凸轮轴位置传感器安装在发动机进气凸轮的一端，主要由霍尔传感器和信号转子组成。霍尔传感器主要由集成电路、永久磁铁和导磁片组成。霍尔式凸轮轴位置传感器被广泛使用于大众轿车上。

霍尔式凸轮轴位置传感器有触发翼片式霍尔凸轮轴位置传感器和触发轮齿式霍尔凸轮轴位置传感器 2 种。霍尔式凸轮轴位置传感器见图 2-180 和图 2-181。

（2）磁阻式凸轮轴位置传感器　磁阻式凸轮轴位置传感器（MRE）由信号发生器、磁铁和用树脂封装的信号处理电路集成的电路模块组成。

（3）磁电式凸轮轴位置传感器　有些可变气门系统（VVT-i）发动机使用磁电式凸轮轴位置传感器，来进行气缸识别和检测 VVT-i 提前角。

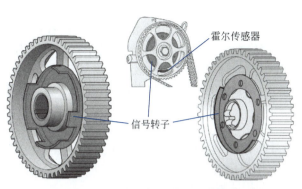

图 2-180 霍尔式凸轮轴位置传感器（一）

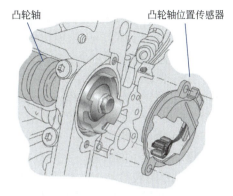

图 2-181 霍尔式凸轮轴位置传感器（二）

二、磁阻式凸轮轴位置传感器

1. 磁阻式凸轮轴位置传感器基本原理

利用磁阻效应制成的磁敏电阻元器件叫作磁阻元件，所以，磁阻式凸轮轴位置传感器也叫磁阻元件式凸轮轴位置传感器。

磁阻效应是指半导体材料的电阻值随与电流相同或垂直方向的磁场强弱而变化的现象。在一个长方形半导体元件的两端面通电，在无磁场时，电流电极间的电阻值取最小电流分布。当长方形元件处于磁场中时，由于两电极间的电流路径因磁场作用而加长，从而使电极间的电阻值增加。利用磁阻效应，可实现磁和电（电阻）的转换。对于非铁磁性物质，外加磁场通常使电阻率增加，即产生正的磁阻效应。

2. 磁阻式凸轮轴位置传感器工作过程

当传感器的磁头正对转子凹槽时，磁力线向两侧的翼片分布构成闭合磁路，此时磁阻元件电阻较小，通过磁阻元件的磁力线较少，磁场强度较弱，且磁力线与磁阻元件呈一定角度，此时磁阻元件输出 5V 高电平信号。当磁阻传感器的磁头正对转子翼片时，磁力线通过正对的翼片构成闭合磁路，此时磁阻元件电阻较大，通过磁阻元件的磁力线较多，磁场强度较强，且磁力线与磁阻元件垂直，此时磁阻元件输出 0V 低电平信号。

随着转子的旋转，翼片的凸起与凹槽交替变化，引起通过磁阻元件的磁力线的强弱和角度发生改变，由于磁阻效应的作用，磁阻元件的电阻也发生变化，通过磁阻元件装置的电流也随之改变，这种电流的变化由信号放大电路、滤波电路和整形电路转换成二进制数字信号，并输送给发动机 ECU。发动机 ECU 根据此信号判别进、排气凸轮轴位置。磁阻式凸轮轴位置传感器工作原理见图 2-182。

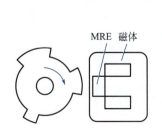
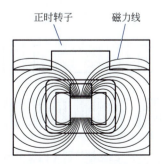
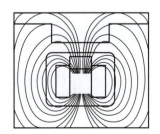

图 2-182 磁阻式凸轮轴位置传感器工作原理

3. 磁阻式凸轮轴位置传感器电路

（1）诊断说明　凸轮轴位置传感器将曲轴与凸轮轴位置相关联，使发动机控制模块（ECM）能够确定哪一个气缸可以由燃油喷射器供油。凸轮轴旋转，磁阻轮干扰传感器内磁体产生的磁场，并通过信号电路向 ECM 发送信号。凸轮轴位置传感器直接与 ECM 相连。凸轮轴位置传感器还确定哪一个气缸未点火。凸轮轴位置传感器电路有 5V 参考电压、低电平参考电压、凸轮轴位置传感器信号。

（2）电路检测

❶ 工作电压的检测。关闭点火开关，断开凸轮轴位置传感器，打开点火开关至"ON"位置，用万用表检测 VC 端子与 VV- 之间的电压，应为 5V，如果没有 5V 电压，应分别检查与 ECU 间线路的连接情况，如果线路正常，则说明发动机 ECU 有故障。

❷ 参考电压的检测。关闭点火开关，断开凸轮轴位置传感器，打开点火开关至"ON"位置，用万用表检测 VV+ 端子与 VV- 之间的电压，应为 4.6V，如果没有 4.6V 电压，应检查 VV+ 与 ECU 间线路的连接情况，如果线路正常，则说明发动机 ECU 有故障。磁阻式凸轮轴位置传感器与 ECU 的连接电路见图 2-183。

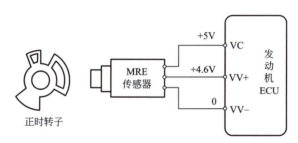

图 2-183　磁阻式凸轮轴位置传感器与 ECU 的连接电路

三、霍尔式凸轮轴位置传感器

1. 霍尔式凸轮轴位置传感器工作原理

当发动机运转时，轮齿的高低部分与传感器之间的间隙发生变化。这种变化的间隙会引起传感器附近的磁场发生变化。由于磁场的变化，来自传感器的电压也会改变。

凸轮轴位置（相位）传感器（图 2-184）感应凸轮轴进气阀的突出部分，以此识别工作气缸。凸轮轴位置（相位）传感器感应活塞的位置。当曲轴位置传感器（位置）系统失效时，凸轮轴位置（相位）传感器将利用气缸识别信号的正时，向各发动机零部件提供不同的控制。

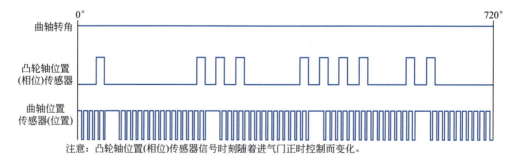

图 2-184　凸轮轴位置（相位）传感器

2. 信号采集

凸轮轴位置传感器固定在气缸盖罩上。凸轮轴位置传感器借助一个固定在凸轮轴上的增量轮（凸轮轴位置传感器齿盘）探测进（排）气凸轮轴的位置。凸轮轴位置传感器提供凸轮轴位置调整装置所需的反馈信号。

对于凸轮轴位置传感器的诊断在下面几个条件下开始：发动机控制单元主继电器接通；发动机运行；发动机经过同步；未识别出发动机熄火；曲轴位置传感器发出的信号没有错误。

3. 凸轮轴位置传感器功能

为了进行调节，可调式凸轮轴控制装置需要一个有关凸轮轴当前位置的反馈信号。在进气和排气侧各有1个凸轮轴位置传感器检测凸轮轴的位置。

凸轮轴位置传感器是作为无接触霍尔传感器安装的。凸轮轴位置传感器齿盘有6个不同的齿面。齿面距离由霍尔传感器进行记录。发动机控制系统将由此计算出凸轮轴转速和凸轮轴的确切位置。

在两根进气和排气凸轮轴上各安装有1个调节过的凸轮轴调整装置。一个凸轮轴电磁阀用于控制此调整装置。可根据发动机转速和负荷信号计算出需要的进气凸轮轴和排气凸轮轴位置（与进气温度和发动机温度有关）。发动机控制单元相应地控制凸轮轴调整装置。进气和排气凸轮轴可在它们的最大调整范围内可变调节。

在加上电压时，便可识别出该传感器是处于一个齿的位置，还是处于一个缺口的位置。凸轮轴位置传感器见图2-185。

4. 凸轮轴位置传感器内部电路

（1）内部电路　凸轮轴位置传感器测量是以一个霍尔集成电路为基础的。输出信号通过齿面显示低状态，通过空隙显示高状态。排气凸轮轴位置传感器根据曲轴位置传感器原理工作。但是凸轮轴位置传感器齿盘也会有根本性区别。通过一块专用遮挡模板，可在曲轴位置传感器失效后进行紧急运行。但是凸轮轴位置传感器信号的分辨率太不准确，因此无法在正常运行下更换曲轴位置传感器。凸轮轴位置传感器线路图2-186。

图2-185　凸轮轴位置传感器
1—传感器；2—插头连接器

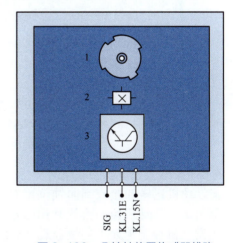

图2-186　凸轮轴位置传感器线路
1—凸轮轴位置传感器齿盘；2—霍尔传感器；3—电子分析装置；KL.15N—总线端KL.15N，供电电压；KL.31E—总线端KL.31，接地；SIG—信号线

（2）凸轮轴位置传感器参数　表2-32为凸轮轴位置传感器参数。

表 2-32　凸轮轴位置传感器参数

项目	参数	项目	参数
电压范围	6～16V 或 5V（与发动机有关）	空气间隙范围	0.4～2.0mm
最大工作电流	小于 15A	最大输出电流	20mA
转速范围	0～4000r/min	温度范围	-40～160℃

5. 凸轮轴位置传感器特性

发动机控制器读入传感器信号并将信号与保存的样本进行比较。通过比较传感器信号和样本，可以识别出凸轮轴的正确位置或偏差。凸轮轴位置传感器曲线见图 2-187。

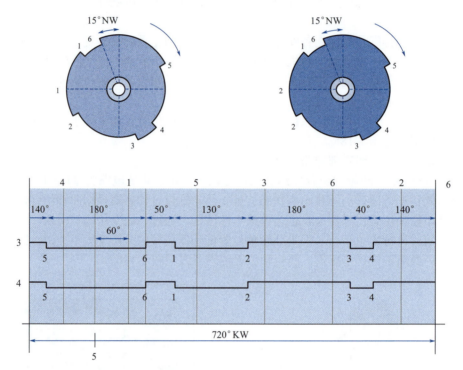

图 2-187　凸轮轴位置传感器曲线

1—进气凸轮轴；2—排气凸轮轴；3—进气凸轮轴信号；4—排气凸轮轴信号；
5—1 缸上止点参考标记（点火开关）；6—气缸

6. 凸轮轴位置传感器关联电路

当发动机运转和接收到曲轴位置同步脉冲后，凸轮轴位置传感器信号由凸轮轴位置传感器给出。发动机控制模块利用凸轮轴位置信号脉冲依次激发燃油喷射。发动机控制模块（发动机控制单元）连续监视凸轮信号电路中的脉冲数，并把凸轮脉冲数和接收到的参考电压脉冲数做比较，如果发动机控制模块在凸轮参考电路上接收的脉冲数不正确，将设置故障码 P0341、P0342。发动机控制模块按 1～4 缸的喷油器正确顺序，在没有凸轮信号的情况下执行喷油器顺序。发动机将继续启动并正常运行，但点火不良时会影响点火不良的诊断，可带故障码运行（故障码 P0341、P0342）。凸轮轴位置传感器及关联电路见图 2-188。

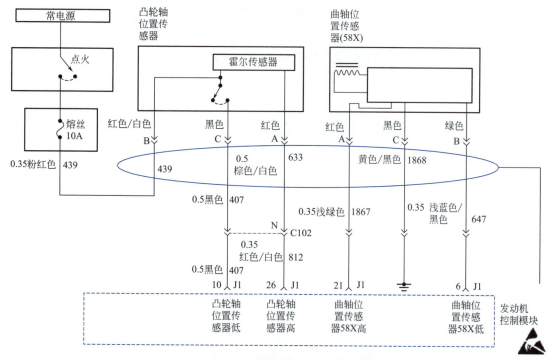

图 2-188 凸轮轴位置传感器及关联电路

四、凸轮轴位置传感器的更换

1. 拆卸凸轮轴位置传感器
❶ 断开凸轮轴位置传感器线束连接器。
❷ 拆卸凸轮轴位置传感器固定螺栓并取出传感器。

2. 安装凸轮轴位置传感器
❶ 检查凸轮轴位置传感器密封圈是否完好。
❷ 安装凸轮轴位置传感器。
❸ 安装并紧固凸轮轴位置传感器固定螺栓。
❹ 连接凸轮轴位置传感器线束连接器。
凸轮轴位置传感器更换见图 2-189。

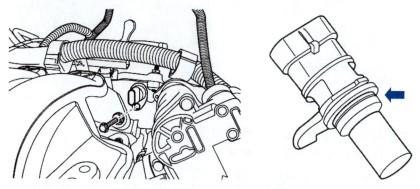

图 2-189 凸轮轴位置传感器更换

第十七节 节气门位置传感器和加速踏板位置传感器

一、节气门位置传感器概述

1. 节气门位置传感器作用

节气门位置传感器（TPS），是汽车电控系统中最重要的传感器之一，用于探测或监测节气门开度的大小，节气门位置传感器的作用主要是将节气门开度位置参数，转变为电信号输入发动机 ECU，用于判别发动机的各种工况，从而控制不同的喷油量和点火。节气门位置传感器检测的信号也是自动变速器确定换挡时机和变矩器确定锁止时机的主要信号之一。

2. 节气门位置传感器类型

按输出信号的类型不同，接触式节气门位置传感器一般分为触点开关式节气门位置传感器式和滑动电阻式节气门位置传感器 2 种。现在汽车主流的电子节气门系统中，并没有单独的接触式节气门位置传感器，都集成于节气门控制单元内，和节气门为一体。

二、触点开关式节气门位置传感器

1. 触点开关式节气门位置传感器结构

触点开关式节气门位置传感器（图 2-190）主要由节气门轴、全开触点、怠速触点和接线插件等组成。凸轮轴与节气门轴同轴转动，控制怠速触点和全开触点的开启与闭合。节气门轴随加速踏板行程大小而变化转动。

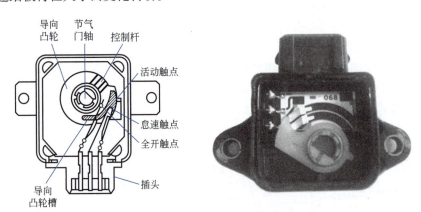

图 2-190 触点开关式节气门位置传感器

2. 触点开关式节气门位置传感器工作原理

触点开关式节气门位置传感器状态见表 2-33。

（1）节气门关闭时　当节气门关闭时，传感器的怠速触点闭合，功率触点断开，怠速触点输出端子输出一个低电平信号"0"，功率触点输出端子输出一个高电平信号"1"。

ECU 接收到节气门位置传感器输入的这两个电压信号时，若车速传感器输入 ECU 的信号表示车速为 0，那么 ECU 便可根据这两个信号判定发动机处于怠速状态，并控制喷油器增加喷油量，保证发动机怠速转速稳定而不致熄火。如果此时车速传感器输入 ECU 的信号表示车速不为 0，那么 ECU 便可根据这两个信号判定发动机处于减速状态，从而控制喷油器停止喷油，以降低汽车的排放和提高其经济性。

（2）节气门开启时　当节气门开度逐渐增大时，凸轮随节气门轴转动并将怠速触点顶开，从而使怠速触点处于断开状态，但由于此时功率触点也处于断开状态，所以怠速触点端子输出高电平信号"1"，功率触点端子也输出高电平信号"1"。ECU 接收到两个高电平信号时，便可判定发动机处于部分负荷状态，此时 ECU 再根据空气流量传感器信号和曲轴转速信号计算确定喷油量，以保证汽车的经济性和排放性能。

当节气门接近全部开启（80% 以上负荷）时，凸轮转动使功率触点闭合，此时功率触点端子输出一个低电平信号"0"，而怠速触点端子仍处于断开状态从而输出一个高电平信号"1"。ECU 接收到这两个信号时，便可判定发动机处于大负荷运行状态，从而控制喷油器增加喷油量，以保证发动机输出足够的动力。节气门开度曲线见图 2-191。

（3）节气门全开时　当节气门全开时，ECU 将控制系统进入开环控制模式，此时 ECU 不采用氧传感器信号。如果此时汽车空调器在工作，那么 ECU 将中断空调主继电器信号，以便切断空调电磁离合器线圈电流，使空调压缩机停止工作，增大发动机输出功率，以提高汽车的动力性。

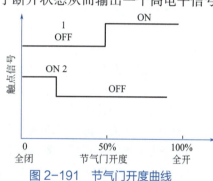

图 2-191　节气门开度曲线

表 2-33　触点开关式节气门位置传感器状态

关触点节	节气门位置	怠速（节气门关闭）	部分负荷（部分开启）	全负荷（节气门全开）
IDL		0V （0）	+B 或 5V （1）	+B 或 5V （1）
PSW		+B 或 5V （1）	0V （0）	0V （0）

三、滑动电阻式节气门位置传感器

滑动电阻式节气门位置传感器也就是线性输出型节气门位置传感器，也叫可变电阻式节气门位置传感器。这种传感器的设计避免了触点开关式节气门位置传感器只能检测发动机怠速工况和全负荷工况的弊端。这种传感器采用滑动电阻，可以获得节气门开关从全闭到全开连续变化的信号，从而更精确地判断发动机的运行工况。

1. 滑动电阻式节气门位置传感器结构

滑动电阻式节气门位置传感器（图 2-192）由活动触点 1、活动触点 2、电阻器、节气门轴、接线插头等组成。传感器的两个活动触点（分别是用于测量节气门开度的活动触点 1 和用于确定节气门全闭位置时的活动触点 2）与节气门轴联动。

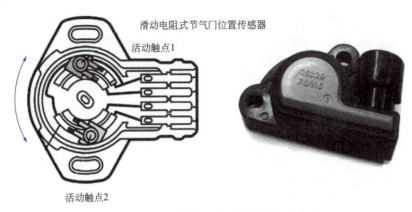

图 2-192　滑动电阻式节气门位置传感器

2. 滑动电阻式节气门位置传感器原理

当活动触点随节气门的打开而改变电位器的电阻值时，其输出电压与节气门的开度成正比例增大。

当节气门逐渐打开时，活动触点也向右移动，电路中所串入的电阻值逐渐减小，输出电压增大；反之，输出电压减小。通过这种方式，将其输出信号送至电子控制装置输入端，由它来控制喷油器的开闭时间，以满足汽车加速时发动机所要求供给的燃油量。传感器上还设有节气门微动开关，具有发动机全负荷时加浓混合气的功能。

综合式节气门位置传感器是在滑动电阻式节气门位置传感器的基础上加装了 1 个怠速开关。怠速时怠速触点闭合，输出怠速工况信号，其他工况节气门位置传感器信号电压随节气门开度的增大而随之升高，控制电路如图 2-193 所示。

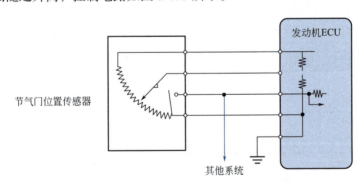

图 2-193　滑动电阻式节气门位置传感器电路

四、加速踏板位置传感器

1. 加速踏板位置传感器结构

无触点型加速踏板位置传感器安装在加速踏板臂上的加速踏板模块中，由两块磁铁及其中间的霍尔 IC 组成的磁轭安装在加速踏板臂的底座上。磁轭根据施加在加速踏板上的作用力，绕霍尔 IC 旋转，霍尔 IC 将磁通量变化转化为电信号，并以加速踏板位置传感器输出信号的形式，将其输送至发动机 ECU。发动机控制单元能够根据两个加速踏板位置传感器所提供的信号识别出加速踏板当前的位置。

两个传感器是滑动触点电位计,它们被安装在一根公共轴上,滑动触点电位计的电阻和传送至发动机控制单元的电压随加速踏板位置的变化而变化。加速踏板(大众)见图 2-194。

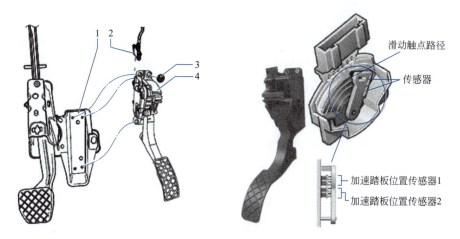

图 2-194　加速踏板(大众)

1—轴承支座；2—插头；3—螺栓；4—加速踏板位置传感器(G79 和 G185)

2. 加速踏板位置传感器工作原理

加速踏板模块(加速踏板位置传感器)探测加速踏板位置,将驾驶员意愿以电信号的形式输出到发动机控制单元。加速踏板位置由两个传感器分开探测。之所以使用两个传感器,是为了能够实现冗余,一个用于监控,另一个用于故障识别。例如,宝马某款加速踏板模块见图 2-195。

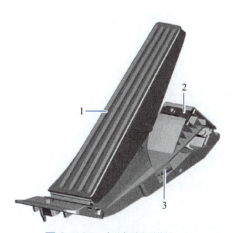

图 2-195　加速踏板模块
(加速踏板位置传感器)

1—加速踏板拉杆；2—满负荷挡块；
3—6 芯插头

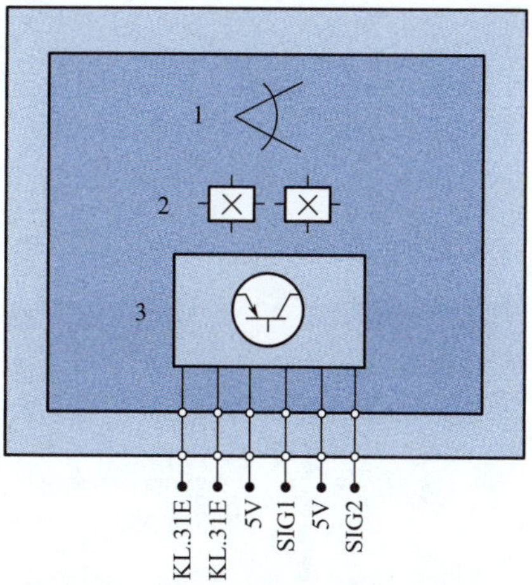

图 2-196　加速踏板位置传感器电路

1—加速踏板位置；2—霍尔传感器；3—电子分析装置；KL.31E—总线端 KL.31,传感器 1 电子接地线；KL.31E—总线端 KL.31,传感器 2 电子接地线；5V—5V 供电电压,传感器 2；SIG1—传感器 1 信号线；5V—5V 供电电压,传感器 1；SIG2—传感器 2 信号线

加速踏板行程由传感器作为角度来探测,并作为踏板角度的模拟线形电压特性线直接输出到发动机控制单元。总加速踏板行程可机械转换为 16°±0.5°。

加速踏板位置的每个改变都会在最多 50ms 内发送到发动机控制单元。传感器信号以模拟方式传递。发动机控制单元监控传感器的两个输入信号，并比较这些信号的可信度（例如同步性、线性）。加速踏板在减小油门时的复位借助弹簧元件实现。

3. 加速踏板位置传感器电路

加速踏板模块按照感应原理工作。两个传感器由发动机控制单元分开提供 5V 电压和接地。电子分析装置根据加速踏板位置产生用于发动机控制的模拟电压信号。传感器信号分开传递到发动机控制单元。加速踏板位置传感器电路见图 2-196。

4. 加速踏板位置传感器特性和参数

图 2-197 为描述带强迫降挡开关的加速踏板模块（加速踏板位置传感器）的特性线。

（1）强迫降挡开始　提高制动踏板力的起始位置最早在机械终端限位前 13.8°，最迟在 1.6°。在不断增大的制动踏板力的特性线上，强迫降挡接通的阈值必须直接在强迫降挡开始的最大制动踏板力后。

（2）强迫降挡结束　提高制动踏板力的结束位置最早在机械终端限位前 1.6°，最迟在 13.8°。在不断减小的制动踏板力的特性线上，强迫降挡关闭的阈值必须直接在最大制动踏板力后。

（3）电压值　两个传感器的信号值是供电电压的百分数。

❶ 传感器 1。在怠速转速时数值是供电电压的 15%，在终端限位时约 90%。

❷ 传感器 2。在怠速转速时数值是供电电压的 7.5%，在终端限位时约 45%。

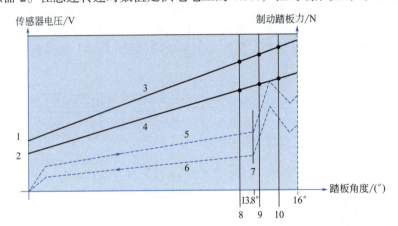

图 2-197　特性

1—传感器 1 在怠速下的电压；2—传感器 2 在怠速下的电压；3—传感器 1 输出信号变化过程；4—传感器 2 输出信号变化过程；5—不断增大的制动踏板力的特性线；6—不断减小的制动踏板力的特性线（减小油门）；7—由于强迫降挡开始提高制动踏板力或由于强迫降挡结束减小制动踏板力；8—不带强迫降挡的满负荷位置；9—强迫降挡关闭；10—强迫降挡接通

表 2-34 数据仅为参考，各种车或者不同的测量方式有所差别。

表 2-34　加速踏板模块参数

项目/说明/物理量	参数
电压范围	4.5～5.5V
最大电流消耗	15mA
温度范围	−40～80℃

（4）油门踏板角度与电压之间关系　见表 2-35。

表 2-35　油门踏板角度与电压之间关系

参数	对比数	
油门踏板（踩下）角度 /（°）	油门踏板（APP）1，信号电压输出值 /V	油门踏板（APP）2，信号电压输出值 /V
0	0.8 左右（急速）	0.4 左右（急速）
2.5	1.3 左右	0.7 左右
5	1.9 左右	0.9 左右
7.5	2.5 左右	1.2 左右
10	3.1 左右	1.5 左右
12.5	3.6 左右	1.8 左右
15	4.4 左右	2.1 左右
17	4.6（全开）	2.3 左右

5. 加速踏板模块失效影响

加速踏板模块只提供驾驶员意愿，因此，加速踏板模块对其他执行器不进行直接干预。发动机控制必须确保，在传感器信号失灵时采用车辆的可靠状态。

部件失灵时，可能出现以下情况。

如果一个传感器信号失灵：在发动机控制单元中记录故障代码；检查控制信息；发动机紧急运行程序（车辆驱动机构受电子限制，能够有条件地继续行驶）。

如果两个传感器信号失灵：在发动机控制单元中记录故障代码；检查控制信息；发动机紧急运行程序（不能再继续行驶，发动机急速运行）。

6. 电子节气门系统

（1）概述　电子节气门系统将加速踏板操作转换成电气信号，使用一个发动机 ECU 根据驾驶状况来控制节气门控制阀的开、关。取消了连接加速踏板与节气门控制的油门拉索。电子节气门见图 2-198、图 2-199。

图 2-198　电子节气门实物图

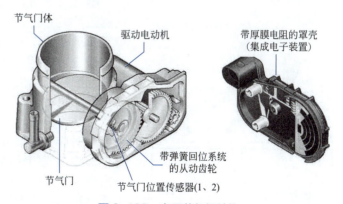

图 2-199　电子节气门结构

要开启或关闭节气门，发动机控制单元就必须激活节气门驱动装置的电动机。两个角度传感器向发动机控制单元提供当前节气门位置的反馈信号，见图 2-200。

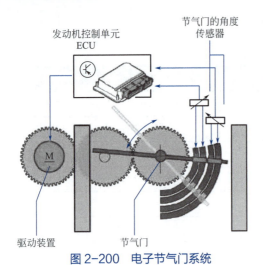

图 2-200 电子节气门系统

（2）电子节气门系统组成　电子节气门系统组成见图 2-201。

❶ 加速踏板模块（内有加速踏板位置传感器）。用传感器来确定当前加速踏板的位置，并将相应的信号传递给发动机控制单元。

❷ 发动机控制单元。根据该信号计算出驾驶员需要的发动机动力，将此信息转换为发动机的扭矩数值。为此，发动机控制单元激活节气门驱动装置以进一步开启或关闭节气门。在激活节气门驱动装置时，发动机控制单元也考虑满足其他的扭矩要求，如空调。

监控电子节气门控制系统功能。

❸ 节气门控制单元。负责提供所需要的空气质量；节气门驱动装置根据发动机控制单元发出的指令激活节气门；节气门角度传感器向发动机提供节气门位置的反馈数值。

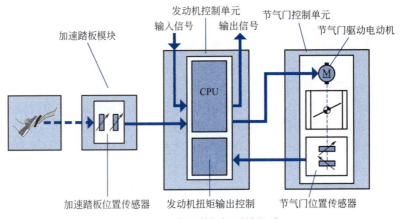

图 2-201 电子节气门系统组成

❹ 电子节气门系统的故障指示灯（EPC 故障灯）。向驾驶员提示电子节气门系统已发生故障。

（3）电子节气门控制原理

❶ 工作过程。在电子节气门系统中，节气门在整个调整范围内都是由一个电动机控制的。驾驶员根据所需要的发动机动力踏下加速踏板。传感器记录下加速踏板的位置并将该信息传递给发动机控制单元。发动机控制单元将对应于驾驶员输入的信号传递给节气门定位器，定位器将节气门转动到相应的角度。但是，如果出于安全或燃油消耗因素的考虑，发动机控制单元可以独立于加速踏板的位置而调整节气门的位置。这样做的优点是发动机可以根据各种不同的需求（例如驾驶员的输入、废气的排放、燃油消耗以及安全性）确定节气门的位置。电子节气门系统工作过程见图 2-202。

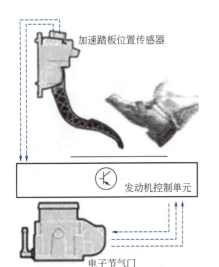

图 2-202 电子节气门系统工作过程

❷ 各阶段工况。各阶段工况见表 2-36。

表 2-36　各阶段工况

工况	控制说明	图示/示意图
	发动机控制单元可以从加速踏板位置传感器的信号电压1识别出加速踏板没有被踏下 怠速控制过程现在开始	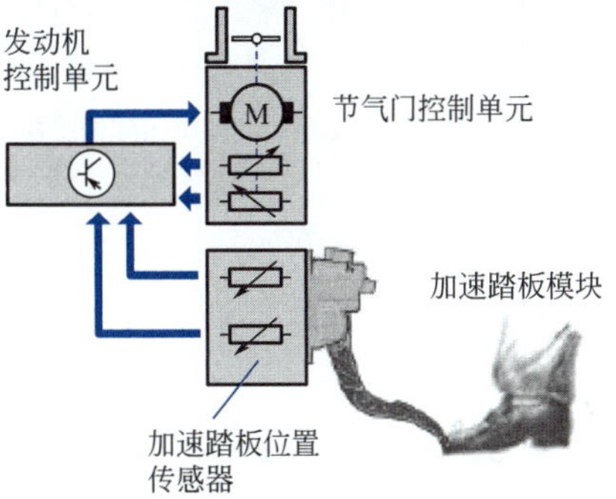
怠速工况	发动机控制单元激活节气门驱动装置并通过一个电动机来定位节气门 节气门根据实际怠速值与规定怠速值的偏差来开启或关闭节气门	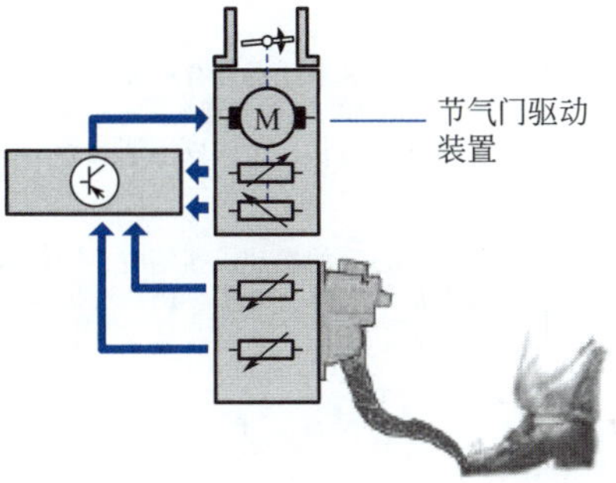
	节气门驱动装置的两个角度传感器将当前节气门的位置信号传递给发动机控制单元 它们位于节气门控制单元中	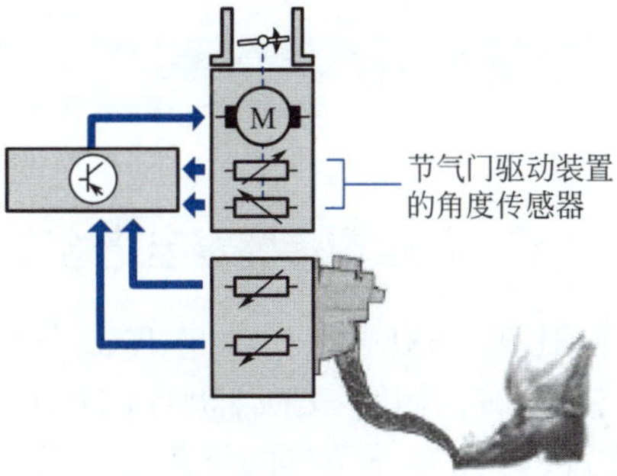
踏下加速踏板	发动机控制单元可以从加速踏板位置传感器的信号电压识别加速踏板被踏下的程度。使用该信息，发动机控制单元算出驾驶员的输入并通过一个电动机激活节气门驱动装置，将节气门定位 发动机控制单元同时控制点火正时、喷油时间以及必要时的增压压力	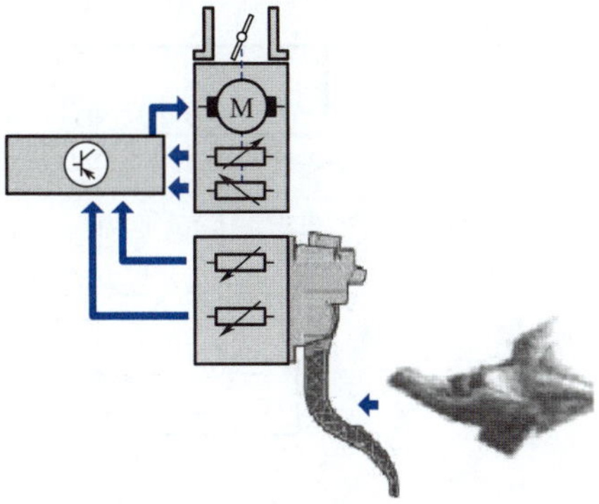

续表

工况	控制说明	图示/示意图
踏下加速踏板	节气门驱动装置的两个角度传感器确定节气门的位置并传递相应的信号到发动机控制单元	
	发动机控制单元在计算必要的节气门位置时允许附加的发动机扭矩需求因素 这些因素包括：①速度限制装置；②巡航控制；③牵引力控制系统；④发动机制动控制 当需要一定的发动机扭矩时，即使加速踏板的位置没有被改变，仍然可以调节节气门	

五、节气门位置传感器电路

（一）节气门位置传感器电路检查

ECM 比较 TPS1 号传感器与 TPS2 号传感器的输入信号，两个输入的信号在任何时候相加都接近 5V 左右，如果 ECM 监测到 TPS1 与 TPS2 信号相加与理论值相差较大时，则会报出该故障代码 P2135，电子节气门位置传感器 1#、2# 线路相关性故障。电子节气门电路见图 2-203。不报故障码有 P0122、P0123、P0222、P0223。只显示 P2135 码时，参考以下步骤诊断。

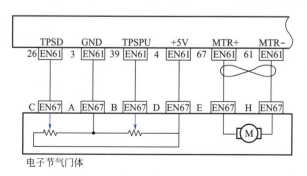

图 2-203 电子节气门电路

第一步　检查系统是否有其他与 TPS 系统相关的故障代码。

❶ 连接故障诊断仪至车辆诊断接口。
❷ 转动点火开关至"ON"位置。
❸ 按下故障诊断仪的电源键。
❹ 选择以下菜单项：发动机/读故障码。
❺ 读取故障诊断代码。

第二步　检查 TPS1 号传感器和 TPS2 号传感器输出的电压信号。

TPS1 号和 TPS2 号传感器输出信号是否符合规定值？如果不符合规定值请更换电子节气门体总成；如果符合规定值请执行下一步。

第三步　检查 ECM 的电源电路及接地电路。ECM 的电源及接地电路是否正常？如果不正常请处理故障电源及接地电路；如果正常请执行下一步。

第四步　更换 ECM。

第五步　进行曲轴位置传感器学习。

第六步　利用故障诊断仪确认故障代码是否再次存储。

❶ 连接故障诊断仪至诊断测试接口。
❷ 转动点火开关至"ON"位置。
❸ 清除故障代码。
❹ 启动发动机并怠速暖机运行至少 5min。
❺ 路试车辆至少 10min。
❻ 再次对控制系统进行故障代码读取，确认系统无故障代码输出；如果有故障码输出则属间歇性故障。

故障排除。

（二）节气门位置传感器故障诊断

电子节气门（ETC）可通过驾驶员的控制，使适当的空气量流入进气歧管以供油气与空气混合后的燃烧行程顺利进行。电子节气门（ETC）的开度大小，由 PCM 根据油门踏板位置传感器（APP）输入信号，以及其他各种传感器输入信号，计算同时间所需要的发动机输出功率并控制燃料喷射量，根据反馈信号修正控制参数，确保发动机控制在最佳状态。

1. 故障码 P0068 分析

（1）故障描述　电子节气门，空气流量：作动问题。

（2）故障原因　可能故障原因：进气歧管泄漏破裂；进气歧管连接管路破裂；电子节气门与发动机装置不良；冷却后进气软管（上）破裂或安装不良；进气压力传感器故障；进气温度传感器故障。

（3）故障识别条件　当发动机启动后能运转，由电子节气门（ETC）开度所换算的空气流量值与发动机转速与压力（密度）所换算的空气流量值差异超过 15g/s，表示进气歧管进气泄漏或节气门通道堵塞，甚至节气门阀移位。

2. 故障码 P0122 分析

（1）故障描述　电子节气门：节气门位置传感器1（TPS1），数值过低。信号，对地短路。

（2）故障原因　TPS1 电路接头线束产生断路；TPS1 接头线束产生短路到接地或短路到电源；TPS1 电路接头线束接触不良；ETC 故障。

（3）故障识别条件　与传统的机械式节气门不同，电子节气门抛开了线控方式，而使用油门踏板位置传感器将阀的开度转换为电压值后输入到ECM，ECM再通过驱动电动机控制阀开启角度，以达到驾驶员对车辆的精确操控要求。电子节气门（ETC）有2个位置传感器（TPS1与TPS2），这些传感器是一种电位计，可将电子节气门位置转换成输出电压，并发送电压信号给ECM。此外，也会检测节气门的开启与关闭速度并将电压信号提供给ECM。若使用车载诊断仪测量监控实时数据，ECM经过内部运算后则会以百分比（%）方式出现。

当点火电压（蓄电池电压）正常，将点火开关置于ON位置，PCM检测到TPS1信号电压小于0.225V（4.5%），P0122故障码就会被设定。

3. 故障码 P0123 分析

（1）故障描述　电子节气门：节气门位置传感器1（TPS1），数值过高。电气，对正极短路。

维修图解

诊断系统监控发动机控制单元和节气门传感器1之间的电气连接。如果节气门传感器1的电压＞4.80V，则识别到该故障。电子节气门系统（电气连接）见图2-204。

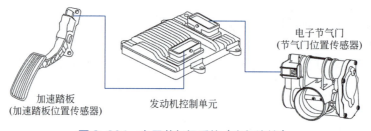

图2-204　电子节气门系统（电气连接）

（2）故障原因　TPS1电路接头线束产生断路；TPS1接头线束产生短路到接地或短路到电源；TPS1电路接头线束接触不良；发动机控制单元和节气门之间的电线束损坏；ETC故障。

（3）故障识别条件　当点火电压（蓄电池电压）正常，将点火开关置于ON位置，PCM检测到TPS1信号电压大于4.8V（96%），P0123故障码就会被设定。

4. 故障码 P0222 分析

（1）故障描述　电子节气门：节气门位置传感器2（TPS2），数值过低。电气，对地短路。

（2）故障原因　可能故障原因：TPS2电路接头线束产生断路；TPS2接头线束产生短路到接地或短路到电源；TPS2电路接头线束接触不良；ETC故障。

（3）故障识别条件　将点火开关置于ON位置，ECM检测到TPS2信号电压小于0.2V（4.99%），则会生成故障码P0222。

5. 故障码 P0223 分析

（1）故障描述　电子节气门：节气门位置传感器2（TPS2），数值过高。电气，对正极短路。

（2）故障原因　可能故障原因：TPS2电路接头线束产生断路；TPS2接头线束产生短路到接地或短路到电源；TPS2电路接头线束接触不良；ETC故障。

（3）故障识别条件　当点火电压（蓄电池电压）正常，将点火开关置于 ON 位置，PCM 检测到 TPS2 信号电压大 4.77V，P0223 故障码就会被设定。

六、加速踏板位置传感器电路

加速踏板位置传感器也称油门踏板位置传感器。

（一）节气门位置传感器电路检查

1. 故障码 P2138 的检查

第一步　检查系统是否有其他与 APP 相关的故障代码。

❶ 连接故障诊断仪至车辆诊断接口。
❷ 转动点火开关至"ON"位置。
❸ 按下故障诊断仪的电源键。
❹ 选择以下菜单项：发动机/读故障码。
❺ 读取故障诊断代码。
结果见表 2-37。

表 2-37　故障码显示

显示的 DTC	至步骤
只有 P2138	第二步
有 P2122、P2123、P2127、P2128	进行相关故障码检修

第二步　检查 TPS1 号传感器和 TPS2 号传感器输出的电压信号。

APP1 号和 APP2 号传感器输出信号是否符合规定值？如果不符合规定值，请更换油门踏板总成；如果符合规定值请执行下一步。

第三步　检查 ECM 的电源电路及接地电路。

ECM 的电源及接地电路是否正常？如果不正常请处理故障电源及接地电路；如果正常请执行下一步。

第四步　更换 ECM。
第五步　进行曲轴位置传感器学习。
第六步　利用故障诊断仪确认故障代码是否再次存储。

❶ 连接故障诊断仪至诊断测试接口。
❷ 转动点火开关至"ON"位置。
❸ 清除故障代码。
❹ 启动发动机并怠速暖机运行至少 5min。
❺ 路试车辆至少 10min。
❻ 再次对控制系统进行故障代码读取，确认系统无故障代码输出。如果有故障代码输出则属间歇性故障。

第七步　故障排除。

2. 故障码 P2122 和 P2123 的检查

故障码信息见表 2-38。

表 2-38 故障码信息

故障码	DTC 检测策略	DTC 设置条件（控制策略）	故障部位
P2122	硬件电路故障	①APP1 信号端接地或断开 ②输入信号大于 97.5%	①油门踏板位置传感器 ②油门踏板位置传感器电路 ③发动机控制单元
P2123	硬件电路故障	①APP1 信号端接地或断开 ②输入信号小于 3.5%	

维修图解

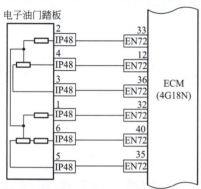

图 2-205 油门踏板位置传感器电路

故障码 P2122 表示电子油门踏板位置传感器 1# 线路低电压；故障码 P2123 表示电子油门踏板位置传感器 1# 线路高电压。为了保障系统的安全性，油门踏板位置传感器（APP）采用了双传感器设置，为滑动电阻式，APP1 号传感器输出端为 IP48 的 4 号端子，通过 ECM 线束连接器 EN72 的 12 号端子输入给 ECM。油门踏板位置传感器见图 2-205。

第一步 检查 APP 线束连接器 IP48 的 2 号端子电压。
❶ 转动点火开关至"OFF"位置。
❷ 断开 APP 线束连接器 IP48。
❸ 转动点火开关至"ON"位置。
❹ 测量 IP48 的 2 号端子与可靠接地间的电压值（标准电压值为 4.8～5.2V）。

是否符合标准值？如果电压值高于标准值，线路对电源短路；如果电压低于标准值，转至第五步；如果符合标准值请执行下一步。

第二步 检查 APP 线束连接器 IP48 的 3 号对地电阻。
❶ 转动点火开关至"OFF"位置。
❷ 断开 APP 线束连接器 IP48。
❸ 转动点火开关至"ON"位置。
❹ 测量 IP48 的 3 号端子与可靠接地间的电阻值（标准电阻值小于 3Ω）。

电阻值是否符合标准值？如果不符合标准值请转至第五步；如果符合标准值请执行下一步。

第三步 检查 APP 线束连接器 IP48 的 4 号端子。
❶ 转动点火开关至"OFF"位置。
❷ 断开 APP 线束连接器 IP48。
❸ 断开 ECM 线束连接器 EN60。
❹ 测量 IP48 的 4 号端子与可靠接地间的电阻值。
❺ 测量 IP48 的 4 号端子与可靠接地间的电压值。
❻ 测量 IP48 的 4 号端子与 EN60 的 12 号端子导通性。
结果见表 2-39。

表 2-39 测量参数（一）

测量项目	标准值
IP48（4）- 可靠接地电阻值	10kΩ 或更大

续表

测量项目	标准值
IP48（4）- 可靠接地电压值	0
IP48（4）-EN60（12）导通性	小于1Ω

是否符合标准值？如果不符合标准值则属线路故障，请处理故障部位；如果符合标准值请执行下一步。

第四步　检查 APP 线束连接器 IP48 的 4 号端子输出电压。

❶ 检查 APP 的 4 号端子输出电压。

输出电压是否符合标准值？如果不符合标准值请更换 APP；如果符合标准值请转至第七步。

第五步　检查 APP 线束连接器 IP48 的 2 号、3 号端子。

❶ 转动点火开关至"OFF"位置。
❷ 断开 APP 传感器线束连接器 IP48。
❸ 断开 ECM 线束连接器 EN60。
❹ 转动点火开关至"ON"位置。
❺ 测量 IP48 的 2 号端子与可靠接地间的电阻值。
❻ 测量 IP48 的 2 号端子与 EN60 的 36 号端子导通性。
❼ 测量 IP48 的 3 号端子与可靠接地间的电压值。
❽ 测量 IP48 的 3 号端子与 EN60 的 37 号端子导通性。

结果见表 2-40。

表 2-40　测量参数（二）

测量项目	标准值	测量项目	标准值
IP48（2）- 可靠接地电阻值	10kΩ 或更大	IP48（3）- 可靠接地电压值	0
IP48（2）-EN60（36）导通性	小于1Ω	IP48（3）-EN60（37）导通性	小于1Ω

是否符合标准值？如果不符合标准值则属线路故障，处理故障部位；如果符合标准值请执行下一步。

第六步　检查 ECM 的电源电路及接地电路。

ECM 的电源及接地电路是否正常？如果不正常请处理故障电源及接地电路；如果正常请执行下一步。

第七步　更换 ECM。

第八步　进行曲轴位置传感器学习。

第九步　利用故障诊断仪确认故障代码是否再次存储。

❶ 连接故障诊断仪至诊断测试接口。
❷ 转动点火开关至"ON"位置。
❸ 清除故障代码。
❹ 启动发动机并怠速暖机运行至少 5min。
❺ 路试车辆至少 10min。
❻ 再次对控制系统进行故障代码读取，确认系统无故障代码输出。如果有故障代码输出

则属间歇性故障。

第十步　故障排除。

3. 故障码 P2127 和 P2128 的检查

故障码信息见表2-41。

表2-41　故障码信息

故障码	DTC检测策略	DTC设置条件（控制策略）	故障部位
P2127	硬件电路故障	①APP2信号端接地或断开 ②输入信号小于2.5%	①油门踏板位置传感器 ②油门踏板位置传感器电路 ③发动机控制单元
P2128	硬件电路故障	电压高于最高标准值，或对电源短路	①油门踏板位置传感器 ②油门踏板位置传感器电路 ③发动机控制单元

故障码 P2127 表示电子油门踏板位置传感器 $2^\#$ 线路低电压；故障码 P2128 表示电子油门踏板位置传感器 $2^\#$ 线路高电压。为了保障系统的安全性，油门踏板位置传感器（APP）采用了双传感器设置，为滑动电阻式，APP2 号传感器输出端为 IP48 的 6 号端子，通过 ECM 线束连接器 EN72 的 40 号端子输入给 ECM。

第一步　检查 APP 线束连接器 IP48 的 1 号端子电压。

❶ 转动点火开关至"OFF"位置。

❷ 断开 APP 线束连接器 IP48。

❸ 转动点火开关至"ON"位置。

❹ 测量 IP48 的 1 号端子与可靠接地间的电压值（标准电压值为 4.8～5.2V）。

是否符合标准值？如果电压值高于标准值，线路对电源短路；如果电压低于标准值，转至第五步；如果符合标准值请执行下一步。

第二步　检查 APP 线束连接器 IP48 的 5 号对地电阻。

❶ 转动点火开关至"OFF"位置。

❷ 断开 APP 线束连接器 IP48。

❸ 转动点火开关至"ON"位置。

❹ 测量 IP48 的 5 号端子与可靠接地间的电阻值（标准电阻值小于 3Ω）。

电阻值是否符合标准值？如果不符合标准值请转至第五步；如果符合标准值请执行下一步。

第三步　检查 APP 线束连接器 IP48 的 6 号端子。

❶ 转动点火开关至"OFF"位置。

❷ 断开 APP 线束连接器 IP48。

❸ 断开 ECM 线束连接器 EN60。

❹ 测量 IP48 的 6 号端子与可靠接地间的电阻值。

❺ 测量 IP48 的 6 号端子与可靠接地间的电压值。

❻ 测量 IP48 的 6 号端子与 EN60 的 27 号端子导通性。

结果见表2-42。

是否符合标准值？如果不符合标准值则属线路故障，请处理故障部位；如果符合标准值请执行下一步。

第四步　检查 APP 线束连接器 IP48 的 6 号端子输出电压。

表 2-42　测量参数（一）

测量项目	标准值
IP48（6）- 可靠接地电阻值	10kΩ 或更大
IP48（6）- 可靠接地电压值	0
IP48（6）-EN60（27）导通性	小于 1Ω

输出电压是否符合标准值？如果不符合标准值请更换 APP；如果符合标准值请转至第七步。

第五步　检查 APP 线束连接器 IP48 的 1 号、5 号端子。
❶ 转动点火开关至"OFF"位置。
❷ 断开 APP 线束连接器 IP48。
❸ 断开 ECM 线束连接器 EN60。
❹ 转动点火开关至"ON"位置。
❺ 测量 IP48 的 1 号端子与可靠接地间的电阻值。
❻ 测量 IP48 的 1 号端子与 EN60 的 38 号端子导通性。
❼ 测量 IP48 的 5 号端子与可靠接地间的电压值。
❽ 测量 IP48 的 5 号端子与 EN60 的 39 号端子导通性。
结果见表 2-43。

表 2-43　测量参数（二）

测量项目	标准值	测量项目	标准值
IP48（1）- 可靠接地电阻值	10kΩ 或更高	IP48（5）- 可靠接地电压值	0
IP48（1）-EN60（38）导通性	小于 1Ω	IP48（5）-EN60（39）导通性	小于 1Ω

是否符合标准值？如果不符合标准值则属线路故障，请处理故障部位；如果符合标准值请执行下一步。

第六步　检查 ECM 的电源电路及接地电路。

ECM 的电源及接地电路是否正常？如果不正常请处理故障电源及接地电路；如果正常请执行下一步。

第七步　更换 ECM。
第八步　进行曲轴位置传感器学习。
第九步　利用故障诊断仪确认故障代码是否再次存储。
❶ 连接故障诊断仪至诊断测试接口。
❷ 转动点火开关至"ON"位置。
❸ 清除故障代码。
❹ 启动发动机并怠速暖机运行至少 5min。
❺ 路试车辆至少 10min。
❻ 再次对控制系统进行故障代码读取，确认系统无故障代码输出。如果有故障代码输出则属间歇性故障。

第十步　故障排除。

（二）加速踏板位置传感器故障诊断

油门踏板位置传感器为霍尔传感组件，可将驾驶员的加速意图转变为电压信号传送至PCM。原先位于加速踏板及节气门之间的机械机构在使用了油门踏板位置传感器后也都可省略。省略加速踏板及节气门之间的机械机构可降低机械结构故障率。

1. 故障码 P0606 分析

（1）故障描述　加速/减速信号，输入关联性问题。

（2）故障原因

❶ 油门踏板（APP）1 或油门踏板（APP）2 信号电路接头线束产生断路。

❷ 油门踏板（APP）1 或油门踏板（APP）2 信号电路接头线束产生短路到接地。

❸ 油门踏板（APP）1 或油门踏板（APP）2 信号电路接头线束产生短路到电源。

❹ 油门踏板故障。

❺ 发动机控制单元故障。

加速踏板位置传感器连接见表 2-44。

（3）故障识别条件　当在加速/减速过程中油门踏板位置传感器输入PCM的读数与加速/减速的结果不吻合时，显示故障码。

表 2-44　加速踏板位置传感器连接

插/接	端子号	说明	图示
线束端脚位定义	1 号端子	油门踏板位置传感器 2 接地	
	2 号端子	油门踏板位置传感器 1 接地	
	3 号端子	油门踏板位置传感器 1 信号	
	4 号端子	油门踏板位置传感器 1 电源	
	5 号端子	油门踏板位置传感器 2 电源	
	6 号端子	油门踏板位置传感器 2 信号	
零件端脚位定义	1 号端子	油门踏板位置传感器 2 信号	
	2 号端子	油门踏板位置传感器 2 电源	
	3 号端子	油门踏板位置传感器 1 电源	
	4 号端子	油门踏板位置传感器 1 信号	
	5 号端子	油门踏板位置传感器 1 接地	
	6 号端子	油门踏板位置传感器 2 接地	

2. 故障码 P0607 分析

（1）故障描述　换挡过程控制，补偿不可信。

❶ 如果倾斜度的值小于受实际扭矩增加（正的发动机干预）影响的监控阈值，则会由于倾斜度监控而出现故障。

❷ 无换挡顺序软件相应请求的正的发动机干预：如果从变速箱未输出正的发动机干预，则检查读回的发动机扭矩期望值是否大于发动机扭矩加上一个阈值。

（2）故障原因　发动机控制单元内部故障。可能的故障原因是机械电子控制系统损坏。

（3）故障识别条件　当下列条件择一发生时，则此故障码会被设定：主要与备用油门踏板位置有差异；主要与备用ETC的动力控制模式不相符合；主要与备用ETC驱动命令模式不相符合。

3. 故障码P0641、P0651分析

（1）故障描述　故障码P0641，电子节气门，参考电压A，超过范围；故障码P0651，电子节气门，参考电压B，超过范围。

维修图解

PCM内部供应的两个参考电压（供应传感器）提供给外部模拟传感器。这些电源（V5REF1、SSV5REF2）有电流的限制须避免发生短路情况。对接地端测量误差值少于0.5V。每一脚位最大连续电流容量为5A。电源供电（节气门）见图2-206。

（2）故障原因　可能故障原因：接头线束短路到电源或接地；发动机控制单元故障。

（3）故障识别条件　当点火电压正常（蓄电池电压），将点火开关置于"ON"位置，各传感器参考电压约为5V，PCM检测到TPS工作电压大于5.5V（约110%），或是工作电压小于4.49V（约89%）时，会影响传感器的信号电压输出值，此故障码就会被设定。

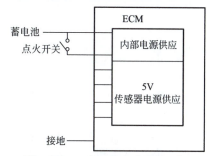

图2-206　电源供电（节气门）

七、节气门的更换

电子节气门中，节气门位置传感器置于节气门控制单元中，不能单独更换。

1. 拆卸节气门

① 从节气门体上拆卸进气软管。
② 断开节气门控制阀线束连接器，见图2-207。
③ 拆卸节气门体上连接的冷却管（如有）。
④ 拆卸节气门体固定螺栓，见图2-208。

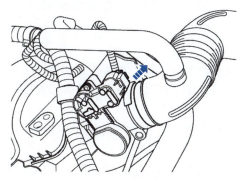

图2-207　断开节气门控制阀线束连接器

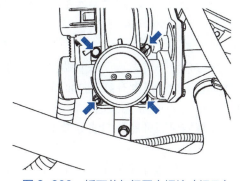

图2-208　拆下节气门固定螺栓（螺母）

⑤取下节气门体总成。
⑥清洁发动机节气门体与进气总管接合面并更换新的密封垫。

2. 安装节气门

按照与拆卸相反顺序安装节气门。

❶安装节气门体固定螺栓或固定螺母并紧固。
❷连接节气门控制阀线束连接器。
❸安装进气软管。

第十八节 爆震传感器

一、爆震传感器作用

爆震传感器固定在发动机缸体上,见图2-209。爆震传感器监控所有气缸。爆震传感器见图2-210。

爆震传感器用于记录固体声振动(敲击)。敲击式燃烧可损坏发动机。爆震传感器的数据令发动机控制系统可以采取应对措施。在汽油发动机中,可在特定条件下变成响铃式燃烧过程。该响铃式燃烧过程将降低最早可能出现的点火时刻,并由此限制发动机的功率和效率。

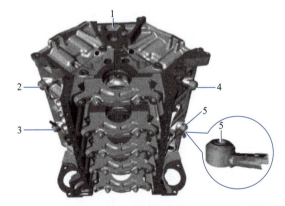

图2-209 安装在多缸发动机上的爆震传感器
1—气缸体;2—气缸1和2爆震传感器;3—气缸3和4爆震传感器;
4—气缸5和6爆震传感器;5—气缸7和8爆震传感器

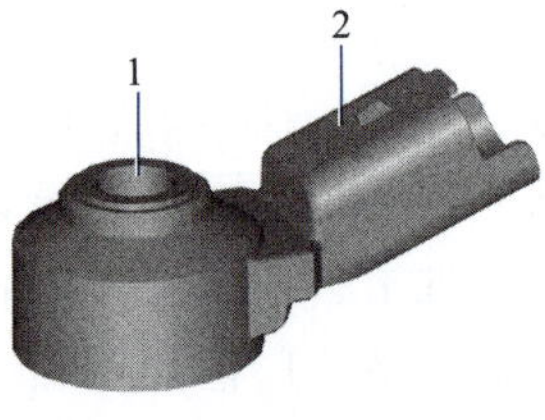

图2-210 爆震传感器
1—爆震传感器;2—插头

爆震是由于尚未被火焰前端接触到的混合气自燃所产生的结果。正常燃烧和通过活塞的压缩引起压力和温度升高,从而导致尚未燃烧的混合气自燃。这时,所出现的火焰速度将超过2000m/s,而正常燃烧时,该速度仅为约30m/s。

爆震的原因可能是燃油等级不良、气缸进气温度和发动机温度过高或者压缩比过高(例如沉积)。

在较长时间持续爆震时,压力波和热负荷可能在气缸盖密封件上、活塞上和气门区域内引起机械损坏。爆震燃烧的特征性震动可通过爆震传感器被接收,转换为电信号,并被输送到发动机控制系统。在发动机控制系统中，将对这些信号进行处理，以使它们与相应的气缸进行对应。

二、爆震传感器结构类型

按爆震传感器结构不同可分为 3 种，有压电式爆震传感器、磁致伸缩式爆震传感器和火花塞金属垫型爆震传感器。

按对发动机缸体振动频率的检测方式不同可分为 2 类。

（1）共振型　共振型又分为磁致伸缩式和压电式 2 种。

共振型传感器在发动机爆燃时输出的电压比较高，因此无须使用滤波器即可判别有无爆燃产生。

（2）非共振型　非共振型是压电式的。

非共振型的爆震传感器需经滤波器检出爆震的信号。

汽车一般采用共振型压电式爆震传感器，它利用发动机产生爆震时其振动频率和传感器本身的固有频率一致而产生共振的现象，来检测爆震是否产生，其输出信号为电压，电压值的大小表示爆震的强度。爆震传感器类型见图 2-211。

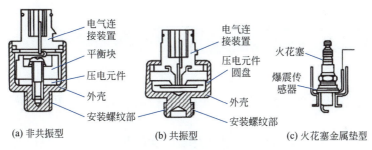

图 2-211　爆震传感器类型

三、爆震传感器工作原理

爆震控制实质就是对点火提前角的反馈控制。爆震传感器向 ECU 输入爆震信号时，电控点火系统采用闭环控制模式，并以固定的角度使点火提前角减小，如果仍有爆震存在，则再以固定的角度减小点火提前角，直到爆震消失为止。爆震消失后的一定时间内，电控点火系统使发动机维持在当前的点火提前角下工作，此时间内如果无爆震发生，则以一个固定的角度逐渐增大点火提前角，直到爆震再次发生，然后又重复上述过程。

发动机负荷较小时，发生爆震的倾向几乎为零，所以电控点火系统在此负荷范围内采用开环控制模式。而当发动机的负荷超过一定值时，电控点火系统自动转入闭环控制模式。发动机工作时，ECU 根据节气门位置传感器信号判断发动机的负荷大小，从而决定点火系统采用开环控制还是闭环控制。

四、爆震传感器检测

下述爆震传感器检测只做参考，不作为实际维修的确切依据。

（1）就车检查爆震传感器　在进行爆震传感器的检查时，可轻轻敲击该爆震传感器附件的缸体。当轻轻敲击时，发动机的转速应随之下降，这时还需打开节气门并稳定发动机，以提高发动机的转速，因此点火正时提前并将随之延迟。如果在爆震传感器附近轻轻敲击，对发动机的点火正时和转速无影响，则应用万用表进行检查。

（2）检查爆震传感器电源电压　检查时，关闭点火开关，等待10s之后，拆下爆震传感器的插头，然后打开点火开关（发动机不启动），测量线束上信号输出端子和信号回路端子之间的直流电压，应为1～4V；否则，说明线路有故障。

（3）检查爆震传感器波形　爆震传感器是否正常，可用示波器检测发动机工作时爆震传感器输出电压的波形。如果没有波形输出或输出波形不随发动机工作状况的变化而变化，则说明爆震传感器有故障。

（4）检查爆震传感器功能

❶ 发动机运转，连接好爆震传感器导线，缓慢地提高发动机转速至2000r/min，同时用万用表电压挡测量。如果电压随之升高，说明爆震传感器有故障。

❷ 发动机运转，连接好爆震传感器导线，用锤子轻轻敲击排气歧管，同时用万用表电压挡测量。如果电压指示值发生波动，则说明爆震传感器有故障，应更换新的传感器。

（5）检查爆震传感器电阻　在爆震传感器与搭铁线之间用欧姆表测量，传感器应有3300～4500Ω的电阻。如果不符，需更换传感器。

五、爆震传感器的诊断

1. 故障说明

爆震传感器故障，会产生故障码P0324（爆震控制系统故障）和故障码P0325（爆震传感器故障）。

爆震传感器检测发动机爆震，并在出现爆震时延迟点火正时。一旦出现爆震，传感器内部的质量块随气缸振动压缩压电晶体元件，进而产生电压信号，该信号送给ECU，ECU随即延迟正时。

爆震传感器提供爆震信息，用于修正点火正时，实现爆震闭环控制。

当爆震将要发生前无法提供爆震信息，电脑接收不到信号，"峰值"不能减少点火提前角，而发生爆震。故障码信息见表2-45。

表2-45　故障码信息

故障码	DTC 检测策略	DTC 设置条件（控制策略）	故障部位
P0324	爆震控制系统故障	①不低于1600r/min ②一定负荷状态 ③传感器信号线任意一端接地	①传感器电路 ②传感器 ③发动机控制单元
P0325	爆震传感器故障	①不低于1600r/min ②一定负荷状态 ③传感器信号线断开	

2. 爆震传感器电路

爆震传感器（KS）对ECM的反馈信号可以使ECM对点火正时的控制达到最理想的状态，

点火系统达到最佳性能，同时也为了防止发动机受到潜在的爆震损坏。KS 位置在进气歧管下面的缸体上。KS 产生的交流信号电压随发动机运行时的振动程度而变化。

维修图解

发动机控制模块根据 KS 信号的振幅和频率调节火花正时。ECM 通过 ECM 线束连接器 EN72 的 19、20 号端子接收来自 KS 线束连接器 EN08 的 1、2 号端子信号，见图 2-212。

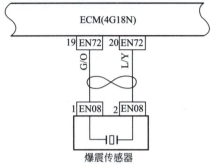

图 2-212　爆震传感器电路

爆震传感器产生故障按照下列步骤进行诊断检查。

第一步

❶ 检查 KS 是否存在物理损坏。
❷ 检查 KS 安装是否正确，力矩过紧过松都会导致设置故障诊断码。
❸ KS 安装面上是否有毛刺、铸造飞边和异物。
❹ 爆震传感器必须远离软管、托架和发动机线路。

以上部件是否正常？如果不正常请处理故障部位，转至第八步；如果正常请执行下一步。

第二步　读取故障诊断仪上的发动机数据（发动机转速）。

❶ 连接故障诊断仪至诊断接口。
❷ 转动点火开关至"ON"位置。
❸ 选择"发动机"/"读数据流"/"爆震传感信号 1"。
❹ 启动发动机使发动机至正常工作温度。
❺ 路试车辆读取故障诊断仪所显示的发动机转速数据。

数据是否正常（标准值：正常数据）？如果不正常转至下一步。

第三步　检查传感器。

❶ 转动点火开关至"OFF"位置。
❷ 断开爆震传感器线束连接器 EN48。
❸ 测量爆震传感器电阻值（标准电阻值：20℃时 49kΩ）。
❹ 连接爆震传感器线束连接器 EN48。

电阻值正常吗？如果电阻值不正常请更换爆震传感器，转至第八步；如果电阻值正常请执行下一步。

第四步　检查传感器 1 号端子线路。

❶ 转动点火开关至"OFF"位置。
❷ 断开爆震传感器线束连接器 EN48。
❸ 断开 ECM 线束连接器 EN44。
❹ 测量爆震传感器线束连接器 EN48 的 1 号端子与 ECM 线束连接器 EN44 的 30 号端子之间的电阻值，检查线路是否存在断路情况。
❺ 测量爆震传感器线束连接器 EN48 的 1 号端子与可靠接地之间的电阻值，检查线路是否存在对地短路情况。
❻ 测量爆震传感器线束连接器 EN48 的 1 号端子与可靠接地之间的电压值，检查线路是

否存在对电源短路情况。

结果见表 2-46。

表 2-46 测量参数

测量项目	标准值
EN48（1）-EN44（30）电阻值	小于 1Ω
EN48（1）- 可靠接地电阻值	10kΩ 或更高
EN48（1）- 可靠接地电压值	0

都符合规定值吗？如果不符合规定值请处理故障部位，转至第八步；如果符合规定值请执行下一步。

第五步　检查传感器 2 号端子线路。

❶ 转动点火开关至"OFF"位置。

❷ 断开爆震传感器线束连接器 EN48。

❸ 断开 ECM 线束连接器 EN44。

❹ 测量爆震传感器线束连接器 EN48 的 2 号端子与 ECM 线束连接器 EN44 的 31 号端子之间的电阻值，检查线路是否存在断路情况。

❺ 测量爆震传感器线束连接器 EN48 的 2 号端子与可靠接地之间的电阻值，检查线路是否存在对地短路情况。

❻ 测量爆震传感器线束连接器 EN48 的 2 号端子与可靠接地之间的电压值，检查线路是否存在对电源短路情况。

结果见表 2-47。

表 2-47 检测参数

测量项目	标准值
EN48（2）-EN44（31）电阻值	小于 1Ω
EN48（2）- 可靠接地电阻值	10kΩ 或更高
EN48（2）- 可靠接地电压值	0

都符合规定值吗？如果不符合规定值请处理故障部位，转至第八步；如果符合规定值请执行下一步。

第六步　检查 ECM 电源电路。

❶ 检查 ECM 电源电路是否正常。

❷ 检查 ECM 接地电路是否正常。

如果不正常请处理故障部位；如果正常请执行下一步。

第七步　更换 ECM。

第八步　利用故障诊断仪确认故障代码是否再次存储。

❶ 连接故障诊断仪至诊断测试接口。

❷ 转动点火开关至"ON"位置。

❸ 清除故障代码。

❹ 启动发动机并怠速暖机运行至少 5min。
❺ 路试车辆至少 10min。
❻ 再次对控制系统进行故障代码读取，确认系统无故障代码输出。如果无故障码输出则属于间歇性故障。

第九步　故障排除。

六、爆震传感器拆装

1. 拆卸事项
❶ 从爆震传感器上断开连接器的连接。
❷ 注意每个爆震传感器线束的路径。
❸ 拆卸把每个爆震传感器固定到缸体上的螺栓并取下传感器。

2. 安装事项
安装爆震传感器（图 2-213、图 2-214）时，一定要按照规定力矩标准拧紧螺栓。否则，发动机电控单元有可能采集不到爆震传感器信号而导致发动机加油迟缓等故障。
❶ 清洁爆震传感器、缸体的结合面。
❷ 装上爆震传感器，确保线束是正确布置的，装上并拧紧螺栓至规定力矩。
❸ 连接爆震传感器连接器。

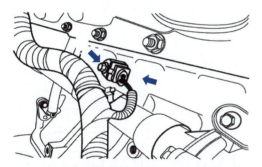 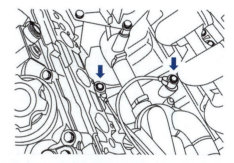

图 2-213　安装爆震传感器（直列 4 缸发动机）　　图 2-214　安装爆震传感器（V 形 6 缸发动机）

维修提示

在发动机工作过程中，如果爆震传感器信号中断，电控单元就会将各缸的点火提前角推迟，汽车在行驶过程中，发动机动力不足。为了避免爆震传感器误传输爆震信号，必须保证爆震传感器固定螺栓的拧紧力矩准确无误。

第三章

自动变速器系统应用的传感器

自动变速器电控系统由各类传感器、执行器和变速器控制单元三大部分及控制电路组成,见图 3-1。

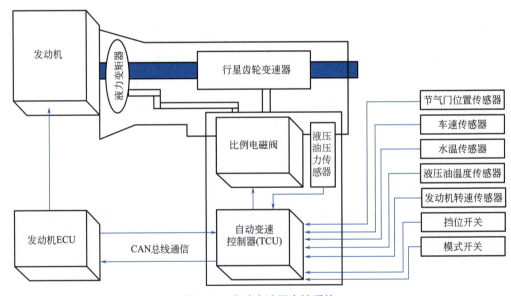

图 3-1 自动变速器电控系统

自动变速器控制单元采集与行驶工况有关的各种传感器信号,根据传感器信号按照预先设定的换挡程序来控制相关的执行元件,以使自动变速器能够在各种行驶条件下理想地升、降挡。通常执行元件主要是指位于阀体上的电磁阀。

在电控系统中,自动变速器控制单元接受各种传感器信号,经过运算,主要是控制阀体上电磁阀线圈的通断,改变机械换挡滑阀端面的控制油压,使机械换挡滑阀移动,自动切换油路,最终把液压油输送给换挡执行元件并约束齿轮变速机构,实现挡位的变换。

自动变速器系统应用的传感器主要有以下几种。

一、节气门位置传感器

发动机控制单元主要利用节气门开度信息,与车速传感器一起完成换挡正时控制,实现模糊逻辑控制(踩加速踏板的加速度信息)、油压调节控制(上下坡)、变矩器锁止离合器控制以及换挡品质控制(换挡时发动机延迟点火提前角并且变速器本身油压在换挡点时会降低)等。该信息从发动机控制单元到自动变速器控制单元中断后有替代信息,当车速传感器出现故障时发动机控制单元不进入应急状态,此时控制单元以中等负荷信号(50%)来进行工作,但停止模糊逻辑控制,锁止离合器也将停止工作(变速器此时无刚性挡)。某些最新车型该信号中断时变速器会进入故障运行状态。因此,节气门位置传感器信息非常重要,错误的信息会影响换挡时间、变速器工作压力(高压力或低压力)、换挡质量等。

二、车速传感器

1. 车速传感器(VSS)的作用和类型

车速传感器一般安装在变速器输出轴附近的壳体上或速度表内,主要有舌簧开关式、电磁感应式、光电式、霍尔式、可变磁阻式、多普勒雷达式等几种。常用的有舌簧开关式、可变磁阻式、电磁感应式、光电式和霍尔式。

(1)自动变速器车辆 自动变速器车辆中,车速传感器也叫变速器输出轴转速传感器,用于检测汽车的车速信号,并将该信号输入 ECU,实现 ECU 对变速器的换挡控制及对发动机的控制。同时,将车速信号提供给车速里程表,用以指示汽车行驶速度,记录汽车行驶里程。

车速信号还用于确定变速器的换挡时刻和变矩器锁止离合器的锁止控制。在巡航控制系统中,车速信号是巡航 ECU 控制设定车速的重要参考依据。

(2)手动变速器车辆 手动变速器车辆中,车速传感器仅将检测到的车速信号提供给车速里程表,用于指示汽车行驶速度,记录汽车行驶里程。

2. 舌簧开关式车速传感器

(1)舌簧开关式车速传感器结构 舌簧开关式车速传感器在现在的行驶的车辆中已经淘汰。在原来是用于汽车的车速报警系统中。

舌簧开关(图 3-2 中的簧片开关)是一个内装 2 个细长触点的小玻璃管,触点由铁、镍等容易被磁铁吸引的强磁性材料制成。舌簧开关式车速传感器置于车速表的转子附近,当车速表驱动轴转动时,带动转子和永久磁铁旋转,使磁铁的 N、S 极靠近或远离舌簧开关的触点。在变化的磁场作用下,舌簧开关的两触点有时互相吸引而闭合,有时相互排斥而断开,从而形成了触点的开关作用。

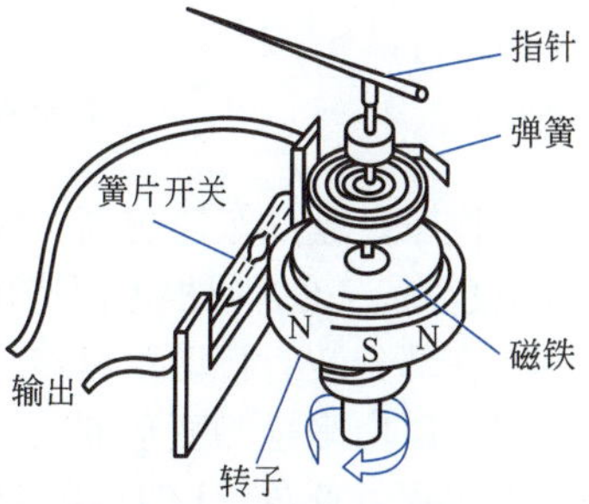

(2)舌簧开关式车速传感器原理 从图 3-3(a)中可以看出,当永久磁铁的 N、S 极从接近舌簧开关到逐渐离开时,舌簧开关的上、下两个触点变为两个不同极性的磁极,从而互相吸引,使舌簧开关闭合。

从图 3-3(b)中可以看出,当永久磁铁的 N 或 S 极接近舌簧开关的触点时,触点变为两个同一极性的磁极,从而互相排斥,使舌簧开关断开。

因为舌簧开关式车速传感器的永久磁铁一般是四极的(2 个 N 极和 2 个 S 极),所以控

图 3-2 舌簧开关式车速传感器的结构

制部分连续工作时,车速表驱动轴每回转 1 圈传感器就会输出 4 个脉冲信号。ECU 根据传感器输入的脉冲信号即可计算出汽车的速度,并在速度指示仪表上显示出来。

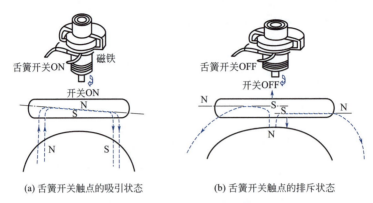

图 3-3　舌簧开关式车速传感器的原理

3. 电磁感应式车速传感器

(1) 电磁感应式车速传感器结构原理　电磁感应式车速传感器也称为变磁阻式(VR)车速传感器,它安装在自动变速器输出轴附近。该传感器用于检测自动变速器输出轴的转速,电控单元(ECU)根据该传感器提供的信号计算车速,并以此作为换挡控制的依据。

电磁感应式车速传感器主要由永久磁铁、线圈组成。

由于电磁感应式车速传感器安装在自动变速器输出轴附近的壳体上,当输出轴转动时,输出轴上的停车锁止齿轮随其一起转动,从而使齿轮上的凸齿不断地靠近或离开车速传感器,使通过传感器线圈内的磁通量不断变化,进而在线圈上产生一个周期变化的感应电压,如图 3-4 所示。

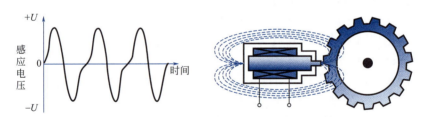

图 3-4　电磁感应式车速传感器结构与感应电压曲线

汽车行驶的车速越高,输出轴的转速就越高,传感器线圈中产生的感应电压的脉冲频率也就越高,ECU 便根据感应电压脉冲的大小计算汽车的行驶速度。

在部分装有自动变速器的汽车上,变速器的输入轴转速传感器也采用电磁感应式转速传感器,以用来检测变速器的输入轴转速,并将检测的信号输入 ECU,使 ECU 更精确地控制换挡过程。此外,ECU 还将该信号和来自发动机控制系统的发动机转速信号进行比较,计算出液力变矩器的传动比,使油路压力控制过程和锁止离合器的控制过程得到进一步的优化,以改善换挡感觉,提高汽车的行驶性能。

(2) 电磁感应式车速传感器的检测　电磁感应式车速传感器的检测方法有电阻检测、电压检测和单件检测 3 种。

❶ 电阻检测　断开车速传感器插接器插头,用万用表测量传感器两接线端子间的电阻。不同自动变速器的车速传感器感应线圈的电阻值不同,一般为几百到几千欧姆,如果偏大或

偏小，都应该根据电路图检查线路。

❷电压检测　将车支起，用手转动悬空的驱动车轮，同时用万用表测量车速传感器的两接线端子间有无脉冲感应电压。若万用表指针有摆动，说明传感器有输出的脉冲电压，传感器工作正常；否则，说明传感器有故障，应进一步检查传感器转子及感应线圈是否脏污。若脏污，应进行清洁后再进行测试。如果传感器仍无脉冲电压产生，说明传感器已经损坏，则应及时更换。

❸单件检测　如图3-5所示，拆下车速传感器，用一根铁棒或一块磁铁迅速靠近或离开传感器，同时用万用表测量传感器两接线端子间有无脉冲电压产生。如果没有感应电压或感应电压很微弱，说明传感器有故障，应进一步检查。再试验确认有故障后，应更换传感器。

而对于变速器输入轴电磁感应式车速传感器，检测方法与电磁感应式车速传感器的检测方法基本相同，在此不再叙述。

4. 光电式车速传感器

（1）光电式车速传感器结构原理　光电式车速传感器用于数字式速度表上，由发光二极管（LED）、光敏晶体管以及装在速度表驱动轴的透光板构成，见图3-6。

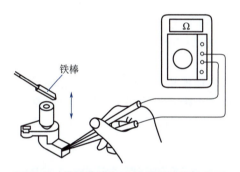

图3-5　单件检测车速传感器的脉冲电压

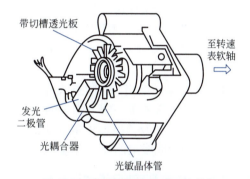

图3-6　光电式车速传感器的结构

由速度表驱动轴驱动的带切槽透光板位于发光二极管和光敏晶体管的中间，随着带切槽透光板的转动，发光二极管发出的光有时能射到光敏晶体管上，有时不能射到光敏晶体管上。当发光二极管发出的光射到光敏晶体管上时，光敏晶体管导通，且光敏晶体管集电极中有电流通过，因此在端子上就有5V脉冲电压信号输出。当发光二极管发出的光不能照射到光敏晶体管上时，则无脉冲电压信号输出，且脉冲频率取决于车速。

（2）光电式车速传感器的检测

❶供电电压检测　因为光电式车速传感器为主动式传感器，只有在提供工作电压的情况下才能正常工作，因此可以使用万用表电压挡，在点火开关打开的情况下，测量光电式车速传感器的供电电源和搭铁端子间的电压，正常应为5V。

❷输出信号检测　打开点火开关，利用背插法，用万用表电压挡测量信号端与搭铁端的电压，在转速很慢的情况下，应能够看到电压在0～5V间波动。

5. 霍尔式车速传感器

（1）霍尔式车速传感器结构原理　霍尔式车速传感器也是利用霍尔效应的原理制成的。即触发叶轮转动时，其翼片在永久磁铁与霍尔元件间转动，从而使通过霍尔元件的磁通量发生变化。由于霍尔元件用导线连接在电路中，其上通有电流，所以在霍尔元件上产生一个霍尔电压，经集成电路放大整形后输出矩形方波信号。

霍尔式车速传感器主要由触发叶轮、带导板的永久磁铁、霍尔元件及集成电路组成，见图3-7。

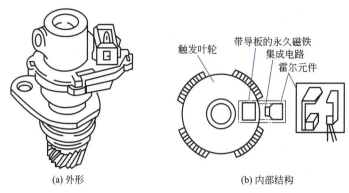

图 3-7　霍尔式车速传感器外形及结构

（2）霍尔式车速传感器的检测

❶ 电源电压检测　关闭点火开关，取下霍尔式车速传感器的插头后，再接通点火开关，检测车速传感器插头端子 1 与 2 的电压，其标准值应为 12V。否则应检查熔断器、点火开关以及它们之间的连接导线。

❷ 输出信号检测　当汽车行驶时，用示波器检测霍尔式车速传感器插座端子 3 和 2 之间应有方波信号输出（注意：测试时，车速传感器的插头不能取下）。否则为车速传感器损坏。

❸ 线束导通性检测　关闭点火开关，拔下霍尔式车速传感器的连接插头，然后拔下发动机控制单元的连接插头，用万用表的电阻挡测量传感器连接插头的端子与发动机控制单元的端子之间的电阻值及传感器连接插头的端子与搭铁之间的导通性，均应小于 1Ω。若相差很大或为 ∞，则说明线束的连接有故障。

维修图解

输出转速传感器 G195（图 3-8）记录驻车锁止轮处的变速器输出转速，它也是根据霍尔原理工作。

图 3-8　输出转速传感器 G195

驻车锁止轮与中间轴的从动轮一体。由于输出行星轮和中间轴之间的传动比，两转速分别按各自的比例。根据变速器的编程传动比，变速器控制模块（TCM）J217 计算出实际变速器输出转速。

对电子控制变速器而言，变速器输出转速是最重要的信号之一。下列功能需要这个参数。

❶ 选择换挡点。

❷ 驾驶工况评估等到动态换挡程序 DSP 功能。

❸ 诊断换挡元件，检查发动机转速和变速器输出转速的可信度。

信号故障的影响：ABS 控制模块 J104 的转速信号替换变速器输出转速。

6. 可变磁阻式车速传感器

（1）可变磁阻式车速传感器结构原理　可变磁阻式车速传感器安装在变速器的壳体上，由变速器齿轮驱动。

可变磁阻式车速传感器主要由磁阻元件、转子、弹簧、印制电路板和磁环等构成，见图 3-9。

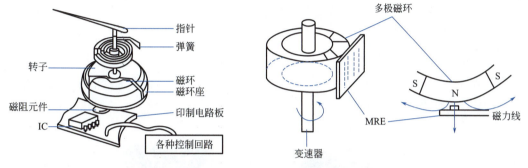

图 3-9　可变磁阻式车速传感器

（2）可变磁阻式车速传感器原理　当变速器齿轮驱动传感器轴旋转时，与轴连在一起的多极磁环也同时旋转，磁环旋转引起通过其旁边的集成电路内的磁阻元件的磁通量发生变化。由于磁环上 N 极与 S 极的交替排列，伴随着磁环的旋转，使通过磁阻元件的磁通量和磁力线的方向都不断变化，从而使磁阻元件（MRE）的阻值发生变化（当流向磁阻元件的电流方向与磁力线方向平行时，其电阻值最大；电流方向与磁力线方向垂直时，其电阻值最小如图 3-10 所示。磁通量的变化与磁环转速成正比。由于磁阻元件阻值的变化，磁环每旋转一周在集成电路（IC）的内置磁阻元件（MRE）中就会出现 20 个脉冲电压信号，即车速信号，将此信号通过电路的连接输入到比较器中进行比较，再由比较器输出信号去控制晶体管的导通和截止，这样就可以检测出车速。车速信号见图 3-11。

（3）可变磁阻式车速传感器的检测　检修时可以用手转动传感器轴，在转动的同时，用万用表电压挡测量传感器输出端子间的输出信号，应有脉冲电压信号输出。否则应更换可变磁阻式车速传感器。传感器端子引线有 3 根：一根为输出信号；一根连接至组合式仪表；另一根接地。

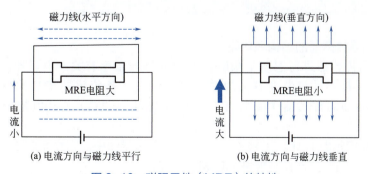

图 3-10　磁阻元件（MRE）的特性

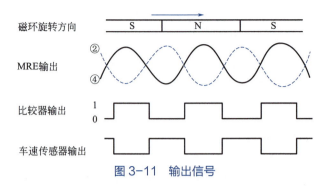

图 3-11　输出信号

三、变速器输入转速传感器

1. 功能原理

变速器输入转速传感器 G182（图 3-12）记录位于多片式离合器 K2 外行星架处的变速器输入转速，根据霍尔原理工作。

图 3-12　输入转速传感器 G182

2. 信号利用

对于下列功能，变速器控制模块（TCM）J217 需要精确的变速器输入转速。
❶换挡的控制、适应和监测。
❷变矩器锁止离合器调节和监测。
❸诊断换挡元件，检查发动机转速和变速器输出转速的可信度。

四、变速器油温传感器

1. 变速器油温传感器的结构和功能

变速器油温传感器进行温度记录时，使用的是与温度有关的电阻器。该电路包括一个分压器，可对其测量与温度有关的电阻值。通过一条传感器特有的特性线转换成温度值。在变速器油温传感器中安装有一个热敏电阻（NTC），其电阻值随温度的上升而下降。

变速器油温传感器 G93 位于阀体内，浸没在变速器油中。它用来测量变速器油温，并把油温测量值传送到变速器控制模块（TCM）J217。

维修图解

变速器油温传感器 G93（图 3-13）由一块安装板固定。它是阀体总成的一个部件，作为一个热敏电阻工作。

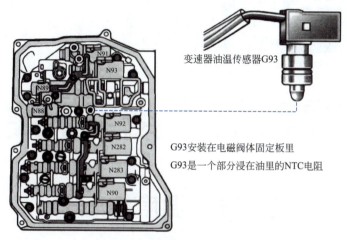

图 3-13　变速器油温传感器 G93

2. 信号利用

下列功能需要变速器油温：适应系统换挡压力和换挡过程中建立压力和释放压力；激活或解除暖机程序和变矩器锁止离合器等的温度依赖功能；在热车模式，变速器油温高时，激活变速器的保护功能。

3. 故障影响

❶ 变矩器锁止离合器没有调节操作，只能打开或闭合；没有适应的换挡压力，这通常会导致难以换挡。

❷ 温度升高时，传感器阻力减小。

❸ 为了防止变速器过热，超出定义的变速器油温范围时，触发相应的对策。

对策 1（约 127℃）：利用动态换挡程序（DSP）功能，换挡特性曲线在更高转速下换挡。变矩器锁止离合器较早闭合，不再进行调整。

对策 2（约 150℃）：发动机转矩减少。

第四章

空调系统应用的传感器

第一节　温度传感器

一、车内温度传感器

1. 车内温度传感器功能

车内温度传感器是一个具有负温度系数的热敏电阻，热敏电阻的阻值会随温度值升高而逐渐减小。车内温度传感器是自动空调的重要信息输入部件，用来检测车内的温度，以控制空调系统的工作。它能影响到出风口空气的温度、出风口风量、模式风门的位置、内外循环风门的位置。

2. 车内温度传感器工作原理

车内温度传感器安装在仪表台内，位置较为封闭。为了准确且及时测得当前车内温度，系统会把车内空气强制流向车内温度传感器。按强制导向车内温度传感器的气流方式不同，可划分为两种，一种是电动机型车内温度传感器（图4-1），一种是吸气型车内温度传感器。

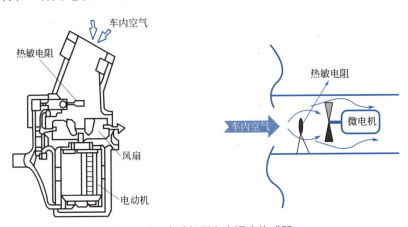

图4-1　电动机型车内温度传感器

采用带微电动机的车内温度传感器的电动机带动一个小风扇，风扇转动产生吸力，使车内空气能流过传感器。传感器为负温度系数的热敏电阻，温度越高，传感器阻值越低；温度越低，传感器阻值越高。

车内温度传感器电路原理见图 4-2。从图中可以看出当打开点火开关后，车内温度传感器内的微电动机带动风扇旋转使车内温度传感器能够检测到车内的平均温度。车内温度传感器由空调 ECU 的 B20 号针脚提供 5V 电源，B19 号针脚给空调 ECU 提供温度信号。

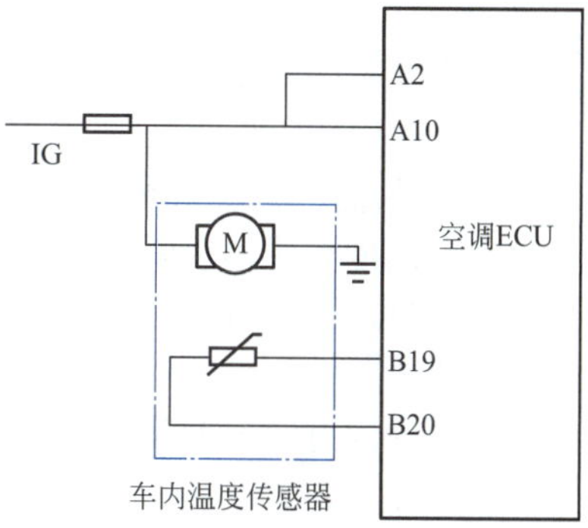

3. 车内温度传感器安装位置

车内温度传感器有的安装在仪表台里边，有专门格栅口安装位置，有的安装在控制面板上。

图 4-2　车内温度传感器电路

维修图解

车内温度传感器不直接暴露，它安装在控制面板的前端。传感器通过测量其自身表面温度、印制电路板温度和二极管对光谱范围内红外线辐射的测定来实现其功能。车内温度传感器及其安装位置见图 4-3、图 4-4。

图 4-3　车内温度传感器

图 4-4　车内温度传感器安装位置

4. 车内温度传感器检测

（1）电压检测　拆下插头，测量与传感器 1、2 端子对应的线束端，能测量到 5V 的直流电压。如没有，则可判断为线束不良或空调控制器不良。

（2）电阻检测　检测传感器的 1、2 端子间的阻值，应符合规格。如果为零或无穷大，则分别对应为短路和断路。出现以上情况系统按默认室内温度 25℃ 的情况工作。

（3）线路判断　当空调系统工作或点火开关调到"ON"挡时，车内温度传感器内的吸风电动机就运转。如不运转，则检测与 3、4 端子对应的线束，应能测量到 12V 的直流电压，否则为线束不良。如电压正常，则为传感器损坏。车内温度传感器端子见图 4-5。

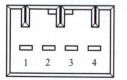

图 4-5　车内温度传感器端子

二、车外温度传感器

1. 车外温度传感器功用

车外温度传感器也叫环境温度传感器,它是自动空调的重要信息输入部件,用来检测环境温度。自动控制时,它能影响到出风口空气的温度、出风口风量、模式风门的位置、进气风门的位置。

2. 车外温度传感器原理特性

如图 4-6 所示,车外温度传感器为一个负温度系数的热敏电阻,温度越高,阻值越低,温度越低,阻值越高。$R\text{-}T$ 特性与车内温度传感器一样。

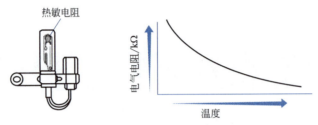

图 4-6 车外温度传感器特性

从图 4-7 中可以看到由空调 ECU 的 B20 号针脚提供参考电源,当温度变化时,车外温度传感器阻值变化,B20 号针脚接收到变化的电压信号,实时检测室外的温度。

3. 车外温度传感器安装位置

如图 4-8 所示,车外温度传感器一般都安装在前保险杠内或水箱前面。车外温度传感器包在一个塑料树脂壳内,以免对环境温度的突然变化做出反应,这将使其准确地检测车外平均温度。

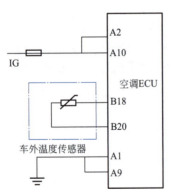

图 4-7 车外温度传感器电路

图 4-8 车外温度传感器安装位置

4. 车外温度传感器检测

(1) 电压检测 拆下插头,测量线束端,能测量到 5V 的直流电压。如没有,则可判断为线束不良或空调控制器不良。

(2) 电阻检测 检测传感器的 1、2 端子间的阻值,应符合规格。如果为零或无穷大,则分别对应为短路和断路。出现以上情况系统按默认室外温度 20℃ 的情况工作。

三、蒸发器温度传感器

1. 蒸发器温度传感器功能
❶ 测量蒸发器表面温度,修正混合风门位置。
❷ 控制压缩机,在蒸发器表面温度低于2℃时,停止压缩机工作防止蒸发器表面结霜。

2. 蒸发器温度传感器特性

蒸发器温度传感器为负温度系数热敏电阻,温度越高,阻值越低,温度越低,阻值越高。它是重金属氧化物和氧化的混合晶体的半导体电阻。

R-T参数与车内温度传感器一样。检测点阻值R_{25}=2.1kΩ。蒸发器温度传感器特性见图4-9。

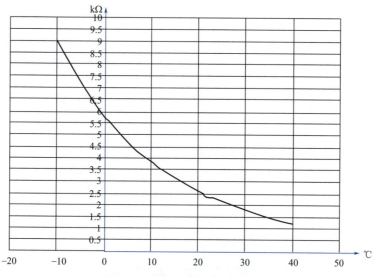

图4-9 蒸发器温度传感器特性

3. 蒸发器温度传感器工作原理

蒸发器温度传感器用以检测蒸发器表面的温度变化,控制压缩机的工作状况。工作时,出口温度传感器检测蒸发器表面的温度信号,并把它转化为电信号输入给温度控制系统的ECU,ECU将输入的温度信号与设定的温度调节信号进行比较后,控制空调压缩机电磁离合器的通断,从而对压缩机的工作进行控制。同时还能利用此传感器检测到的温度信号,防止蒸发器出现结冰现象。工作原理电路见图4-10。

蒸发器温度传感器随温度增高到4℃后即电阻到4.9kΩ后,空调ECU切断给发动机控制单元的A/C请求信号;当蒸发器温度降到2℃后即电阻到5.3kΩ后,空调ECU恢复给发动机控制单元的A/C请求信号使压缩机继续工作。

如果没有该传感器的信号,发动机控制单元就无法知道蒸发器后的空气温度有多高,这样空调压缩机的自适应控制就无法进行。在此情况下,压缩机的功率输出将会降低到不允许蒸发器结冰的温度。

如果空调系统发生了故障,且在蒸发器的制冷剂出口处即高压管路上出现了结冰现象,同时压缩机不能正常工作,则蒸发器出口温度传感器的连接电路可能出现断路或短路的故障。

4. 蒸发器温度传感器安装位置

蒸发器温度传感器仍采用负温度系数的热敏电阻为检测元件，其工作温度为20～60℃。蒸发器温度传感器安装在汽车空调系统的蒸发器片上，见图4-11。

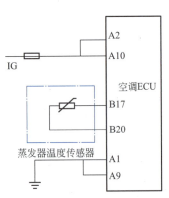

图 4-10　工作原理电路图

图 4-11　蒸发器温度传感器安装位置

5. 蒸发器温度传感器的检测

（1）电压检测　拆下插头，测量线束端，能测量到5V的直流电压。如果没有，则可判断为线束不良或空调控制器不良。

（2）电阻检测　检测传感器的1、2端子间的阻值，应符合蒸发器温度传感器特性的规格。如果为零或无穷大，则分别对应为短路和断路。出现以上情况系统按默认蒸发器温度-2℃的情况工作。

四、制冷剂温度传感器

1. 制冷剂温度传感器功用

制冷剂温度传感器可以诊断制冷剂缓慢泄漏。当制冷剂的温度超过允许值的时间超过了30s，那么压缩机就被关闭。这些值以特性曲线的形式存储在自动空调控制单元J255内。

如果温度超过允许参考值，就表示压缩机可能过热并损坏，很可能缺制冷剂，也就是有制冷剂损失，在制冷剂缺少50%时，温度就会明显升高。

由于制冷剂压力不是与制冷剂温度一同进行分析的，而且在一定的使用条件下，即使制冷剂的充注量是正确的，制冷剂回路的温度也可能短时升高。所以只在发动机转速低于1000r/min、压缩机至少接通了2min、驾驶舱内的温度低于40℃这3个条件下才分析传感器G454的制冷剂温度信号。在进行分析前，车速至少有1次高于50km/h；当前车速低于5km/h。

2. 制冷剂温度传感器安装位置

制冷剂温度传感器G454是一个温度电阻，该传感器的使用取决于车辆发动机的型号。它安装在压缩机旁制冷循环回路的高压管路内。制冷剂温度传感器见图4-12。

3. 制冷剂温度传感器特性

制冷剂温度传感器有一个NTC传感器，用于探测制冷剂温度，其测量范围为-20～+150℃，其正常工作范围为+40～+130℃。

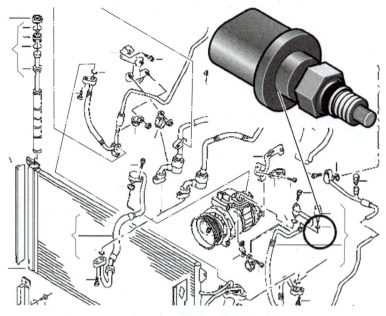

图 4-12 制冷剂温度传感器

4. 信号的使用

借助温度信号和高压传感器 G65 的压力信号，控制单元可以确定制冷剂是否缓慢损耗，例如因密封件损坏而引起的损耗。为保护压缩机，在这种情况下会关闭制冷功能。

5. 故障时的影响

如果制冷剂温度传感器失灵，没有制冷剂温度信号，就会在故障存储器内存储一条记录。其中一个传感器损坏时系统无法确定制冷剂缓慢损耗。因此，制冷循环回路泄漏时可能导致空调压缩机因润滑不足而损坏。

第二节　湿度传感器

一、湿度传感器作用

在雨雪天或者车内外温度较大的时候，车内玻璃，尤其是前风窗玻璃上会凝结出一层雾，严重影响驾驶安全。很多驾驶人没有打开车内空调、调节车内湿度来消除玻璃上的雾气这种意识，车内的湿度传感器便会自动解决这一问题。

湿度传感器可以实时监测车内的空气湿度状况。当车内空气湿度高于 75% 时，车内空气中的水分将逐渐凝结成细小水珠，并凝在温差较大的车内壁上，严重影响驾驶人的前方视线。车内的湿度传感器会监测到空气湿度超标，从而系统会自动打开车载空调系统，并根据车内外的温度合理地自动调节空调温度和排风量，消除车窗内壁的水滴，消除车内视线障碍。

在外界温度很低的情况下，挡风玻璃上部的 1/3 会变得非常冷因而容易起雾。为了能测量到该区域，湿度传感器 G355 安装在后视镜的根部。

来自除霜器通风口的小量连续气流确保传感器探测区域的空气可以良好地混合，这样就可以认为挡风玻璃上所测位置的空气湿度接近于挡风玻璃的其他位置。

空气通过传感器壳体上的一个空气缝隙达到传感器表面。若空气缝隙中有脏物则会导致传感器故障。为了能够进行自动除霜功能的自适应控制，该传感器监测3个测量值：空气湿度、传感器处的相关温度以及挡风玻璃温度。湿度传感器见图4-13。

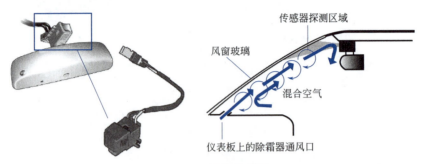

图4-13　湿度传感器

二、湿度传感器结构

热敏电阻式湿度传感器主要用于汽车风窗玻璃的防霜、进气部位空气湿度的测定以及自动空调系统中车内相对湿度的测定。

热敏电阻式湿度传感器，装有金属氧化物系列陶瓷材料制成的多孔烧结体，传感器就是利用烧结体表面对水分的吸附作用来工作的。当烧结体吸附了水分子时，其电阻值发生变化，根据这一变化就可以检测出车内湿度的变化。当湿度增加时，传感器的电阻值减小，当相对湿度从0%变化到100%时，传感器的电阻值有数千倍变化。这种传感器的电阻值随温度变化而变化，所以给湿度传感器再配以温度补偿热敏电阻后，才能提高测试精度。

湿度传感器与雨量和光照传感器一起安装在车内后视镜的镜脚内。信号通过LIN总线传输至车载电网控制单元，并从此处通过舒适系统CAN总线传输至全自动空调控制单元。湿度传感器结构见图4-14。

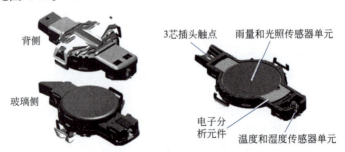

图4-14　湿度传感器结构

三、湿度传感器工作原理

1. 基本工作原理

前风窗玻璃温度和车内湿度传感器包括相对湿度传感器、前风窗玻璃温度传感器和湿度传感元件温度传感器。

湿度传感器总成提供以下信息：车内前风窗玻璃相对湿度水平、车内前风窗玻璃温度、湿度传感元件的温度。相对湿度传感器测量前风窗玻璃乘客舱侧的相对湿度，也检测乘客舱侧前风窗玻璃表面的温度。两个数值被用作暖风、通风与空调系统控制模块应用程序的控制输入，计算乘客舱侧的前风窗玻璃结雾的风险度，并能够通过将空调压缩机电源降到最低来减少燃油消耗，而不会结雾。传感器也能在环境温度寒冷的条件下启动部分内循环模式以提高乘客舱的加热性能，而不会引起前风窗玻璃出现雾气积聚的风险。湿度传感元件温度传感器提供湿度传感元件的温度。该传感器只有在湿度传感元件和车内前风窗玻璃表面的热接触不佳时才需要。

2. 测量空气湿度

测量空气湿度，就是确定座舱内气态水（水蒸气）的所占比例。空气吸收水蒸气的能力取决于空气温度。这就是为什么在测量湿度等级时必须确定相关的空气温度。空气越热，吸收的水蒸气就越多。若富含水蒸气的空气冷却下来后，水分就会冷凝，形成细小水滴并附着在挡风玻璃上。

湿度是通过薄层电容传感器测量的。该传感器的工作模式等同于平行极板电容器。

电容器的电容，即存储电能的容量，取决于电容极板的表面积、间隔以及两极板之间填充材料的特性，此材料叫作电介质。这种特殊的电容器可以吸收水蒸气。吸收的水分改变了电介质的电气特性，从而改变了电容器的电容量。所以测得的电容值就表示了空气湿度。传感器电子装置将所测的电容值转换成电压信号，见图4-15。

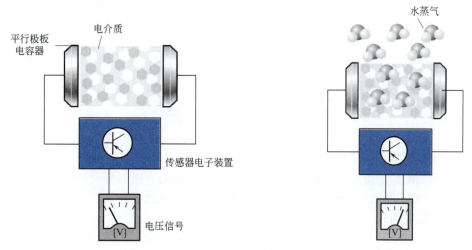

图4-15 电容值转换成电压信号

3. 测量风窗玻璃温度

每个物体都会以电磁辐射的方式与周围环境交换热量。此电磁辐射可能含有红外线范围、可见光或者还有紫外线范围的热辐射。但是，这些辐射只是整个电磁光谱的一小部分。辐射是"吸收"和"发射"。例如，一块铁可能吸收红外线辐射会变热，也就是说这块铁也重新发射红外线。如果继续加热这块铁，它会发亮，此时它发射可见光范围内的电磁辐射以及红外线辐射。

根据物体自身温度的不同，所发射的辐射成分可能会有变化。例如，如果物体的温度变化，发出的辐射中的红外线部分也会变化。这样通过测量辐射出来的红外线，就

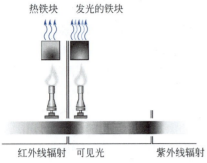

图 4-16 吸收红外线辐射示意图

可以无接触地测量物体温度。吸收红外线辐射示意图见图 4-16。

4. 传感器处测得的相关温度

测量一个物体（这里是挡风玻璃）的红外线辐射，是用一个高灵敏度的红外线辐射传感器进行的。

如果风窗玻璃的温度发生变化，在平垫圈发出的热辐射中，其红外线部分也会变化。该传感器检测这种变化，并且传感器电子装置将其转换成电压信号。风窗玻璃测量见图 4-17。

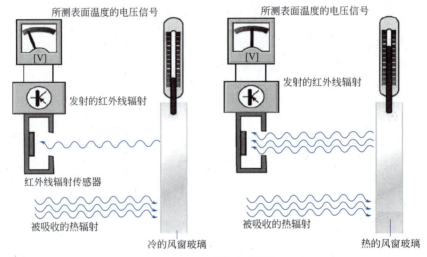

图 4-17 风窗玻璃测量

四、湿度传感器的检测

1. 检测热敏电阻式湿度传感器的电阻

可用万用表测量湿度传感器的电阻大小。当湿度变化时，电阻值应当改变，相对湿度越大，电阻值越小；相反，则其电阻值越大，否则应更换传感器。

2. 检测热敏电阻式湿度传感器的电压

检测传感器端子间的输出电压。在不同的湿度下，输出电压应符合规定值，否则应进一步检查线束或更换湿度传感器。

第三节 空气质量传感器

一、空气质量传感器功用

空气质量传感器具有能够通过感应化学物质（如 NO、NO_2 和 CO）检测空气污染的能力。

根据进气空气的质量，它会自动打开车内空气内循环运行模式。出于安全原因，如果外界温度降到2℃以下或空调压缩机关闭，可能是风窗玻璃结冰，自动循环模式将中断。

在自动空气内循环运行模式接通的情况下，空气质量传感器会测量吸入空气中的有害物质浓度。如果空气质量传感器识别到有害物质浓度明显升高，则暂时接通空气内循环运行模式。当有害物质浓度下降到正常水平时，自动关闭空气内循环运行模式，以便重新向车内输送新鲜空气。接通自动空气内循环运行模式，反复按压按钮，直到按钮上右侧的指示灯亮起。暂时关闭自动空气内循环运行模式，如果空气质量传感器在有难闻的气味时未自动接通空气内循环运行模式，可以通过按压按钮手动接通空气内循环运行模式，按钮上左侧的指示灯亮起。重新接通自动空气内循环运行模式，按下按钮超过2s，按钮上右侧的指示灯亮起。关闭自动空气内循环运行模式，再次按压按钮，直至按钮上的指示灯熄灭。

维修图解

空气质量传感器（图4-18）连同新鲜空气进气道温度传感器G89一同安装在通风室的新鲜空气进气区域。

控制单元需要该传感器信号来执行自动空气再循环功能。如果此功能开启，在该传感器检测到新鲜空气中有污染物时，进气风门被自动关闭并且空气再循环风门打开。

图4-18 空气质量传感器

二、空气质量传感器工作原理

空气质量传感器可还原气体试图让氧与其他元素或化合物结合。可氧化气体包括一氧化碳（CO）、苯蒸气、汽油蒸气、烃类化合物与未燃烧的或者燃烧不充分的燃油成分。可还原气体包括氮氧化物（NO_x）等。

空气质量传感器的混合氧化物接触到可氧化气体，该气体从混合氧化物上吸收氧，从而改变了该混合氧化物的电特性，其阻抗下降。另一方面，如果该传感器接触到可还原气体，该混合氧化物从气体中吸收氧，从而改变了该传感器的电特性，其阻抗上升。

由于混合氧化物的化学与物理特性，它可以在可氧化与可还原气体同时出现时检测其中的污染物。对于污染物检测，如果传感器阻抗上升，一定含有可氧化气体；如果传感器阻抗下降，一定含有可还原气体。

第四节　压力传感器

一、空调压力传感器

空调压力传感器的作用是防止制冷系统在极限制冷剂管路压力下工作，并帮助控制发动机冷却风扇的转速。空调压力传感器安装在发动机舱内空调高压管路上，向发动机 ECM 或空调控制单元输出压力信号，当检测到空调制冷管路压力过低或过高时，控制系统停止对空调压缩机离合器供电，压缩机停止运转，以免对空调系统造成损坏。当制冷剂压力达到一中等压力值时，散热器风扇高速运转，降低空调制冷剂压力。

二、高压传感器

1. 高压传感器作用

高压传感器 G65 用于监控制冷剂环路，是电子式压力传感器，用于取代空调压力开关 F129。高压传感器安装在高压管路上（与原来的压力开关 F129 一样位置）。高压传感器用于侦测制冷剂压力，将压力这个物理量转化成电子信号。与空调压力开关不同，高压传感器不但会感知预定的压力极限值，它还能监控整个工作循环中的制冷剂压力。

通过这些信号可计算出空调装置对发动机所产生的负荷以及制冷剂环路的压力状态。散热风扇控制单元可以接通和关闭风扇的高一级运行挡位和压缩机的电磁离合器。

维修图解

发动机控制单元管理散热器风扇。风扇速度取决于冷却剂温度（G62）和空调系统的制冷剂压力（G65）。

发动机控制单元通过脉宽调制信号启动控制单元 J293。如果发动机控制单元没有收到来自空调控制单元的 CAN 信息，在 100% 脉宽调制时启动风扇，以应对紧急情况。

当点火开关打开时，J293 收到一个 10% 脉宽调制信号。但是，在 10% 脉宽调制时不会启动风扇，此基础信号发送给 J293，用于确认是否有信号连接至发动机控制单元。如果 10% 不存在，J293 会应急运行风扇至 100%。

风扇的要求作为发动机控制单元和空调控制单元中的测量值块数值。

来自发动机控制单元的测量值以脉宽调制的 10% 发送至 J293；来自空调控制单元的测量值显示当前实际风扇转速的百分比数值。冷凝器／散热器风扇的调整／启动见图 4-19。

如果风扇控制单元未能识别出信号，那么出于安全考虑，压缩机将被关闭。

❶ 发动机怠速转速可以按照压缩机所需实际功率来精确匹配。
❷ 散热风扇运行挡位的接通和关闭会出现短时延迟。

因此在怠速状态时，散热风扇转速的变化几乎感觉不出来，对于功率较低的发动机尤其可以提高舒适性。

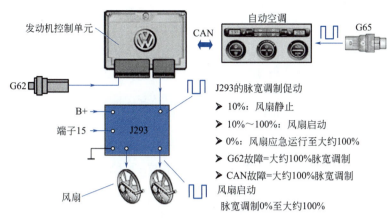

图 4-19　冷凝器/散热器风扇的调整/启动

2. 高压传感器工作机理

制冷剂压力被传到一块高压传感器内部结构的硅晶体上。根据这个压力大小，硅晶体产生或大或小的变形。这块硅晶体与一个微处理器一起集成在传感器中并获得供电。

硅晶体的特性是：在发生变形时，其电阻会发生改变。因此压力若发生变化，那么在硅晶体上测得的电压也会发生变化。

> **维修图解**

测得的电压会被传送给微处理器，并被转换成脉冲宽度调制信号。图 4-20 为高压传感器 G65。

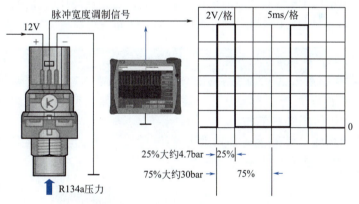

图 4-20　高压传感器 G65

（1）压力较低时　在压力较低时，硅晶体的变形也很小，因此作用的电压对应很小的一个电阻，电压变化很小。在压力较低时，高压传感器的微处理器输出一个很小的脉冲宽度，脉冲宽度信号的频率是 50Hz，这相当于周期是 20ms。在 0.14MPa（1.4bar）的低压时，脉冲宽度为 2.6ms，这相当于周期的 13%。图 4-21 为低压时传感器内部硅晶体变形和脉冲信号。

（2）压力较高时　在压力较高时，硅晶体的变形也很大，因此电阻变化也大，测得的电压也会按相同比例减小，脉冲宽度按与压力升高相同的比例变大。在压力达到 3.7MPa（37bar）时，脉冲宽度为 18ms，这相当于周期的 90%。图 4-22 为高压时传感器内部硅晶体变形和脉冲信号。

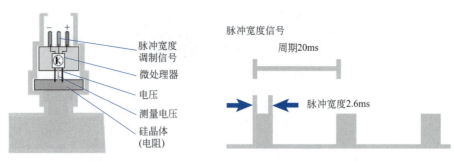

图 4-21 低压时传感器内部硅晶体变形和脉冲信号

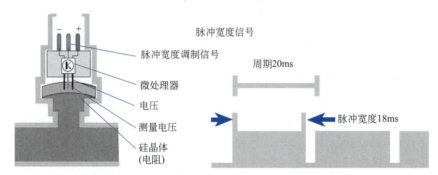

图 4-22 高压时传感器内部硅晶体变形和脉冲信号

三、制冷剂循环回路压力传感器

制冷剂循环回路压力传感器和以前的传感器一样,安装在高压管路内。在管路的螺栓接头内有一个止回阀,以便在无须吸出制冷剂的情况下拆卸传感器。

维修图解

制冷剂循环回路压力传感器 G805(图 4-23)代替了原有(上述)的高压传感器 G65,安装在发动机舱内的右前方。

制冷剂循环回路压力传感器 G805 通过 LIN 总线,直接与空调控制单元相连接。制冷剂循环回路压力传感器 G805 有 3 个针脚。

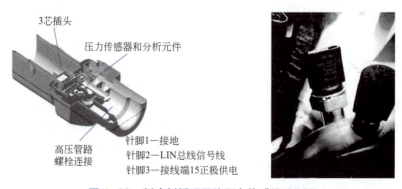

图 4-23 制冷剂循环回路压力传感器 G805

第五章 底盘控制系统应用的传感器

第一节 转向角传感器

一、转向角传感器结构

转向盘转向角传感器为光电式传感器，安装在转向柱上，位于转向开关与转向盘之间，与安全气囊时钟弹簧集成为一体，安全气囊的带滑环的回位环集成在该传感器内且位于该传感器下部，如图5-1所示。通过CAN总线将转向盘的转向角信号传递给转向柱电控单元，由转向柱电控单元分析转向角信号。

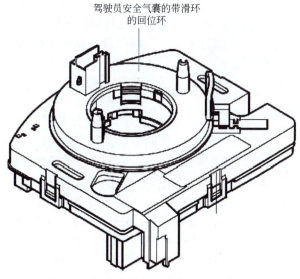

图 5-1　转向盘转向角传感器 G85（一）

二、转向角传感器工作机理

带动转向盘转向角传感器的转子随转向盘一起转动,光源就会通过转子的缝隙照在传感器的感光元件上,从而产生信号电压。由于转子缝隙的间隔大小不同,故产生的信号电压变化也不同。转向盘转向角传感器 G85 信号转子最大可以旋转 1044°,转向小齿轮最多可以旋转 2.76 圈。传感器将转向盘的转向角信息传递给带 EDS/ASR/ESP 的 ABS 控制单元。角度的变化范围为 ±720°,即转向盘转 4 圈。

G85 是直接通过 CAN 总线将信息传递给控制单元的传感器。只要转向盘转角达到 4.5°,接通点火开关后,该传感器就开始初始化。

当转向盘转向角传感器 G85(图 5-2)信号失效,转向柱电控单元 J527 将会启动应急运转模式,由替代值代替,此时电子助力转向依然起作用,但故障指示灯 K161 会点亮。

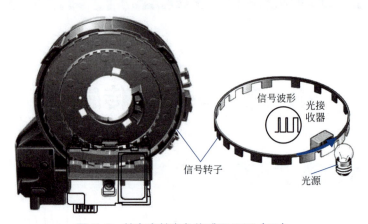

图 5-2 转向盘转向角传感器 G85(二)

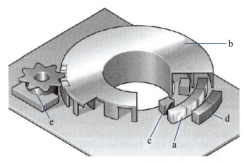

图 5-3 转向盘转向角传感器编码盘
a—光源;b—编码盘;c、d—光学传感器;
e—计数器

1. 编码盘

角度的测量是通过光栅原理来实现的。基本构件有:光源;编码盘;光学传感器;计数器,用于传递转动的圈数。

编码盘,也叫密码盘,由 2 个环构成,一个是绝对环,一个是增量环,每个环由 2 个传感器进行扫描,如图 5-3 所示。

2. 光栅

(1)光栅结构 为了简化结构(图 5-4),将两个带孔蔽光框放在一起,1 是增量蔽光框,2 是绝对蔽光框。在两个蔽光框之间有光源 3,其外侧是光学传感器(4,5)。

(2)光栅工作原理 增量环(图 5-5)被分成 5 个扇区,每个扇区 72°,它由一对光栅对读取。该环在扇区内有开口,同一扇区内的开口顺序是相同的,但不同扇区之间的开口顺序则不同,从而实现了各扇区之间的设码。绝对环确定角度,它被 6 只光栅对读取。

光透过缝隙照到传感器上,就会产生一个信号电压;如果光源被遮住,这个电压就又消失了。转向角传感器的工作原理与此相同,只是运动变成了旋转运动。

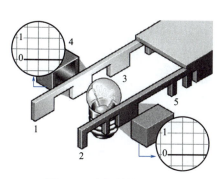

图 5-4　光栅结构

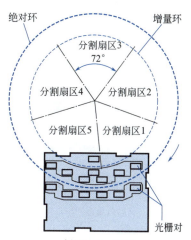

图 5-5　增量环

如果移动蔽光框，就会产生两个不同的电压。增量传感器传送一个均匀的信号，这是因为间隙是均匀分布的；绝对传感器传送一个不均匀信号，这是因为间隙是不均匀分布的。系统通过对比这两个信号，就可计算出蔽光框移动的距离，于是就确定了绝对部件运动的起始点。光栅原理见图 5-6、图 5-7。

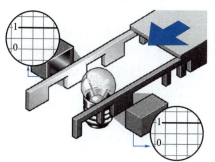

图 5-6　光栅原理一

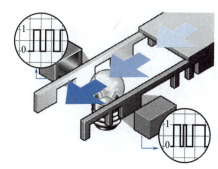

图 5-7　光栅原理二

三、转向归零设定

当出现以下情况之一时，需要进行转向归零设定：更换转向角传感器 G85、转向机总成（含转向控制单元 J500）、转向柱开关总成（含控制单元 J527）；进行车轮定位调整。使用故障诊断仪，按照提示进行设定。

第二节　转向力矩传感器

一、转向力矩传感器作用

1. 电动机械式转向系统基本功能

如图 5-8 所示，电动机械式转向系统基本功能是通过一个与齿条同心的电动机来实现转向助力。齿条、电动机和传动机构之间是通过滚珠丝杠来驱动的。电子控制单元和相关传感器都集成在一个小巧的结构单元内。

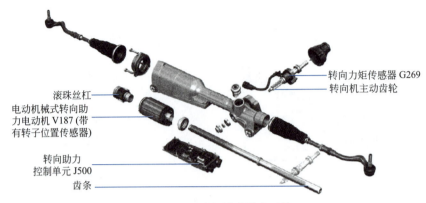

图 5-8 电动机械式转向系统

2. 转向力矩传感器作用

通过计算驾驶员施加在转向盘上的扭矩是转向系统提供助力的基础。转向齿轮上的转向扭矩传感器直接测量转向扭矩。这种情况下,通过测量输入轴相对于转向小齿轮的旋转量来确定,并将其转换成一个模拟的输出信号。

转向力矩传感器 G269 就是用来确定这个转向力矩大小的。转向主动齿轮与转向轴是通过一个扭力杆连接的,这与带有转向阀的普通液压转向机构是一样的。如果驾驶员转动了转向盘,那么扭力杆和转向轴相对于转向主动齿轮就发生扭转。扭转的程度取决于司机所施加的转动力矩的大小。转向力矩传感器 G269 可以测量出这个扭转程度的大小。

二、转向力矩传感器结构

转向输入轴的扭矩传感器和转向齿轮通过一个扭力杆相互连接在一起。扭力杆预先规定了一个扭力刚度。一个 16 孔的磁性环(8 孔对)坐在转向输入轴上并与之一起转动。

带有 8 对极偶的环形磁铁与转向轴是刚性连接的。两个传感器靶轮各有 8 个齿,与转向主动齿轮是刚性连接的。这两个传感器靶轮的齿是错开布置的,从上面沿着旋转轴方向看的话一个传感器靶轮的齿处在另一个传感器靶轮的齿隙中。在这两个传感器靶轮的中间是两个霍尔传感器,这两个传感器与壳体是刚性连接的。转向力矩传感器结构见图 5-9。

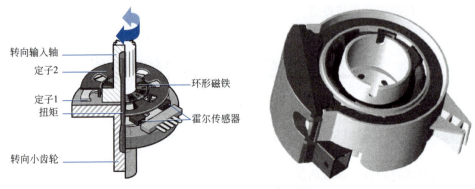

图 5-9 转向力矩传感器结构

三、转向力矩传感器原理

如果没有转动转向盘，那么传感器靶轮与磁极的相对位置是这样的：每个传感器靶轮上的齿都在北极和南极的正中位置。因此，这两个传感器靶轮被磁力线所穿过的方式是一样的，这两个传感器靶轮之间没有磁场。两个霍尔传感器上输出的信号也相同。

当定子1或定子2都没有N或S极磁力线，在两个定子间没有形成磁场。霍尔传感器的供电电压为5V。因为在两个定子间没有形成磁场，霍尔传感器为零位产生一个2.5V的信号，见图5-10。

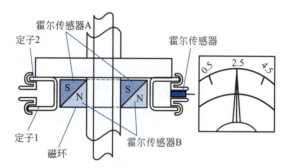

图5-10　霍尔传感器为零位产生一个2.5V的信号

转向运动使得扭力杆发生扭动，因此也导致环形磁铁与传感器靶轮之间发生相对运动。环形磁铁的扭转使得磁极位置相对于传感器靶轮发生了改变，传感器靶轮上的齿就会离开北极和南极之间的正中位置。根据转向盘的转动方向，一个传感器靶轮的齿按比例更靠近北极一些，另一个传感器靶轮的齿按比例更靠近南极一些。这就使得磁路失调了，这个磁通量就被霍尔传感器测量到了。转向力矩传感器原理见图5-11。

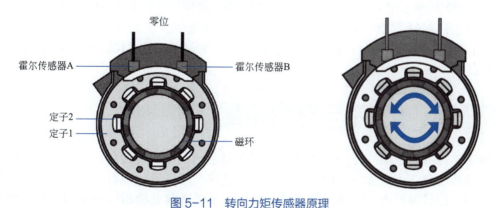

图5-11　转向力矩传感器原理

四、转向力矩传感器故障

转向力矩传感器发生故障时，必须更换转向器。

转向力矩传感器故障时，将关闭转向助力。关闭过程不是突然进行的，而是"缓慢地"进行。为了实现"缓慢"关闭，控制单元根据转向角和电动机的转子角度计算出转向力矩替代信号。故障将通过指示灯亮起红灯来显示。图 5-12 为转向力矩传感器在转向机的位置。

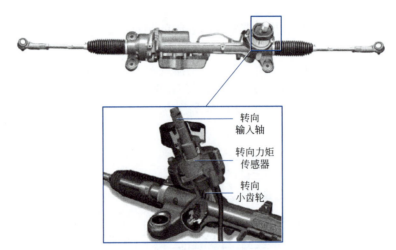

图 5-12　转向力矩传感器在转向机的位置

第三节　转子位置传感器

一、转子位置传感器安装位置

转子位置传感器用于探知转子的位置。控制单元必须知道转子的准确位置，以便去计算出环绕的定子磁场所需要的相电压（电子传感器控制的整流）。转子位置传感器测得的值也可以用于确定转向止点。为了避免硬的机械式止点，通过电动机械式转向机构可以实现"软的"止点。

二、转子位置传感器结构

如图 5-13 所示，转子上有一个盘，它是用透磁通的金属制成的。这个转子盘的形状特殊，像凸轮盘。该盘被一个固定在壳体上的电磁线圈环所包围着，该电磁线圈环起着定子作用。该线圈环由 3 个单线圈构成，其中一个线圈起着励磁线圈作用，另两个是作为接收线圈使用。

三、转子位置传感器工作原理

励磁线圈通上正弦曲线的励磁电压。励磁线圈周围产生的交变磁场作用到转子盘上，转子盘将励磁线圈产生的交变磁场的磁通引向接收线圈，于是在接收线圈内就感应出一个交变电压，该电压与转子盘的位置成一定比例，与励磁电压是有相位差的。转子位置传感器工作原理见图 5-14。

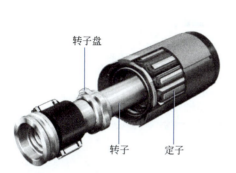

图 5-13　电动机械式助力转向电动机 V187（带有转子位置传感器）

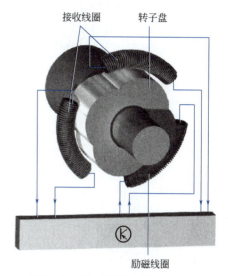

图 5-14　转子位置传感器工作原理

四、电动机械式转向系统运行

1. 打开驾驶员车门

打开车门后，FlexRay-数据总线就被唤醒了，控制单元间开始通信。控制单元 J500 开始例行的初始化，系统开始自检。

2. 接通点火开关（15 号线接通）

组合仪表内控制单元短时激活指示灯进行检查。如果确认系统无故障，指示灯在几秒钟后又熄灭。

3. 启动发动机（15 号线接通）

如果发动机的转速超过 500r/min，那么转向助力系统就处于激活状态了。如果扭杆未被转向盘上的作用力扭动（由转向力矩传感器来感知），那么转向角传感器的信号就会与转子位置传感器的信号进行同步。这两个测量值之间的相互依赖关系作为特性曲线存储在控制单元中。在随后的车辆行驶中，通过分析转子位置传感器的信号来感知转向运动。该控制单元会考虑到驾驶模式选择系统中所选择的相应设置情况，以便确定使用哪条助力转向特性曲线去进行调节。电动机械式转向系统见图 5-15。

4. 车辆在行驶中

在车辆行驶过程中，转向助力的强度主要是根据转向力矩、转向角和车速来确定的。电动机的激活电流由控制单元计算出来，定子绕组由末级功放来给通上相应的电流。电动机通过滚珠丝杠作用到齿条上的力，会增大驾驶员施加在转向盘上的转向力。

5. 断开转向助力

车辆还在行驶中如果关闭了发动机的话，那么当车速低于 7km/h 时助力转向装置就自动关闭了。

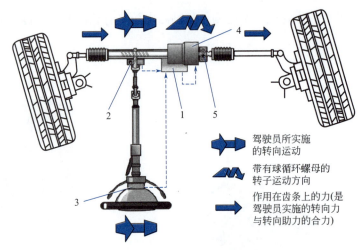

图 5-15　电动机械式转向系统

1—转向系统控制单元；2—转向力矩传感器；3—转向角传感器；4—电动机；5—球循环螺母

第四节　加速度传感器

一、加速度传感器结构

加速度传感器是由数层硅和玻璃组成的。中间的硅层是弹性舌片（振动块）。传感器的灵敏度主要取决于弹簧刚度和舌片的质量。

二、加速度传感器安装位置

加速度传感器测定车身的垂直加速度。左前车身加速度传感器 G341 和右前车身加速度传感器 G342 安装在车身上，靠近减震器的顶部。后部车身加速度传感器 G343 则安装在左后减震器顶部的旁边。

三、加速度传感器工作原理

1. 基本工作原理

传感器电子控制单元使用传感器测量车辆在 X、Y 和 Z 轴上的旋转，它替代了 ESP 传感器单元和自适应空气悬架系统中的车身加速度传感器。例如，2011 款奥迪 A8 上有 2 个版本的控制单元：基本版本包含 6 个传感器，以记录车辆在 X、Y 和 Z 轴上的运动，以及绕着这些轴的旋转运动；另外一个版本，具有扩展的传感器系统，被用在带动态转向和运动差速器的车辆上，见图 5-16。

绕 X、Y、Z 轴旋转运动的传感器利用科里奥利力（科氏力）物理效应，作用在绕旋转参考系移动的物体上。例如，当一个孩子坐在静止的旋转木马平台上投球时，球将直接通过平台中心；而木马平台开始旋转时，球的运动将偏离，偏离程度受木马平台旋转的速度影响，如图 5-17 所示。

加速度传感器是根据电容测定法则来工作的。

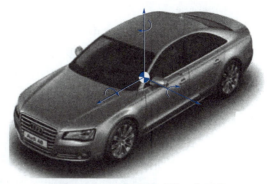

图 5-16　加速度传感器工作原理

图 5-17　科氏力作用

维修图解

如图 5-18 所示，弹性模块 m 作为一个中间电极在电容器两极板间振动，使电容值以与它们的振动相反的频率在 C_1 与 C_2 两个电容之间改变。当一个电容器的极板间距 d_1 增大一定量时，另一个电容器的极板间距 d_2 也相应地减少了这个量，从而改变了每个电容器的电容。一个电子评估系统向电控减震系统的控制单元 J250 输送一个模拟信号电压。

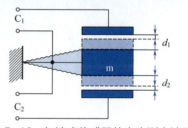

图 5-18　加速度传感器的电容测定法则

2. 加速度传感器的测定范围

加速度传感器的测定范围是 ±1.6g（g 为加速度的测量单位；g=9.81m/s^2）。

四、加速度传感器状态

1. 静止状态

振动块处于电极的正中间，分成的两个电容器 C_1 和 C_2 的电容值大小是相等的，见图 5-19。

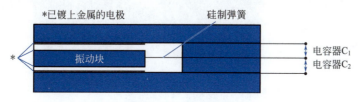

图 5-19　静止状态

2. 加速状态

如图 5-20 所示，振动块由于惯性会偏离中央位置，因而电极间的距离就会发生变化，这个距离减小的话，电容值就会变大，与静止状态相比，C_2 的电容值变大了，C_1 的电容值变小了。供电电压由空气悬架控制单元来提供，车身加速度当前的电压值可通过测量数据块读出。

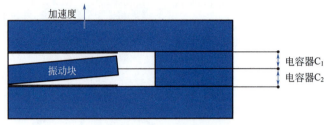

图 5-20 加速状态

第五节 车身高度传感器

一、车身高度传感器的结构

车身高度传感器的作用是把车身高度（汽车悬架装置的位置量）转换为电信号送给悬架 ECU。车身高度传感器的数量与车上装备的电控空气悬架系统的类型有关。车身高度传感器的一端与车架连接，另一端装在悬架系统上。

车身高度传感器（图 5-21）主要由定子和转子构成。定子由 1 个多层电路板构成，其上有励磁线圈和 3 个接收线圈以及控制/电子解析单元。

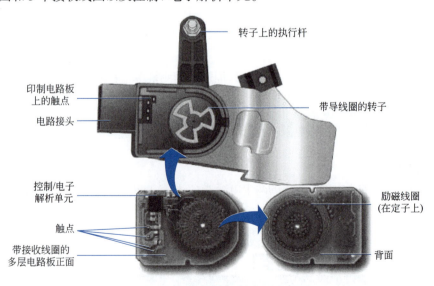

图 5-21 车身高度传感器结构（一）

这 3 个接收线圈布置成多角星形，相位是彼此错开的。励磁线圈位于电路板（定子）的背面。

转子连接着执行杆并随其运转。转子由一个封闭的线匣构成，线匣上连着传感器臂（匣与传感器臂一同转动）。闭合导线圈位于转子上。线匣的形状与接收线圈的形状是一样的。

车身高度传感器被设计成一种双腔室系统。在传感器一边（腔室 1），装备了转子，而在另一边（腔室 2），则装备了带有定子的电路板。转子和定子为分别安装的，因此它们可独立密封。转子包含了 1 根黏合了稀土磁铁的无磁性的不锈钢轴。稀土磁铁用于强磁场且要求磁铁尺寸极小的场合。

如图 5-22 所示，转子通过操纵杆连接到连接杆上，它也是通过操纵杆来驱动的。转子安装在操纵杆内的径向轴密封环里面，这样能有效地保护机件不受其他零件的干扰。定子由 1 个霍尔传感器组成，并被安装在电路板上。电路板由 PU 块（聚氨酯）塑成，这样能保护其不受外部的干扰。

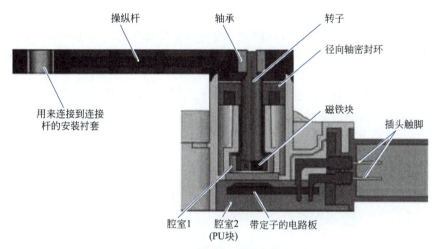

图 5-22 车身高度传感器结构（二）

二、车身高度传感器原理

车辆高度传感器安装在减震器附近，并通过连接杆连接到稳定杆上。通过稳定杆，相对于连接杆在前桥和后桥的运动量，转化成旋转角度来测定车轮的弹跳行程。转动角度传感器适用于在静态磁场中工作，并遵循霍尔法则。

车身高度传感器就是所谓的车轮角度传感器。车身高度的变化量被记录下来，并且通过运动连接杆转换成角度变化量。所用车轮角度传感器按照电感原理进行工作。这种传感器既可用于空气悬架，也可用于大灯照程调节。其中一个输出信号提供一个与角度成比例的电压（用于大灯照程调节），另一个输出信号提供一个与角度成比例的 PWM- 信号(用于空气悬架)。对于每一侧和每个车桥，本身是完全一样的，只是安装方式、连接杆及动力学特性会根据安装位置及车桥而各不相同。左右两侧的传感器曲柄偏转相反，因此其输出信号也相反。例如，在悬架压缩时一侧的输出信号上升，另一侧的信号就下降。前桥高度传感器和后桥高度传感器分别见图 5-23、图 5-24。

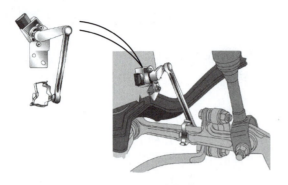
图 5-23　前桥高度传感器

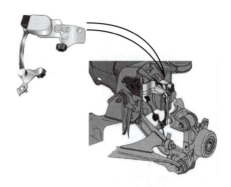
图 5-24　后桥高度传感器

三、车身高度传感器的功能

如图 5-25 所示，交变电流流经励磁线圈（定子）后产生一个励磁线圈的交变电磁场（初级磁场），该交变磁场穿过转子的导线圈。转子导线圈中感应出来的电流反过来也会产生一个转子导线圈交变磁场（次级磁场）。励磁线圈与转子的交变磁场作用在 3 个接收线圈上，并在其上感应出与位置相关的 AC 电压。转子中的感应与转子的角度位置无关，接收线圈的感应取决于它们到转子的距离，也就是它们与转子的相对角度位置。

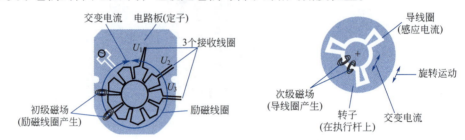
图 5-25　交变电磁场

由于角度位置不同，转子与接收线圈的重合度就不同，因而对应于角度位置的感应电压幅值也就不同。电子分析装置会对接收线圈的交变电压进行整流并放大，并使得 3 个接收线圈的输出电压成比例（相对比例测量）。分析完电压后，分析结果转化成水平传感器的输出信号，送至控制单元做进一步处理。电压幅值见图 5-26。

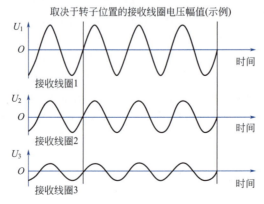
图 5-26　电压幅值

第六节 横向加速度传感器

一、横向加速度传感器概述

横向加速度传感器和偏转率传感器装在一个壳体内，部件都装在一个印制电路板上，按微机械原理工作，传感器的安装位置及调整不可以改变，通过一个6脚插头连接，按电容原理对横向加速度进行测量。偏转率是通过测量科氏（Coriolis）加速度而获得的。

例如，站在北半球水平开炮时，对于正在与地球一同旋转的观察者来说，炮弹看起来是偏离直线的。原因就是观察者受到了一个力，该力逆着地球旋转方向使炮弹加速并偏离直线方向，这个力就叫科氏力，见图5-27。

二、横向加速度传感器结构

横向加速度传感器是组合传感器印制电路板上的一个极小的部件，见图5-28。

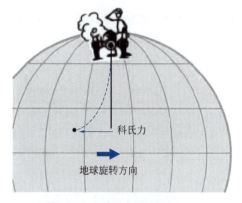

图 5-27 科氏力示意图

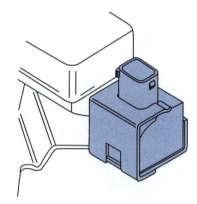

图 5-28 横向加速度传感器

三、横向加速度传感器工作原理

1. 基本工作原理

如图5-29所示，横向加速度传感器是按电容原理工作的，假设有两个串联的电容器，中间那块公用的电容器片可以通过力的作用而移动。每个电容器都有一定的电容，也就是说可以容纳一定量的电荷。两个固定安装的电容器片围住了可动的电容器片，这样就形成了两个串联电容器K_1和K_2。借助电极就可以测量出这两个电容器容纳的电荷量，这个电荷量就叫电容C。

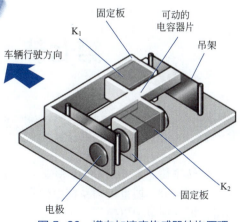

图 5-29 横向加速度传感器结构原理

2. 没有横向加速度作用时

如果没有横向加速度作用,中间的电容器片与两侧的电容器片是等距的,那么这两个电容器的电容是相等的,也就是两个电容器的电荷量 C_1 和 C_2 是相等的,见图 5-30。

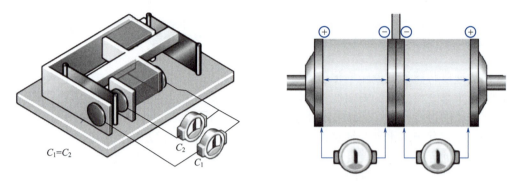

图 5-30　两个电容器的电荷量 C_1 和 C_2 相等

3. 有横向加速度作用时

有横向加速度作用时,中间片就会移动,它与一边的距离变大,与另一边的距离变小,于是每个电容器的电容也会改变。电子装置根据电容的变化就可以判断出横向加速度的方向和大小。

对于电容器 K_1,如果其两板间距离变大,那么其电容 C_1 就变小;对于电容器 K_2,如果其两板间距离变小,那么其电容 C_2 就变大。

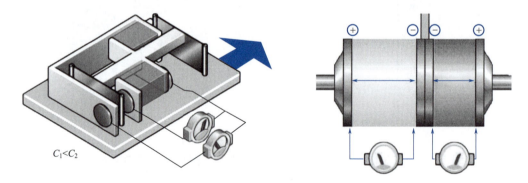

图 5-31　两个电容器的电荷量 C_1 和 C_2 不相等

第七节　偏转率传感器

一、偏转率传感器结构

偏转率传感器 G202 由于须安装在重心附近,因此该传感器与横向加速度传感器安装在同一个支架上。博世公司系统上使用的是组合传感器,而在有些系统上用的是两个独立的传感器,可分别单独更换。

在同一板上，还有偏转率传感器，该传感器与横向加速度传感器在空间上是分开的。

为了易懂，这里只做简要说明：在恒定磁场的南极和北极之间的托架内放一个可摆动的质量块，在这个质量块上装一个导电轨道，这个轨道用以代替真正的传感器，见图 5-32。

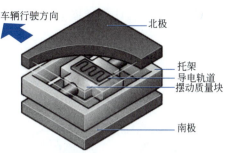

图 5-32　偏转率传感器

二、偏转率传感器原理

如果接上交流电压 U，那么支撑导电轨道的托架就会在磁场内摆动。

如果现在有旋转加速度作用在此结构上，那么由于惯性作用，摆动质量块的状态与前述的炮弹是一样的。就是说，由于出现了科氏加速度，质量块偏离了来回的直线摆动。由于这一切都是发生在磁场内的，因此导电轨道的电气性能就改变了。测量出这个变化就知道了科氏加速度的大小和方向，电子装置根据这个值即可计算出偏转率的大小。偏转率传感器原理见图 5-33、图 5-34。

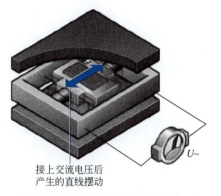

图 5-33　偏转率传感器原理（一）

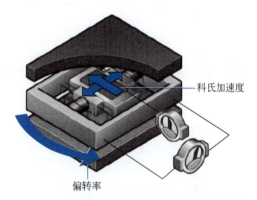

图 5-34　偏转率传感器原理（二）

第八节　水平传感器

水平传感器就是所谓的转角传感器。水平传感器 G84 用于判定车身的水平状态。这种传感器是一种非接触式的转角传感器，它通过一根联动杆来判定后桥相对于车身的弹簧压缩量。所使用的转角传感器也是根据霍尔原理来工作的。

维修图解

集成在传感器内的测量电子装置将霍尔集成电路信号按角度比例转换成电压信号（图 5-35）。有一块环形磁铁（转子）与传感器曲拐轴连接在一起。在分为两半的铁芯（定子）之间有一个偏心安装的霍尔集成电路，与测量电子装置共同构成一个部件。根据环形磁铁的位置不同，穿过霍尔集成电路的磁场会发生变化。由此而产生的霍尔信号就被测量电子装置按角度比例转换成电压信号,这个模拟的电压信号由控制单元来使用,用于判定车身的水平状态。

水平传感器也用于大灯照程自动调节装置上。带有大灯照程自动调节装置的车上共装有3个传感器。

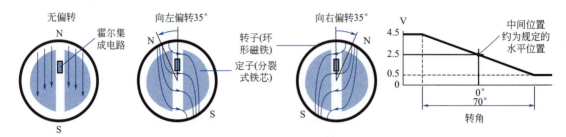

图 5-35　水平传感器

第九节　制动压力传感器

一、制动压力传感器作用

制动压力传感器向控制单元提供制动管路内的实际压力信号,控制单元根据这个压力信号计算出车轮制动力及作用在车上的纵向力。如果需要 ESP 工作,控制单元会将此值用于计算侧导向力。

二、制动压力传感器结构

1. 制动压力传感器安装位置

制动压力传感器一种是安装在制动总泵(制动主缸)上,一种是集成在 ESP 液压控制单元内。

制动压力传感器集成在 ESP 液压控制单元内见图 5-36、图 5-37。

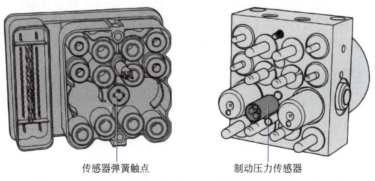

图 5-36　带制动压力传感器(G201)的液压控制单元(一)

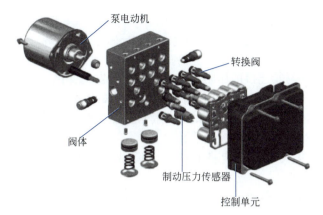

图 5-37　带制动压力传感器（G201）的液压控制单元（二）

制动压力传感器安装在制动总泵（制动主缸）上，如图 5-38 所示，这两个传感器都拧在串联总泵上。传感器是双重布置的，以便尽可能保证安全性。这可看成一种超稳定结构。

该传感器的作用与博世的 ESP 系统中的是相同的，其测量值用于计算制动力及控制预载荷。

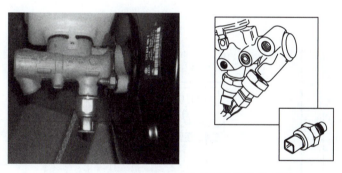

图 5-38　安装在制动主缸上的制动压力传感器

2. 制动压力传感器结构

集成在液压控制单元内的制动压力传感器通过四个接触弹簧与控制单元连接，两个触点用于供电，另外两个触点提供两个彼此独立的压力信号，见图 5-39。

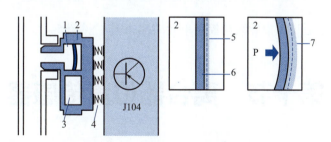

图 5-39　制动压力传感器结构
1—测量室；2—压阻厚膜传感器元件；3—传感器电子装置和信号放大器；4—连接至控制单元的接触弹簧；5—压阻测量电桥；6—柔性厚隔膜；7—测量电桥内的压电电桥元件

制动压力传感器根据压阻原理工作。为此利用结构变形引起的材料导电率变化量。四个压阻测量元件构成一个电桥，这些元件固定在一个隔膜上。压阻测量元件是半导体材料制成的电阻。

三、制动压力传感器原理

压力提高时隔膜和与其连接的压阻测量电桥的长度发生变化,长度变化时测量电桥内的压电电桥元件上出现作用力,这些作用力使压电元件内的电荷分布发生改变。

电荷分布发生变化时压电电桥元件的电气特性会发生改变。其电气信号与压力成正比,并作为放大后的传感器信号传输给控制单元。

制动压力传感器失灵时,系统将 ESP 功能降低到 ABS 和 EBV(电子制动力分配)功能。

制动压力传感器的核心部件是一个压电元件,制动液的压力就作用在其上。另一个是传感器电子元件。

如果制动液的压力作用到压电元件上,那么该元件上的电荷分布就会改变。

如果没有压力作用,电荷分布是均匀的;有压力作用时,电荷分布在空间发生变化,于是就产生了电压,见图 5-40。压力越大,电荷分离的趋势越强,产生的电压就越高。这个电压由电子装置放大,然后作为信号传给控制单元。所以,电压的高低就是制动压力大小的直接反映。

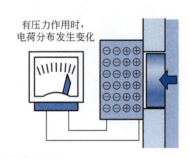

图 5-40 制动压力传感器原理

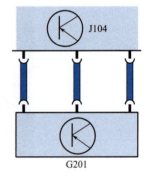

图 5-41 电路图

四、制动压力传感器电路

制动压力传感器通过 3 根导线与控制单元 J104 相连,见图 5-41。

第十节 离合器位置传感器

一、离合器位置传感器信号作用

当踩下离合器时,巡航控制系统关闭,喷油量减小,以防止换挡不平顺。离合器位置传感器信号失效时巡航控制系统失效,并且换挡时发动机有冲击。

二、离合器位置传感器结构

通过卡扣的方式,主缸贴在轴承支架上。当离合器踏板踩下时,推杆驱动主缸中的活塞。踩动离合器踏板时,推杆和活塞一起朝离合器位置传感器方向移动。在活塞的另一端是一块永久磁铁。离合器位置传感器电路板上集成了3个霍尔传感器。当永久磁铁划过霍尔传感器时,分析电子装置就将信号传递给相应的控制单元。离合器位置传感器结构见图5-42、图5-43。

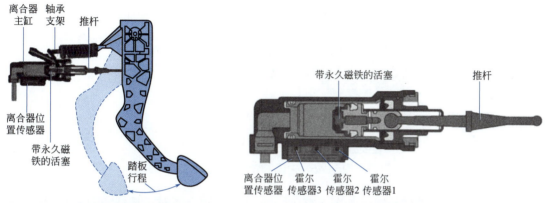

图 5-42 离合器位置传感器结构(一)　　　　图 5-43 离合器位置传感器结构(二)

三、离合器位置传感器原理

1. 工作原理(图5-44)

❶ 霍尔传感器1是一个数字式传感器,它将电压信号发送到发动机控制单元上,控制单元根据这个信号关闭定速巡航装置。

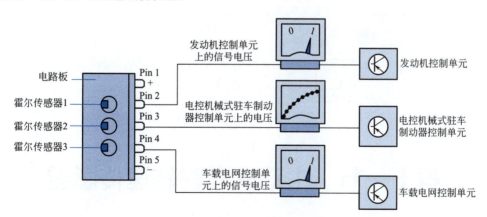

图 5-44 离合器位置传感器原理

❷ 霍尔传感器2是一个模拟传感器,它将一个脉冲宽度调制信号(PWM-信号)发送到电控机械式驻车制动器控制单元上。这样就可以准确识别离合器踏板位置,并且在动态启动时,控制单元可以计算出什么时候打开驻车制动器为最佳。

❸霍尔传感器 3 是一个数字式传感器，它将电压信号发送到车载电网控制单元上。控制单元识别，已经操作了离合器。只有在已经操作离合器的情况下，发动机才可能启动（互锁功能）。

2. 离合器位置传感器动作

（1）未踩下离合器踏板时　　如图 5-45 所示，未踩下离合器时，推杆和活塞都处于空闲位置。离合器位置传感器的分析电子装置将信号电压发送给发动机控制单元，此时电压比蓄电池电压低 2V。发动机控制单元由此判断离合器未被踩下。

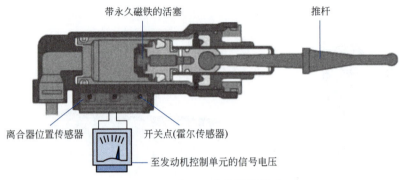

图 5-45　未踩下离合器踏板时

（2）踩下离合器踏板时　　如图 5-46 所示，当踩下离合器时，推杆和活塞一起被推向离合器位置传感器的方向。活塞的前端是个永久磁铁。永久磁铁一经过霍尔传感器的开关点，分析电子装置将 0～2V 的电压信号传递给发动机控制单元，由此判断离合器踏板被踩下。

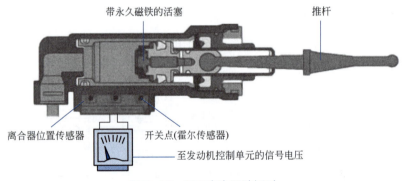

图 5-46　踩下离合器踏板时

第十一节　主动式车轮转速传感器

一、主动式车轮转速传感器结构

每个车轮上都安装了一个主动式车轮转速传感器，主动式车轮转速传感器连接在控制单元上。在主动式车轮转速传感器中进行全部信号处理。

当一个传感器的功能需要一个外接电源时被称为主动式传感器。主动式车轮转速传感器带有一个磁电阻式元件，其电阻根据由读取前束的传感器环切割的磁力线进行变化。轮毂上的传感器环由一个带有根据南北极不同的磁力线的读取前束构成。传感器环通过固定的传感器元件旋转。

二、主动式车轮转速传感器的原理

主动式传感器的功能原理是在磁性区域旁边，磁力线垂直于读取前束。根据极性的不同，磁力线要么远离、要么趋近于前束。因为读取前束和传感器之间的距离非常小，因此磁力线穿过传感器元件并改变其电阻。安装于传感器中的电子放大器/触发器开关装置将电阻变化转换成两个不同的电流电平。这也就意味着，如果传感器元件的电阻因为穿过的磁力线方向而变大，电流便会降低。如果电阻变小，电流则会因为磁力线方向的颠倒而升高。

因为旋转，读取前束上的南北极交替变换，所以便产生一个矩形信号序列，频率是转速的标准。

车轮转速通过一个磁脉冲齿轮进行测量。该磁脉冲齿轮的每一圈分为 96 个增量。每个增量变化都将被主动式车轮转速传感器（图 5-47）所识别，并将其转换为脉冲宽度调制信号的信号协议。

图 5-47　主动式车轮转速传感器
1—主动式车轮转速传感器；2—摆动轴承

主动式车轮转速传感器是一种新型的传感器，与以前的车轮转速传感器不同，在车辆处于静止状态时每隔约 0.7s 传输一个电流脉冲，通过此电流脉冲显示车轮转速传感器的可用性。

三、主动式车轮转速传感器电路

1. 电气结构

在车轮轴承密封件中安装了 48 对磁极。在此北极和南极彼此交替（类似于增量轮的轮齿和空隙）。主动式车轮转速传感器由 2 个霍尔传感器和 1 个电子分析装置组成，见图 5-48。

2. 电气功能原理

除了车轮转速外，主动式车轮转速传感器还识别其他状态，然后通过信号协议传输：车轮旋转方向；空气间隙。

车轮静止超过 1s 时，每隔约 0.7s 发生一个电流脉冲。旋转方向通过信号协议中一个定义的脉冲宽度发送给 DSC 控制单元。作为第三个附加信息，主动式

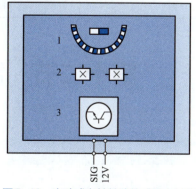

图5-48　主动式车轮转速传感器电气结构
1—磁极对；2—霍尔传感器；3—电子分析装置；
SIG—脉冲宽度调制信号；12V—DSC
控制单元供电

车轮转速传感器识别脉冲齿轮和传感器元件之间的一个空隙上限。此信息同样通过信号协议传送给 DSC 控制单元用于分析评估。DSC 控制单元对这些信号进行分析，因而能快速可靠地识别行驶方向、车辆静止和可能的空隙故障。主动式车轮转速传感器信号曲线示意图见图 5-49。

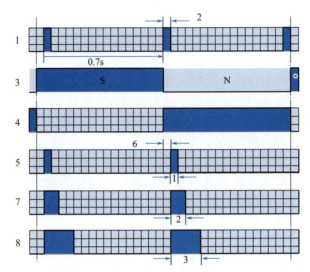

图 5-49　信号曲线示意图

1—车辆静止时；2—电流脉冲；3—南极（轮齿）、北极（空隙）；4—转速信号；
5—空隙警告信号；6—起始位低；7—左旋方向信号；8—右旋方向信号

3. 参数

主动式车轮转速传感器参数见表 5-1。

表 5-1　主动式车轮转速传感器参数

项目/说明/物理量	参数	项目/说明/物理量	参数
供电电压	5.0～20V	脉冲负载参数	40%～60%
信号频率	最大 5000Hz	温度范围	传感器：-40～150℃
信号电平	低：7mA		电缆、插头：-40～115℃
	高：14mA		

第十二节　制动摩擦片磨损传感器

一、制动摩擦片磨损传感器原理

1. 两级式

通过辅助信息（2 个坐标节点），将控制单元计算值与实际磨损进行比较。坐标节点约在 6mm 和 4mm 处。制动摩擦片磨损极限约为 3.7mm。

2. 一级式

如果导体电路已经被磨损，则会有约 5% 的制动摩擦片剩余厚度。这与约 2500km 的剩余里程相符。

制动摩擦片磨损传感器（图 5-50）是具有电阻测量功能的传感器。制动摩擦片磨损传感器（左前和右后在内部制动摩擦片上）提供制动摩擦片厚度辅助信息。

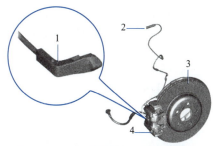

图 5-50　制动摩擦片磨损传感器
1—制动摩擦片磨损传感器；2—2 芯插头；3—制动盘；4—制动钳

维修提示

临界制动摩擦片厚度将在组合仪表中通过保养周期以及制动报警灯呈红色显示。

二、制动摩擦片磨损传感器电路

1. 电气结构

制动摩擦片磨损传感器为两级式，它分两级工作。在第二级中，另外集成了一个电阻。通过电压测量的变化，DSC 识别到第二级。

两级式传感器识别导线短路。识别功能激活，直至第二级 4mm 处。如果导线直到此处断开，则控制黄色制动报警灯。制动摩擦片电路见图 5-51、图 5-52。

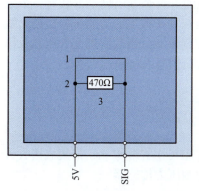

图 5-51　制动摩擦片磨损传感器结构及内部电路
1—坐标节点；2—坐标节点 4mm（仅限两级式制动摩擦片磨损传感器）；3—电阻 470Ω（仅限两级式制动摩擦片磨损传感器）；5V—供电 5V；SIG—信号

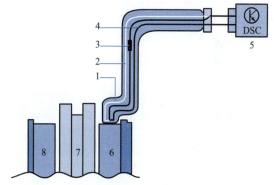

图 5-52　制动摩擦片电路
1—制动摩擦片磨损传感器；2—导体电路 1；3—导体电路 2，带电阻；4—导体电路 3；5—动态稳定控制系统（DSC）；6—内制动摩擦片；7—制动盘；8—外制动摩擦片

2. 电气参数

表 5-2 为制动摩擦片磨损传感器的参数。

表 5-2　制动摩擦片磨损传感器的参数

项目 / 说明 / 物理量	参数	项目 / 说明 / 物理量	参数
电压范围	0～5V	第二级电阻	无限
第一级电阻	470Ω	温度范围	-40～150℃

三、故障影响

制动摩擦片磨损传感器失灵时，将出现以下情况：动态稳定控制系统内出现故障代码存储记录；DSC 为组合仪表中的保养周期显示计算保养范围作为替代；断路时控制动报警灯。

第十三节　轮胎压力监控系统

一、轮胎压力监控系统概述

轮胎压力监控系统主要分为间接式和直接式 2 类。

1. 间接式

间接式通过 ABS 系统的轮速传感器来比较轮胎之间的转速差别，以达到监测胎压的目的。

2. 直接式

直接式利用安装到每一个轮胎的压力传感器来直接测量胎压，利用无线发射器将压力信息从轮胎内部送到中央接收器，然后对各轮胎气压进行显示，当有漏气时系统会自动报警。备胎由控制单元监控和管理，但它不包括在信息通报内。从车轮传感器到控制单元的数据是通过高频无线电传递的。

车辆外围设备的信息交换是通过舒适 CAN 总线实现的。每个气门嘴上都装有一个轮胎气压测量和发送单元，该单元以固定的时间间隔，向安装在翼子板上的轮胎压力监控天线和轮胎压力监控控制单元发送无线电信号。轮胎压力监控控制单元分析轮胎的充气压力及压力的变化情况，将相应信息发至组合仪表，这些信息由驾驶员信息系统显示出来。

二、轮胎压力监控系统组成

轮胎压力监控系统由 5 个组件构成：轮胎压力监控（RDC）控制单元（带集成接收天线的控制单元）和 4 个车轮电子系统，车轮电子系统包含轮胎压力传感器。

三、车轮电子系统

1. 功能原理

车轮电子系统是轮胎压力监控（RDC）的组成部分。在所有车轮内，都在轮辋深槽内安装了车轮电子系统，如图 5-53 所示。车轮电子系统用螺栓连接在加注阀上。车轮电子系统是同类件。

轮胎压力监控系统是一个用于在行车过程中监控轮胎充气压力的系统。根据 RDC 控制单元的请求（每隔一定的时间循环一次，这个时间在 1min 内），由每个车轮电子系统通过 RDC 发射器（低频传输线）查询一次信息。该信息将通过一个高频传输电路发送至 RDC 天线。

该信息包含轮胎充气压力、轮胎充气温度、车轮电子系统的蓄电池状态和车轮电子系统的身份识别。

车轮电子系统内蓄电池的充电状态以及剩余运行时间可通过诊断系统进行检测获得。车轮电子系统的蓄电池无法单独更换。

2. 工作模式

每个车轮电子系统都通过 RDC 控制单元配备有专用 ID（识别标志），以便进行识别。该 ID 在每次数据传输时都同时予以传输。

将对加速传感器的信息进行分析，以识别出相应的车轮。加速传感器的设计，可以识别出从特定

图 5-53 车轮电子系统
1—车轮电子系统

切向速度起的车轮转动，并在车轮电子系统的信息中设置相应的数位。该数位将在有疑问的情况下用于区别运行车轮和备用车轮。

为了避免对蓄电池的充电状态造成不必要的负荷，车轮电子系统可以 4 个不同的模式工作。车轮电子系统在何种模式下进行测量，或发送无线电信号，取决于轮胎充气压力和轮胎充气温度。

（1）模式 0　在运输模式下，车轮电子系统未激活。车轮电子系统在轮胎第一次充气时，当轮胎第一次被加上至少 1.5bar 的过压后被激活。

（2）模式 1　在这个模式下，将识别出压力在缓慢变化，直到轮胎充气压力损失达到 0.2bar 为止（例如由于扩散而产生的轮胎充气压力自然损失）。每 3.4s 测量 1 次轮胎充气压力和轮胎充气温度，该信息每 54s 发送 1 次。

（3）模式 2　与前一次发出的压力值相比，轮胎充气压力损失超过 0.2bar 时，车轮电子系统将立即转入这个最快模式。每 0.8s 测量一次轮胎充气压力和轮胎充气温度，该信息每 0.8s 发送 1 次。

轮胎充气压力损失从 0.2bar 起，将通过 RDC 指示灯和报警灯发出警告和检查控制信息。

从轮胎充气压力损失 20% 起，通过 RDC 指示灯和报警灯、检查控制信息和声音信号发出警告。

在大约 3.6min 后，将自动切换为模式 1。当轮胎充气压力损失继续大于 0.2bar 时，将重新切换为模式 2。

（4）模式 3　轮胎内温度值超过 120℃ 时关闭车轮电子系统，冷却到低于 110℃ 时重新接通。该信息每 54s 发送 1 次。

四、车轮电子系统电路

1. 电气结构

车轮电子系统由一个塑料壳体构成，在这个塑料壳体内的电路板上，有以下部件：压力传感器、温度传感器、加速传感器、发送及接收单元、电子分析装置和蓄电池，见图 5-54。

2. 车轮电子系统的工作参数

表 5-3 为车轮电子系统的工作参数。

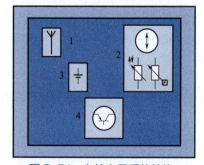

图 5-54 车轮电子系统结构
1—带有发送及接收单元的天线；2—压力、温度和加速传感器；3—蓄电池；
4—电子分析装置

表 5-3　车轮电子系统的工作参数

项目/说明/物理量	参数	项目/说明/物理量	参数
蓄电池系统（锂亚硫酰氯）电池电压	3.6V	发射频率，规格 1（标准型）	433MHz
蓄电池使用寿命	约 7 年	发射频率，规格 2（根据车型系列和国家规格）	315MHz
测量轮胎充气压力、轮胎充气温度和车轮电子系统的蓄电池状态	模式 1：每 3.4s	接收频率	（125±6）kHz
	模式 2 或 3：每 0.85s	温度范围	−40 ～ 120℃
发送所有数据	模式 1：每 54s	最高工作温度	150℃，最长 10min
	模式 2 或 3：每 0.85s	离心加速度	最大 2000g
停顿时间	模式 2 或 3：约 4min		

五、车轮电子系统故障影响

在车轮电子系统失效时，预计将出现以下情况：RDC 控制单元内出现故障代码存储记录；RDC 指示灯和报警灯亮起；无法禁用已激活的车轮电子系统。但是，只要它未被触发（RDC 发射器的触发信号），且车辆处于静止状态时，它便不会发送任何无线电信号。

六、轮胎压力匹配操作

1. 宝马汽车轮胎压力匹配操作

以宝马 5 系 2011 款轿车为例。只能在轮胎充气压力正确的情况下才能初始化系统，否则不能保证轮胎失压时报告的可靠性。在每次轮胎充气压力校正和更换轮胎或车轮后都要重新初始化系统。借助初始化，设置的轮胎充气压力作为参考值被采用。带雪地防滑键行驶时，系统无法初始化。

轮胎压力初始化设定方法如下。

❶ 通过 i-driver 进入"车辆信息"。
❷ 进入"车辆状态"。
❸ 选择"确认轮胎压力"。
❹ 启动发动机，但不要起步行车。
❺ 用"确认轮胎压力"开始初始化。
❻ 起步行车。

在随时可能会中断的行驶中，初始化也会完成。继续行驶时，初始化会自动继续进行。

2. 奥迪汽车轮胎压力匹配操作

以奥迪 Q5 汽车为例。在每次改变胎压、更换车轮或者更换轮胎充气压力传感器之后，均必须在接通点火开关且车辆静止时，在中控台上选择功能键"Car"，使用多媒体系统操纵单元 E380 的旋钮选择轮胎充气压力监控，按下旋钮即可存储轮胎充气压力。

每次按照需要更改标准压力之后，均必须启动轮胎充气压力的存储功能并在行驶过程中保持胎压。

3. 大众 CC 汽车轮胎压力匹配操作

一汽大众 CC 轿车的轮胎监控显示指示灯 K220 通过 ABS 传感器比较转速以及单个车轮的滚动周长。车轮滚动周长发生变化时，将通过轮胎监控显示指示灯来显示。黄色指示灯亮起并发出报警音，则表示系统识别到压力损失，此时应检测轮胎充气压力并对系统进行基本设置，方法如下。

❶ 打开点火开关。
❷ 按住中控台上的 SET 键 2s 以上。
❸ 指示灯熄灭，并通过指示音确认基本设置，完成。

维修提示

只要按下 SET 键，组合仪表中的轮胎监控显示指示灯就会亮起。

第六章 其他传感器

第一节 座椅占用识别压力传感器

一、安装位置和作用原理

座椅占用识别压力传感器 G452 和座椅占用识别垫是一体的。座椅占用识别垫里面充注有硅树脂凝胶,该垫位于副驾驶员座椅软垫的下面。

维修图解

如果副驾驶员座椅被占用了(有人坐或者有重物),那么座椅占用识别垫内的压力就会发生改变。座椅占用识别压力传感器 G452(图 6-1)可以识别出这个压力变化,并把该信息以电压信号的方式告知座椅占用识别控制单元。

座椅占用识别压力传感器由 2 个膜片叠加而成,如图 6-2 所示,导电塑料将正负极导通。

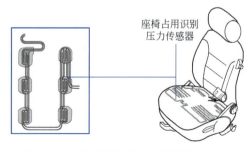

图 6-1 座椅占用识别压力传感器 G452

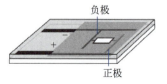

图 6-2 座椅占用识别压力传感器由 2 个膜片叠加而成

没有压力施加到膜片上时，正负极间的接触电阻是很高的。越多的正负极接触，其电阻就越小。

二、座椅占用识别压力传感器电路

根据座椅上负荷的不同，这个电压信号在 0.2V（负荷较大）～ 4.8V（负荷小）之间变动。座椅占用识别控制单元为这个压力传感器提供 5V 的供电电压。

第二节　座椅占用识别装置和安全带拉紧力传感器

一、座椅占用识别装置

例如，奥迪 Q7 美规装备了一个专用的副驾驶员座椅占用识别装置。

如果安全气囊控制单元得到副驾驶员座椅未占用或者安装了儿童座椅的信息，安全气囊控制单元就会关闭副驾驶员前部安全气囊。如果关闭了副驾驶员前部安全气囊，就会通过副驾驶员侧安全气囊关闭指示灯亮起和组合仪表内的字样提醒乘员。

该系统主要由以下部件组成：座垫、座椅占用识别装置垫、座椅占用识别压力传感器、座椅占用识别装置控制单元、副驾驶员侧安全带开关、座椅占用识别装置安全带拉紧力传感器、副驾驶员侧安全气囊关闭指示灯、安全气囊控制单元，如图 6-3 所示。

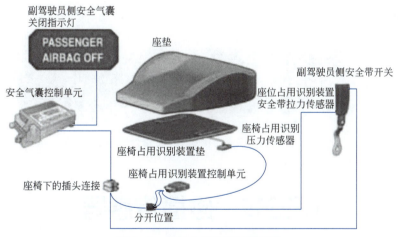

图 6-3　座椅占用识别装置系统

二、座椅占用识别装置安全带拉紧力传感器

安全带拉紧力传感器集成在副驾驶员安全带锁扣内。该传感器主要由 2 个彼此间能相互

移动的件以及1个霍尔传感器（在磁铁Ⅰ和Ⅱ之间）构成如图6-4所示，专门有个弹簧将件保持在初始位置上，在该位置上时，磁铁Ⅰ和Ⅱ对霍尔传感器不起作用。按规定系好安全带时，在安全带锁扣上就施加了一个拉力。

维修图解

霍尔传感器与磁铁Ⅰ和Ⅱ之间的距离是变化的，因此磁铁对霍尔传感器的作用就是变化的，霍尔传感器的电压信号也是变化的。安全带锁扣上承受的拉力越大，那么这两个件彼此移动就大一些。座椅占用识别装置控制单元会接收并分析这些信息。还有一个机械止点（挡铁），用于在发生碰撞时防止传感器元件彼此拉断而分离。座椅占用识别装置安全带拉紧力传感器见图6-4、图6-5。

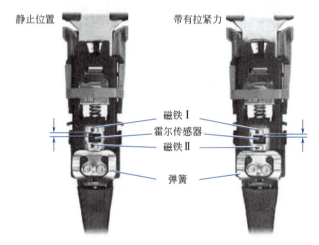

图6-4　座椅占用识别装置安全带拉紧力传感器（一）

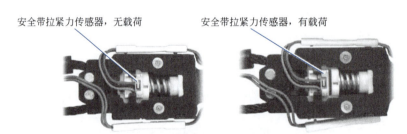

图6-5　座椅占用识别装置安全带拉紧力传感器（二）

第三节　碰撞传感器

一、碰撞传感器的作用和类型

碰撞传感器是安全气囊系统中主要的信号输入装置，其作用是在汽车发生碰撞时，检测汽车碰撞强度的信号,并将信号输入给安全气囊 ECU,安全气囊 ECU 根据碰撞传感器传送的信号来判断是否引爆气体发生器使气囊充气。传感器失灵时组合仪表内的安全气囊警告灯亮起。

1. 功能类型

按传感器功用不同,碰撞传感器可分为碰撞信号传感器和碰撞防护传感器 2 种类型。

(1)碰撞信号传感器　碰撞信号传感器又称为碰撞强度传感器或者触发碰撞传感器,一般安装在汽车左前与右前翼子板内侧,两侧前照灯支架下面,发动机散热器支架左、右两侧,左右仪表台下面等。

(2)碰撞防护传感器　碰撞防护传感器又称为安全传感器、保险传感器或防护传感器,一般都安装在安全系统 ECU 内部。防护传感器和碰撞信号传感器的结构原理完全相同,但设定减速度阈值的原则是碰撞防护传感器的减速度阈值比碰撞信号传感器的减速度阈值稍小,也就是说传感器信号动作速度不一样。

2. 结构类型

(1)机械式碰撞传感器　机械式碰撞传感器常见的是阻尼弹簧式,没有电子设备,只靠机械力控制气囊电路的接通和切断。

(2)机电式碰撞传感器　机电式碰撞传感器利用机械的运动的滚动或转动来控制电路触点动作,再由触点断开和闭合来控制气囊电路的接通和切断。常见的有滚球式、滚轴式和偏心锤式碰撞传感器。

(3)电子式碰撞传感器　常用的电子式碰撞有电阻应变式和压电式 2 种。

❶ 电阻应变式碰撞传感器。电阻应变式碰撞传感器在发生碰撞时应变电阻发生变形,使电阻发生变化,传感器输出信号电压发生变化,当电压值超过预定值时,气囊被触发。

❷ 压电式传感器。压电式碰撞传感器在碰撞时压电晶片输出电压发生变化,当变化的电压达到预定值时,气囊被触发。

二、电阻应变式碰撞传感器

1. 电阻应变式碰撞传感器结构

如图 6-6 所示,电阻应变式碰撞传感器主要由电子电路、电阻应变计、振动块、缓冲介质和壳体等组成。电子电路包括稳压与温度补偿电路 W、信号处理与放大电路 A。电阻应变计的电阻 R_1、R_2、R_3、R_4 制作在硅膜片上。当硅膜片产生变形时,应变电阻的阻值就会发生变化。应变电阻一般都连接成电桥电路,并设计有稳压与温度补偿电路。

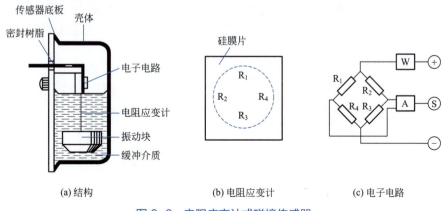

图 6-6　电阻应变计式碰撞传感器

2. 电阻应变式碰撞传感器工作原理

当汽车遭受碰撞时，碰撞传感器的振动块振动，缓冲介质随之振动，进而使应变计的应变电阻产生变形，应变电阻值随之变化。由于应变电阻以电桥电路的方式连接，随着应变电阻阻值的变化，电桥电路的输出电压就发生变化，经过信号处理与放大后，传感器将变化的信号电压输入安全气囊（SRS）ECU。SRS ECU 根据传感器输入的信号电压的强弱便可判断碰撞的强度或碰撞激烈度。当信号电压超过设定值时，SRS ECU 就会立即向点火器发出点火指令引爆点火剂，进而向气囊充气，打开气囊。

三、压电式碰撞传感器

压电式碰撞传感器是利用压电效应（压电效应是指压电晶体在压力作用下，晶体外形发生变化进而使其输出电压发生变化的现象）制成的传感器，其主要应用在汽车 SRS 安全气囊中。压电晶体通常用石英或陶瓷制成，在压力作用下，压电晶体的外形和输出电压就会随之变化。

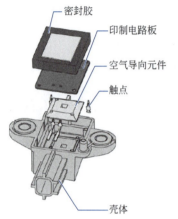

图 6-7　安全气囊碰撞传感器

当汽车遭受碰撞时，传感器内的压电晶体在碰撞产生的压力作用下发生变形，从而压电晶体的电阻值发生变化，通过电路的连接后会使电路的输出电压随之变化。传感器将此信号电压输入 SRS ECU，SRS ECU 根据传感器输入的信号电压的强弱即可判断碰撞的烈度。如果信号电压超过设定值，SRS ECU 就会立即向点火器发出点火指令，引爆点火剂使气体发生器给气囊充气，使 SRS 气囊膨胀开，从而达到保护驾驶员和乘员的目的。

图 6-7 中安全气囊碰撞传感器位于前车门内面板与外面板之间。传感器对车门内部空间的压力变化作出反应。空气通过一个流入通道作用在印制电路板上。印制电路板上的部件对碰撞时产生的压力快速变化作出反应。

该传感器持续测量空气压力。如果该传感器探测到空气压力提高到某一限值之上，就会向安全气囊控制单元发送一个信号。

碰撞传感器有 2 种类型：电容式和压电式压力传感器。

1. 压电式压力传感器

压电式压力传感器（图 6-8）的传感器单元包括一个密封的腔体，压电晶体膜被拉伸。通过施加压力，引起了在压电晶体的电荷位移。这种电荷位移形成传感器电压，并将信号发送给安全气囊控制单元。

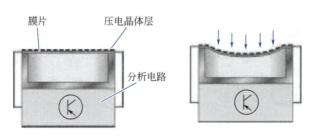

图 6-8　压电式压力传感器

2. 电容式压力传感器

电容式压力传感器的传感器单元构造如图 6-9 所示。电容板 1 被布置在一个密封的腔体内，电容板 2 是一个可拉伸膜片。如果对电容板 2 施加压力，电容极板之间的距离（d）将变化。传感器将这种变化作为一个信号，发送给安全气囊控制单元。

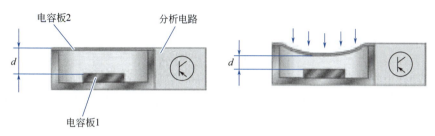

图 6-9　电容式压力传感器

四、应变仪式安全传感器

1. 应变仪式安全传感器的结构

应变仪式安全传感器与电阻应变式碰撞传感器原理基本相同，但主要用作安全传感器，安装在安全气囊控制单元的内部，由悬臂、计示电阻及集成电路等组成。计示电阻是一个半导体应变片，半导体应变片两端被悬臂架压住。

2. 应变仪式安全传感器的工作原理

当汽车发生碰撞时，半导体应变片在悬臂架惯性力作用下发生弯曲应变，受压后的半导体应变片的电阻值产生变化，电阻的变化引起集成电路输出电压 U_s 的变化。汽车的速度越高，碰撞后产生的减速度越大，传感器输出的电压越大。由于半导体压力传感器的输出特性受温度影响，因此常采用晶体管的基极 - 发射极间的电压变化来对温度进行修正。安全气囊控制单元根据碰撞信号进行分析处理，若需要引爆安全气囊，安全气囊控制单元便会接通点火电路，如此时前方碰撞传感器的触点同时也闭合，则气体发生器的电路接通，安全气囊引爆。

五、安全气囊和传感器的诊断和检查

1. 安全气囊警告灯

安全气囊警告灯位于组合仪表总成内，用于向驾驶员通知安全气囊系统故障，并检验安全气囊控制单元是否正在与仪表板通信。点火钥匙转至 ON 时，安全气囊控制单元进行系统自检，如果系统正常，警告灯亮 7s 并闪亮 3 次后熄灭。如果检测到故障，安全气囊控制单元就会存储一个故障诊断代码，然后通过 CAN-BUS 串行数据总线指令组合仪表启亮安全气囊警告灯。汽车启动后，控制单元（控制模块）将不断地对各回路进行检测，如果有故障，安全气囊控制单元将通过 CAN-BUS 串行数据总线与组合仪表进行通信，5s 后安全气囊警告灯将亮起。如果安全气囊系统存在故障，则可能导致安全气囊无法展开，或在碰撞未达到设定的严重程度时展开安全气囊。如果安全气囊警告灯点亮，请尽快到吉利授权服务站进行检修；在完成故障修理前，安全气囊指示灯不会熄灭。

2. 安全气囊控制单元

> **维修提示**

安全气囊控制单元有储备电源，碰撞过程中失去蓄电池电压后仍然能使安全气囊顺利展开。在进行安全气囊系统维修工作前断开蓄电池负极电缆 90s 以上，放空储备电源。

安全气囊控制单元是一个微处理器，它是安全气囊系统的控制中心。当车辆发生碰撞时，安全气囊控制模块将来自传感器的信号与存储器中的数值进行比较，当生成的信号值超过存储数值时，安全气囊控制模块向各点火回路发出点火命令（电流信号），以展开安全气囊。当安全气囊展开时，安全气囊控制模块会记录安全气囊系统的状态，并点亮组合仪表上的安全气囊指示灯。汽车启动后，安全气囊控制模块会对安全气囊系统的电气部件和电路进行连续诊断监测，如果安全气囊控制模块检测到故障，就会存储一个故障诊断码，并点亮安全气囊警告灯，以通知驾驶员有故障存在。

3. 前碰撞传感器（左/右）

前碰撞传感器用于增强安全气囊系统的性能。前碰撞传感器是一个加速度传感器，向安全气囊控制模块传递车辆前方加速度信号。前碰撞传感器可以帮助确定正面碰撞的严重程度。控制单元利用测得的加速度值进行计算，并将这些计算值与存储器中的数值进行比较。当生成的计算值超过存储值时，安全气囊控制模块就向正面点火回路发出点火命令（电流信号），从而展开正面安全气囊和安全带预紧器。

4. 驾驶员侧面碰撞传感器、乘员侧面碰撞传感器

每个侧面碰撞传感器包括一个监测车辆加速度的传感装置，向安全气囊控制单元传递车辆侧面加速度信号。侧面碰撞传感器可以确定侧面撞击的严重程度。控制单元利用测得的加速度值进行计算，并将这些计算值与存储器中的值进行比较。当生成的计算值超过存储值时，安全气囊控制模块将向正面点火回路发出点火命令（电流信号），展开侧气帘和侧气囊以及安全带预紧器。

5. 乘员识别传感器

乘员识别传感器位于乘员座椅总成座垫内，用来感知乘员座椅位置是否有乘员。它是一个压变电阻型的传感器，通过电阻的变化感知压力的大小。当乘员座椅位置有乘员时，位于多功能仪表上的乘员安全带警告灯会点亮，告知驾驶员提醒乘员系上安全带。

6. 驾驶员侧安全气囊、乘员侧安全气囊

驾驶员侧安全气囊、乘员侧安全气囊模块包括 1 个壳体、充气式安全气囊、1 个点火引爆装置以及气体发生剂。当车辆发生正面冲击力足够大的碰撞时，安全气囊控制模块就会向正面点火回路发出点火命令展开安全气囊。电流流过点火器，引爆气体发生剂，从而迅速产生大量气体。该反应生成的气体使安全气囊迅速充气膨胀。安全气囊一旦被充入气体，就会通过气囊放气孔快速放气。安全气囊控制模块线束连接器端子（驾驶员侧安全气囊、乘员侧安全气囊展开回路）都有 1 根短路片。当连接器断开时，短路片将短接安全气囊充气模块展开回路，以防止安全气囊在维修时意外展开。

7. 驾驶员安全带预紧器、乘员安全带预紧器

驾驶员安全带预紧器、乘员安全带预紧器模块包括 1 个壳体、1 个点火引爆装置以及气体发生剂。点火器是安全带预紧器展开回路的一部分。当车辆发生正面或侧面冲击力足够大的碰撞时，安全气囊控制模块就会发出点火命令（电流信号），电流流过点火器，引爆气体发生剂，从而迅速产生大量的气体。该反应产生的气体会迅速作用到安全带卷收模块，从而快速收紧安全带。安全气囊控制模块线束连接器端子（每个安全带预紧器展开回路）上装有1个短路片。短路片可使预紧器展开回路短路，以防止安全带预紧器在维修时意外展开。

8. 驾驶员侧侧气囊、乘员侧侧气囊

驾驶员侧侧气囊、乘员侧侧气囊分别位于驾驶员座椅和乘员座椅的靠背上。安全气囊侧气囊模块包括气囊、点火引爆装置以及气体发生剂。点火器属于安全气囊侧气囊模块展开回路的一部分。当车辆遇到冲击力足够大的侧面碰撞时，侧碰撞传感器将检测该碰撞，并向安全气囊控制模块发送一个信号。安全气囊控制模块将来自侧碰撞传感器的信号与存储器中的设定值进行比较。当产生的信号超过存储值时，安全气囊控制模块（ACU）发出点火命令从而使安全气囊侧气囊展开。当对乘员侧进行侧碰时，要求驾驶员侧侧气囊、驾驶员侧侧气帘不点火，而乘员侧侧气囊、乘员侧侧气帘点火。安全气囊控制模块持续不断地监测展开回路是否有故障，一旦出现故障，就点亮安全气囊指示灯。安全气囊控制模块线束连接器端子（每个侧气囊展开回路）上装有1个短路片。短路片可短路侧气囊模块的展开回路，以防止在维修时意外展开。

9. 驾驶员侧侧气帘、乘员侧侧气帘

驾驶员侧侧气帘、乘员侧侧气帘分别位于左侧和右侧车顶纵梁上，从A柱一直延伸到C柱。车顶侧气帘模块包括气帘、点火引爆装置以及气体发生剂。点火器属于车顶纵梁侧气帘模块展开回路的一部分。当车辆遇到冲击力足够大的侧面碰撞时，侧碰撞传感器将检测该碰撞，并向安全气囊控制模块发送一个信号。安全气囊控制模块将来自侧碰撞传感器的信号与存储器中的设定值进行比较。当产生的信号超过存储值时，安全气囊控制模块发出点火命令从而使侧气帘展开。当对乘员侧进行侧碰时，要求驾驶员侧侧气囊、驾驶员侧侧气帘不点火，而乘员侧侧气囊、乘员侧侧气帘点火。安全气囊控制模块持续不断地监测展开回路是否有故障，一旦出现故障，就点亮安全气囊指示灯。安全气囊控制模块线束连接器端子（每个侧气帘展开回路）上装有1个短路片。短路片可使车顶纵梁气帘模块的展开回路短路，以防止在维修时意外展开。

10. 时钟弹簧

安全气囊时钟弹簧在转向柱上并位于转向盘的下方。时钟弹簧可以在转向盘转动时，使驾驶员展开回路和驾驶员侧安全气囊之间保持连续的电接触。转向盘时钟弹簧的连接器上装有1根短接片，可短接驾驶员侧安全气囊的展开回路，以防止在维修时意外展开。

11. 安全气囊系统线束

安全气囊系统线束通过防水型连接器将传感器、控制单元、充气模块、展开回路以及CAN总线串行数据电路连接在一起。安全气囊系统展开回路连接器为黄色，以便识别。修理安全气囊系统线束时，请遵循相应的测试和线路修理程序。

12. 转向盘和转向柱

转向盘和转向柱采用吸能式设计，在驾驶员与转向盘或充气的安全气囊接触时吸收能量。当车辆发生正面碰撞时，驾驶员可能会直接与转向盘接触，或者通过充气的安全气囊将冲击力加载到转向盘和转向柱上，转向柱将向下收缩，吸收部分碰撞能量，从而有助于降低对驾驶员造成的人身伤害。在碰撞之后，必须检查转向盘和转向柱有无损坏。

13. 安全气囊系统位置和电路原理

安全气囊系统位置和电路原理见图6-10、图6-11。

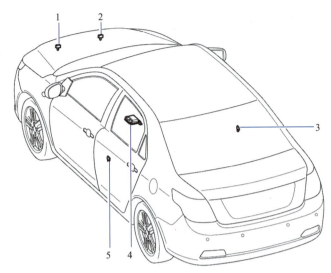

图 6-10　安全气囊系统位置

1—前碰撞传感器（左）；2—驾驶员侧碰撞传感器；3—安全气囊控制单元；
4—乘客侧碰撞传感器；5—前碰撞传感器（右）

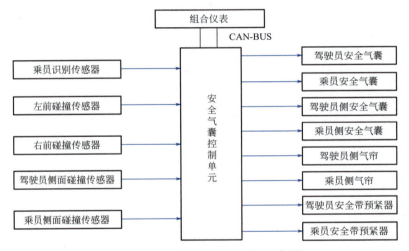

图 6-11　安全气囊系统电路原理框图

14. 检查和诊断程序

（1）目视检查　故障排除中最困难的情况是没有任何症状出现。在这种情况下，必须彻底分析用户所叙述的故障，然后模拟与客户车辆出现故障时相同或相似的条件和环境。无论维修人员经验如何丰富、技术如何熟练，如果不确认故障症状就进行故障排除，将会在修理中忽略一些重要的东西，并在某些地方作出错误的猜测，这将导致故障排除无法进行下去。

检查易于接触或能够看到的系统部件，以查明其是否有明显损坏或存在可能导致故障的情况。

连接器接头和振动的支点是应该彻底检查的主要部位，如果是振动所造成的故障，建议用振动法：用手指轻轻振动可能有故障的部位，并检查是否出现故障；在垂直和水平方向轻轻摇动连接器；在垂直和水平方向轻轻摇动线束。

（2）故障码说明　故障码说明见表 6-1。关联电路见图 6-12。

表 6-1 故障码说明

故障码	故障码内容	故障码	故障码内容
9012	ECU 内部故障	9048	乘员侧安全气囊模块对电源短路
9013	ECU 超过最大使用次数	90A	驾驶员侧气帘模块阻值太高
9014	ECU 存储器中有碰撞记录	90A2	驾驶员侧气帘模块阻值太低
9018	无车辆识别代码	90A3	驾驶员侧气帘模块对地短路
9097	系统电源电压太高	90A4	驾驶员侧气帘模块对电源短路
9098	系统电源电压太低	90A5	乘员侧气帘模块阻值太高
D603	CAN 卡关闭错误	90A6	乘员侧气帘模块阻值太低
D100	ABS/ESP 失去通信	90A7	乘员侧气帘模块对地短路
D130	EMS 失去通信	90A8	乘员侧气帘模块对电源短路
D140	ICU 失去通信	9051	驾驶员侧正面碰撞传感器对地短路
D503	CAN 系统完整性检查错误	9053	驾驶员侧正面碰撞传感器内部故障
9017	起爆回路相互短路	9054	驾驶员侧正面碰撞传感器无法通信
9021	驾驶员安全气囊模块阻值太高	9055	驾驶员侧正面碰撞传感器采集的数据错误
9022	驾驶员安全气囊模块阻值太低	9061	乘员侧正面碰撞传感器对地短路
9023	驾驶员安全气囊模块对地短路	9063	乘员侧正面碰撞传感器内部故障
9024	驾驶员安全气囊模块对电源短路	9064	乘员侧正面碰撞传感器无法通信
9029	驾驶员预紧式安全带阻值太高	9065	乘员侧正面碰撞传感器采集的数据错误
902A	驾驶员预紧式安全带阻值太低	9071	左 B 柱侧面碰撞传感器对地短路
902B	驾驶员预紧式安全带对地短路	9073	左 B 柱侧面碰撞传感器内部故障
902C	驾驶员预紧式安全带对电源短路	9074	左 B 柱侧面碰撞传感器无法通信
9031	乘员安全气囊模块阻值太高	9075	左 B 柱侧面碰撞传感器采集的数据错误
9032	乘员安全气囊模块阻值太低	9081	右 B 柱侧面碰撞传感器对地短路
9033	乘员安全气囊模块对地短路	9083	右 B 柱侧面碰撞传感器内部故障
9034	乘员安全气囊模块对电源短路	9084	右 B 柱侧面碰撞传感器无法通信
9039	乘员预紧式安全带阻值太高	9085	右 B 柱侧面碰撞传感器采集的数据错误
903A	乘员预紧式安全带阻值太低	9091	系统警告灯对电源短路
903B	乘员预紧式安全带对地短路	9092	系统警告灯对地短路
903C	乘员预紧式安全带对电源短路	9093	乘员安全气囊失灵警告灯对电源短路
9041	驾驶员侧安全气囊模块阻值太高	9094	乘员安全气囊失灵警告灯对地短路
9042	驾驶员侧安全气囊模块阻值太低	9095	碰撞输出信号对地短路
9043	驾驶员侧安全气囊模块对地短路	9096	碰撞输出信号对电源短路
9044	驾驶员侧安全气囊模块对电源短路	9101	乘员安全气囊切断开关模块阻值太高
9045	乘员侧安全气囊模块阻值太高	9102	乘员安全气囊切断开关模块阻值太低
9046	乘员侧安全气囊模块阻值太低	9103	乘员安全气囊切断开关对地短路
9047	乘员侧安全气囊模块对地短路	9104	乘员安全气囊切断开关对电源短路

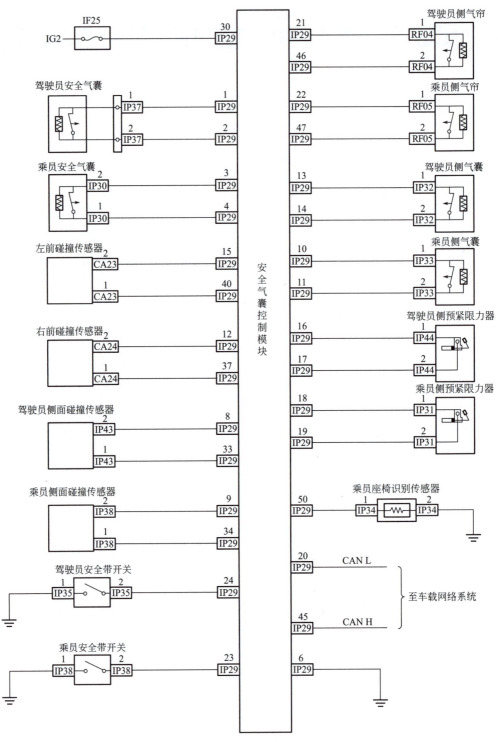

图 6-12 关联电路图

（3）SRS 警告灯常亮诊查

第一步　用诊断仪访问安全气囊控制单元。

检查是否存在 DTC？如果不存在 DTC 请执行下一步。

第二步　检查蓄电池。

❶ 转动点火开关至"ON"位置。

❷ 用万用表测量蓄电池电压（标准电压为 11～14V）。

❸ 转动点火开关至"OFF"位置。

确认电压是否符合标准值？如果不符合标准值则需检查并更换蓄电池或充电系统，转至第八步；如果符合标准值请执行下一步。

第三步　检查安全气囊控制模块与其线束连接器。

❶ 转动点火开关至"OFF"位置。

❷ 断开蓄电池负极电缆并等待 90s 以上。

❸ 检查连接器是否正确地连接到安全气囊控制模块上。

如果没有正确地连接到安全气囊控制模板上请正确地连接连接器，转至第八步；如果已经正确地连接到安全气囊控制模板上请执行下一步。

第四步　检查线束（安全气囊控制模块的电源、接地）。

❶ 从安全气囊控制模块上断开连接器 IP29。

❷ 连接蓄电池负极电缆并等待至少 2s。

❸ 转动点火开关至"ON"位置。

❹ 用万用表测量连接器 IP29 端子 30 与车身接地之间的电压（标准电压为 11～14V）。

❺ 转动点火开关至"OFF"位置。

❻ 用万用表测量连接器 IP29 端子 6 与车身接地之间的电阻（标准电阻小于 1Ω）。线束连接器见图 6-13。

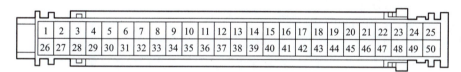

图 6-13　IP29 线束连接器

电压和电阻是否符合标准值？如果不符合标准值请修理或更换线束，转至第八步；如果符合标准值请执行下一步。

第五步　检查线束（组合仪表总成的电源、接地）。

❶ 断开蓄电池负极电缆并等待 90s 以上。

❷ 从组合仪表总成上断开连接器 IP26。

❸ 连接蓄电池负极电缆并等待至少 2s。

❹ 将点火开关转到"ON（IG）"。

❺ 用万用表测量 IP26 端子 1、2 分别与车身接地之间的电压（标准电压为 11～14V）。

❻ 转动点火开关到"OFF"位置。

❼ 用万用表测量连接器 IP26 端子 3、6 分别与车身接地之间的电阻（标准电阻小于 1Ω）。线束连接器见图 6-14。

电压和电阻是否符合标准值？如果不符合标准值请修理或更换线束，转至第八步；如果符合标准值请执行下一步。

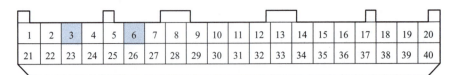

图 6-14 IP26 线束连接器 SRS 警告灯常亮诊查

第六步 更换组合仪表总成。
❶更换组合仪表。
❷连接蓄电池负极电缆并等待至少 2s。
❸转动点火开关到"ON（IG）"位置。
❹检查安全气囊警告灯状态。
安全气囊警告灯是否熄灭后持续点亮？如果安全气囊警告灯没有熄灭则系统正常；如果安全气囊警告灯熄灭了请执行下一步。
第七步 更换安全气囊控制模块。
第八步 确认修理已完成。
❶转动点火开关到"ON"位置，观察警告灯状态，确认系统正常。
❷用诊断仪查看是否有历史故障存在，清除历史故障。

（4）SRS 警告灯不亮诊查
第一步 测量蓄电池电压（标准电压为 11～14V）。
电压是否符合标准值？如果不符合标准值请检查并更换蓄电池或充电系统，转至第五步；如果符合标准值请执行下一步。
第二步 检查组合仪表连接器。
❶转动点火开关至"OFF"位置。
❷断开蓄电池负极电缆并等待至少 90s。
连接器是否正确地连接到组合仪表总成上？如果没有正确地连接到组合仪表总成上请正确地连接连接器，转至第五步；如果正确地连接到组合仪表总成上了请执行下一步。
第三步 检查线束（组合仪表总成的电源、接地）。
❶断开蓄电池负极电缆并等待至少 90s。
❷从组合仪表总成上断开连接器 IP26。
❸连接蓄电池负极电缆并等待至少 2s。
❹转动点火开关至"ON（IG）"位置。
❺用万用表测量连接器 IP26 端子 1、2 分别与车身接地之间的电压（标准电压为 11～14V）。
❻转动点火开关至"OFF"位置。
❼用万用表测量连接器 IP26 端子 3、6 分别与车身接地之间的电阻（标准电阻小于 1Ω）。线束连接器见图 6-15。

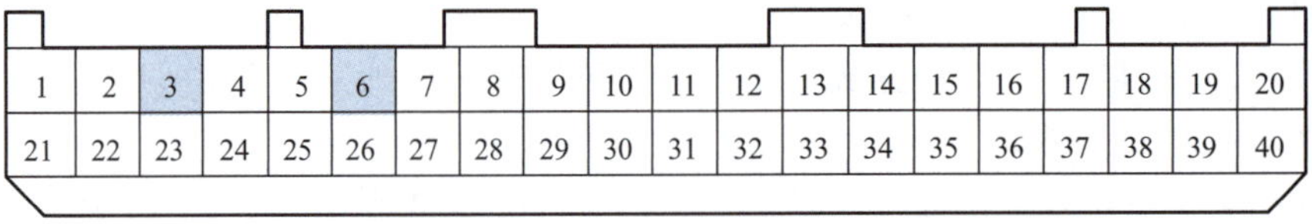

图 6-15 IP26 线束连接器（SRS 警告灯不亮诊查）

电压和电阻是否符合标准值？如果不符合标准值请检查熔丝，修理或更换线束，转至第五步；如果符合标准值请执行下一步。

第四步　更换组合仪表总成。

第五步　确认修理已完成。

❶ 转动点火开关至"ON"位置，观察警告灯状态，确认系统正常。

❷ 用诊断仪查看是否有历史故障存在，清除历史故障。

（5）碰撞传感器故障码

维修提示

在执行本诊断步骤之前，观察故障诊断仪的数据列表，分析各项数据的准确性，这样有助于快速排除故障。

❶ 故障说明。表 6-2 为左前碰撞传感器故障码说明。

表 6-2　左前碰撞传感器故障码说明

故障代码	说明	故障排除方法
B1071	左前碰撞传感器电压错误	①转动点火开关至"OFF"位置，断开蓄电池负极电缆并等待 90s 以上，重新连接蓄电池负极电缆 ②检查是否存在故障，如果故障还存在，更换传感器
B1072	左前碰撞传感器开路错误	①检查安全气囊控制模块与传感器之间的线束是否断路，否则修理故障部位 ②检查线束连接器是否没有正确连接，否则正确连接线束连接器
B1073	左前碰撞传感器通信错误	检查传感器针脚信号端与接地端和安全气囊控制模块定义的针脚连接是否正确，不正确更换线束
B1074	左前碰撞传感器配置错误、采样错误	更换传感器
B1075	左前碰撞传感器饱和度错误、左前碰撞传感器错误	检测 ECU 供电电压，如果电压不符合检修充电系统；如果电压正常，更换传感器

❷ 诊断步骤

第一步　检查线束（安全气囊控制模块的电源、接地）。

❶ 从安全气囊控制模块上断开连接器 IP29。

❷ 连接蓄电池负极电缆并等待至少 2s。

❸ 转动点火开关至"ON（IG）"位置。

❹ 用万用表测量连接器 IP29 端子 30 与车身接地之间的电压（标准电压为 11~14V）。

❺ 将点火开关转到"OFF"位置。

❻ 用万用表测量连接器 IP29 端子 6 与车身接地之间的电阻（标准电阻小于 1Ω）。

电压和电阻是否符合标准值？如果不符合标准值请检查熔丝，修理或更换线束；如果符合标准值请执行下一步。

第二步　检查线束连接器。

❶ 断开安全气囊控制模块线束连接器 IP29。

❷ 断开左前碰撞传感器线束连接器 CA23。

两个线束连接器是否异常？如果有异常请更换线束连接器；如果没有异常请执行下一步。

第三步　检查左前碰撞传感器线束是否存在断路。

❶ 用万用表测量 IP29 端子 40 与 CA23 端子 2 之间的电阻值。

❷ 用万用表测量 IP29 端子 15 与 CA23 端子 1 之间的电阻值。

标准电阻小于 1Ω，CA23 连接器见图 6-16。

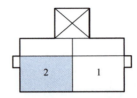

图 6-16　CA23 连接器

电阻是否符合标准值？如果不符合标准值请更换线束；如果符合标准值请执行下一步。

第四步　检查左前碰撞传感器线束之间是否短路。

用万用表测量连接器 CA23 端子 1 和 2 之间的电阻值（标准电阻 10kΩ 或更大）。

电阻值是否符合标准值？如果不符合标准值请更换线束；如果符合标准值请执行下一步。

第五步　检查左前碰撞传感器线束是否对车身接地短路。

用万用表测量 CA23 端子 1 和端子 2 分别与车身接地之间的电阻值（标准电阻 10kΩ 或更大）。

电阻值是否符合标准值？如果不符合标准值请更换线束；如果符合标准值请执行下一步。

第六步　检查左前碰撞传感器线束是否对电源短路。

❶ 连接蓄电池负极电缆，并等待至少 2s。

❷ 转动点火开关至"ON"位置。

❸ 用万用表测量 CA23 端子 1 和端子 2 分别与车身接地之间的电压值（标准电压小于 1V）。

电压值是否符合标准值？如果不符合标准值请更换线束；如果符合标准值请执行下一步。

第七步　更换左前碰撞传感器。

❶ 断开蓄电池负极电缆并等待至少 90s。

❷ 更换驾驶员侧前方远端碰撞传感器。

系统是否正常工作？如果正常工作则系统正常；如果没正常工作请执行下一步。

第八步

❶ 更换安全气囊控制模块。

❷ 确认修理完成。

第九步　系统正常。

（6）执行器故障

❶ 故障说明。表 6-3 为驾驶员侧安全气囊故障码说明。

表 6-3　驾驶员侧安全气囊故障码说明

故障代码	说明	故障代码	说明
B1021	驾驶侧前气囊对 GND 短路错误	B1024	驾驶侧前气囊电阻高错误
B1022	驾驶侧前气囊对 +B 短路错误	B1025	驾驶侧前气囊配置错误
B1023	驾驶侧前气囊电阻低错误		

❷ 诊断步骤。

第一步 检查线束（安全气囊控制模块的电源、接地）。

❶ 从安全气囊控制模块上断开连接器 IP29。

❷ 将负极端子电缆连接到蓄电池上，并等待至少 2s。

❸ 转动点火开关到"ON（IG）"位置。

❹ 用万用表测量连接器 IP29 端子 30 与车身接地之间的电压（标准电压 11～14V）。

❺ 转动点火开关到"OFF"位置。

❻ 用万用表测量连接器 IP29 端子 6 与车身接地之间的电阻（标准电阻小于 1Ω）。

电压和电阻是否符合标准值？如果不符合标准值请检查熔丝，修理或更换线束；如果符合标准值请执行下一步。

第二步 检查时钟弹簧连接器。

❶ 断开蓄电池负极电缆并等待至少 90s。

❷ 检查时钟弹簧连接器是否损坏，固定卡扣是否损坏。

如果时钟弹簧连接器已经损坏请更换时钟弹簧；如果时钟弹簧连接器没有损坏请执行下一步。

第三步 检查安全气囊控制模块和驾驶员侧安全气囊之间电路。

❶ 断开蓄电池负极电缆并等待至少 90s。

❷ 从驾驶员侧安全气囊上脱开时钟弹簧线束连接器。

❸ 从安全气囊控制模块上脱开线束连接器。

维修提示

测量前请先拆卸安全气囊控制模块线束连接器 IP29 端子 1、端子 2 的短接片，安装线束连接器前请先安装好短接片；严禁使用万用表直接测量驾驶员侧安全气囊端子，否则可能引爆安全气囊导致严重伤害。

❹ 用万用表测量安全气囊控制模块 IP29 端子 1、端子 2 与车身接地之间的电阻值（标准电阻 10kΩ 或更高）。

❺ 用万用表测量安全气囊控制模块 IP29 端子 1、端子 2 至安全气囊线束连接器 IP37 端子 1、端子 2 之间的电阻值（标准电阻小于 1Ω）。

❻ 用万用表测量安全气囊控制模块 IP29 端子 1、端子 2 之间的电阻（标准电阻 10kΩ 或更高）。

❼ 连接蓄电池负极电缆，并等待至少 2s。

❽ 转动点火开关至"ON"位置。

❾ 用万用表测量安全气囊控制模块 IP29 端子 1、端子 2 分别与车身接地之间的电压（标准电压小于 1V）。

电阻值和电压值是否符合标准？如果不符合标准值请更换线束；如果符合标准值请执行下一步。

第四步 检查时钟弹簧与安全气囊控制模块之间的线束。

❶ 断开时钟弹簧线束连接器 IP37。

❷ 使用万用表测量时钟弹簧 IP37 端子 1、端子 2 与安全气囊连接器之间线束的电阻（标准电阻小于 1Ω）。

❸ 使用万用表测量 IP37 端子 1 和端子 2 之间的电阻（标准电阻 10kΩ 或更高）。

④ 使用万用表测量 IP37 端子 1 和端子 2 分别与车身接地之间的电阻（标准电阻 10kΩ 或更高）。

⑤ 连接蓄电池负极电缆并等待至少 2s。

⑥ 转动点火开关至"ON"位置。

⑦ 用万用表测量 IP37 端子 1 和端子 2 分别与车身接地之间的电压（标准电压小于 1V）。连接器见图 6-17。

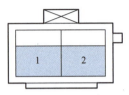

时钟弹簧线束连接器2 IP37

图 6-17　IP37 连接器

电阻值和电压值是否符合标准？如果符合标准值请转至第六步；如果不符合标准值请执行下一步。

第五步　更换时钟弹簧与安全气囊控制模块之间的线束。

确认修理完毕：系统是否正常？如果系统不正常请执行下一步。

第六步　更换时钟弹簧。

连接各个连接器；连接蓄电池负极电缆并等待至少 2s；把点火开关转至"ON"位置；连接诊断仪，清除储存的 DTC；重新读取 DTC。

DTC 是否存在？如果系统不正常请执行下一步。

第七步　更换驾驶员侧安全气囊。

连接时钟弹簧和安全气囊控制模块线束连接器；更换驾驶员侧安全气囊；连接蓄电池负极电缆，并等待至少 2s；把点火开关转至"ON"位置；连接诊断仪，清除储存的 DTC。

DTC 是否存在？如果系统不正常请执行下一步。

第八步　更换安全气囊控制模块。

转动点火开关至"OFF"位置；断开蓄电池负极电缆并等待至少 90s；更换安全气囊控制模块；连接蓄电池负极电缆并等待至少 2s；把点火开关转至"ON"位置；连接诊断仪，清除存储的 DTC；确认修理完成。

第九步　系统正常。

（7）驾驶员侧预紧限力器故障

❶ 故障说明。表 6-4 为驾驶员侧预紧限力器故障码说明。

表 6-4　驾驶员侧预紧限力器故障码说明

故障代码	说明	故障代码	说明
B1031	驾驶员侧安全带对 GND 短路错误	B1034	驾驶员侧安全带电阻高错误
B1032	驾驶员侧安全带对 +B 短路错误	B1035	驾驶员侧安全带配置错误
B1033	驾驶员侧安全带电阻低错误		

❷ 诊断步骤。

第一步　检查线束（安全气囊控制模块的电源、接地）。

❶ 从安全气囊控制模块上断开连接器 IP29。

❷ 连接蓄电池负极电缆并等待至少 2s。

❸ 转动点火开关到"ON（IG）"位置。

❹ 用万用表测量连接器 IP29 端子 30 与车身接地之间的电压（标准电压 11～14V）。

❺ 将点火开关转到"OFF"位置。

❻ 用万用表测量连接器 IP29 端子 6 与车身接地之间的电阻（标准电阻小于 1Ω）。

电压和电阻是否符合标准值？如果不符合标准值请检查熔丝，修理或更换线束；如果符合标准值请执行下一步。

第二步　检查驾驶员侧预紧限力器线束连接器 IP44 是否正确连接。如果驾驶员侧预紧限力器线束连接器 IP44 没有正确连接请正确连接线束连接器；如果驾驶员侧预紧限力器线束连接器 IP44 已经正确连接请执行下一步。

第三步　检查驾驶员侧预紧限力器线路。

❶ 断开蓄电池负极电缆并等待 90s 以上。

❷ 从安全气囊控制模块上断开线束连接器 IP29。

❸ 从驾驶员侧安全带预紧器上断开线束连接器 IP44。

❹ 使用万用表测量连接器 IP29 端子 16 与连接器 IP44 端子 2 之间的电阻以及连接器 IP29 端子 17 与连接器 IP44 端子 1 之间的电阻（标准电阻小于 1Ω）。

❺ 使用万用表测量连接器 IP29 端子 16 与端子 17 之间的电阻（标准电阻 10kΩ 或更高）。

❻ 使用万用表测量连接器 IP29 端子 16、17 分别与车身接地之间的电阻（标准值 10kΩ 或更高）。

❼ 连接蓄电池负极电缆并等待至少 2s。

❽ 转动点火开关至"ON"位置。

❾ 使用万用表测量连接器 IP29 端子 16、17 分别与车身接地之间的电压（标准电压小于 1V）。图 6-18 为连接器。

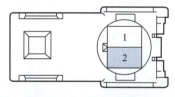

图 6-18　IP29 连接器

维修提示

测量前请先拆卸安全气囊控制模块线束连接器 IP29 端子 16、端子 17 的短接片，安装线束连接器前请先安装好短接片。

电压和电阻是否符合标准值？如果不符合标准值请更换线束；如果符合标准值请执行下一步。

第四步　更换驾驶员侧预紧限力器。

❶ 断开蓄电池负极电缆并等待至少 90s。

❷ 更换驾驶员侧预紧限力器。

❸ 安装短接片，连接线束连接器。

❹ 连接蓄电池负极电缆并等待至少 2s。

❺ 转动点火开关至"ON"位置。

⑥ 连接诊断仪，清除储存的 DTC。
⑦ 再次读取 DTC。
DTC 是否存在？如果 DTC 存在请执行下一步。
第五步　更换安全气囊控制模块；确认修理完成。
第六步　系统正常。

六、碰撞传感器的更换

1. 驾驶员侧正面加速度碰撞传感器的更换

（1）拆卸程序

① 断开蓄电池负极电缆，并等待至少 90s。
② 断开驾驶员侧正面加速度碰撞传感器线束连接器。
③ 拆卸驾驶员侧正面加速度碰撞传感器固定螺栓并取下右前碰撞传感器，见图 6-19。

（2）安装程序

① 安装并紧固驾驶员侧正面加速度碰撞传感器固定螺栓。
② 连接驾驶员侧正面加速度碰撞传感器线束连接器。
③ 连接蓄电池负极电缆。

2. 侧碰撞传感器的更换

（1）拆卸程序

① 断开蓄电池负极电缆，并等待 90s。
② 拆卸中柱下内饰板。
③ 断开侧碰撞传感器线束连接器。
④ 拆卸侧碰撞传感器固定螺栓并取下传感器，见图 6-20。

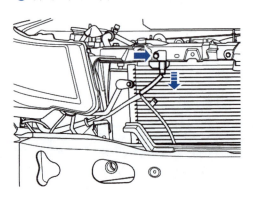

图 6-19　拆卸传感器

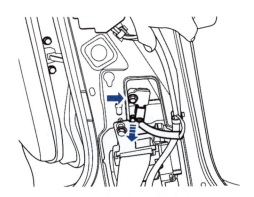

图 6-20　侧碰撞传感器的更换

（2）安装程序

① 安装侧碰撞传感器并紧固固定螺栓。
② 连接侧碰撞传感器线束连接器。
③ 安装中柱下内饰板。
④ 连接蓄电池负极电缆。

3. 驾驶员侧安全气囊的更换

（1）拆卸程序

❶断开蓄电池负极电缆。注意,在蓄电池负极断开 90s 后再进行拆卸工作。
❷拆卸驾驶员侧安全气囊两侧固定螺钉。
❸断开时钟弹簧与驾驶员侧安全气囊的线束连接器。
❹断开喇叭线束连接器并取出驾驶员侧安全气囊。
安全气囊拆卸见图 6-21、图 6-22。

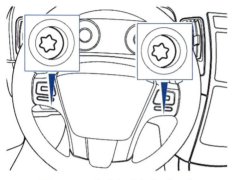

图 6-21　安全气囊拆卸(一)

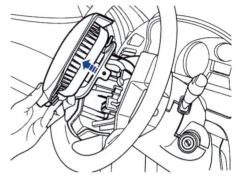

图 6-22　安全气囊拆卸(二)

(2)安装程序
❶连接喇叭线束连接器及时钟弹簧线束连接器。
❷紧固驾驶员侧安全气囊两侧固定螺钉,紧固螺钉时,应先将两螺栓预紧再拧紧。
❸连接蓄电池负极电缆。

第四节　雨量和光线识别传感器

一、雨量和光线识别传感器结构

雨量和光线识别传感器由光敏传感器元件和一个发光二极管组合而成。所有部件都位于传感器壳体内的一个印制电路板上。有一个光学元件将传感器壳体与风窗玻璃隔开。该光学元件的任务是,聚集和校准射出和射入的光线。整个传感器固定在风窗玻璃上。发光二极管和光电二极管用于雨量识别,进行光线识别时使用环境光线传感器和远距离传感器。

雨量和光线识别传感器安装位置及结构分别见图 6-23、图 6-24。

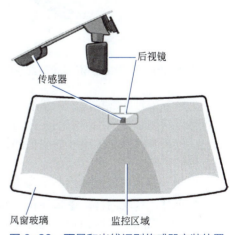

图 6-23　雨量和光线识别传感器安装位置

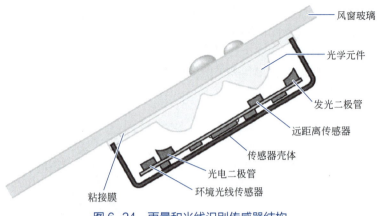

图 6-24 雨量和光线识别传感器结构

二、雨量和光线识别传感器工作原理

传感器的核心部件是一个发光二极管和一个光电二极管。传感器的工作原理是，从发光二极管射出的光线中有一部分由车窗玻璃表面反射回来，通过光学元件聚集后照射到光电二极管上。

如果车窗玻璃上有水滴或水层，发光二极管光线的反射程度和照射到光电二极管上的光通量就会发生变化。玻璃越湿，因光线折射作用而反射的光线越少。因此可以利用光电二极管的输出信号计算雨量。雨量识别的响应时间，即识别到下雨直至将输出信号发送给刮水器的时间不超过 20ms。雨量和光线识别传感器工作原理见图 6-25、图 6-26。

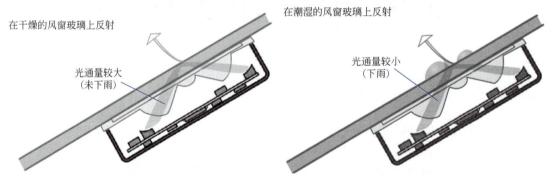

图 6-25 雨量和光线识别传感器原理（一）　　图 6-26 雨量和光线识别传感器原理（二）

为区分各种光线情况，雨量和光线识别传感器内安装了不同的光线传感器。一个环境光线传感器探测车辆周围环境的光线情况，一个远距离传感器探测行驶方向 3 个车长内的光线情况。该系统识别总体亮度的降低和提高，并在辅助行车灯功能已启用的情况下接通或关闭行车灯。

例如，该系统可以根据两个传感器信号的差值确定车辆驶入隧道，并最迟在驶入隧道时接通行车灯。系统内部的逻辑连接可确保，只有环境光线传感器识别到亮度值足够时才关闭行车灯。如果除了光线识别功能外还启用了雨量识别功能，雨量达到一定程度时也会接通行车灯。有雾时或在地下通道内行驶时光线识别功能不会做出反应，此时应根据具体情况手动接通行车灯。其原理见图6-27、图6-28。

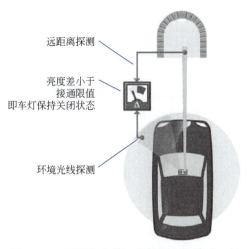

图6-27 雨量和光线识别传感器原理（三）

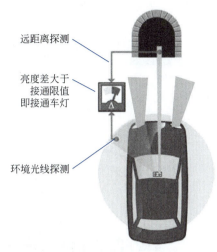

图6-28 雨量和光线识别传感器原理（四）

第五节　光照强度传感器

一、光照强度传感器工作原理

光照强度传感器位置见图6-29。光照强度由光电传感器感知太阳辐射，从而调整空调系统的温度。它感知从车辆前面照射的阳光强度，并能区分左右侧。根据入射太阳光的照射方向，较强太阳光的车辆侧将采取更多的冷却。

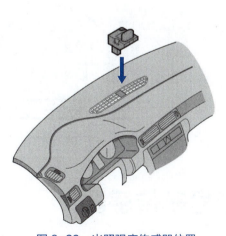

图6-29 光照强度传感器位置

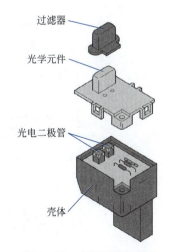

图6-30 光照强度传感器

如图6-30所示，太阳光通过一个过滤器，照射在两个光电二极管的光学元件上。该过滤器保护光学元件，防止紫外线的辐射。光学元件引导阳光以一定的角度、较强的光束照射到光电二极管上。光电二极管是半导体光敏元件。没有阳光时，只有很小的电流流过二极管。在强烈的阳光照射下，电流增加。阳光越强烈，通过的电流就越大。

二、光照强度传感器作用

1. 阳光从侧面照入

阳光从不同的角度照射时（如车厢左边或右边），对于驾驶员或乘客有不同的热感觉。光学元件被划分为2个腔室，每个腔室均有1个光电二极管。在阳光的照射下，如从车厢左侧射入，大部分阳光光束被引导到左侧光电二极管，如图6-31所示。由于光学元件的隔离，只有一小部分太阳光被引入到右侧的二极管。因此，车厢的左侧冷却性能增加。

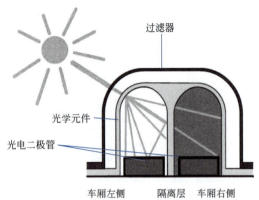

图6-31　阳光从侧面照入

2. 阳光从前面照入

如图6-32所示，阳光从前面射入，会增加驾驶员和前排乘客的热感。光学元件将阳光均匀地引导到光电二极管上。空调系统均匀地增加驾驶员和前排乘客侧的冷却能力。

3. 阳光垂直照射

如图6-33所示，太阳光垂直照射到车顶。光学元件将较少的光引导到光电二极管。此时，制冷系统功率可以减小，因为驾驶员和乘客都没有暴露在阳光下。

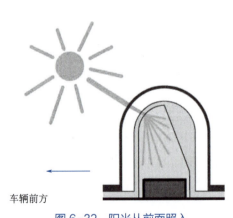

图6-32　阳光从前面照入

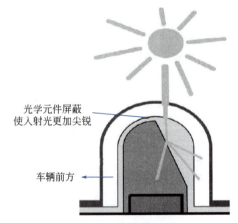

图6-33　阳光垂直照射

第六节　汽车导航传感器

导航系统用传感器主要有：确定汽车行驶方向的罗盘传感器、陀螺仪、转角传感器等。

一、转角传感器

用于 ABS 中的前轮转速传感器也可以被用于汽车导航系统中作为方向传感器。通过对左、右前轮传感器输出的脉冲差（左、右前轮的行驶距离差）的测定，可计算出汽车是否已转向及方向的变化量。

转角传感器（图 6-34）位于无线电导航系统的壳体中，记录车辆在行进方向上的左右变化。当车辆改变其行进方向，它绕其垂直轴线转动。转角传感器探测到这个旋转的动作，并通知导航控制单元。导航控制单元然后计算方向改变的角度。为了区分正向和反向运动，控制单元从倒车灯开关接收信号。依旧需要计算行进的距离以计算曲线半径。这由 ABS 轮速传感器的轮速脉冲帮助确定。

图 6-34　转角传感器

二、陀螺仪

采用陀螺仪是检测汽车行驶方向的另一种方法。它是通过测定汽车转向角速度，并对该角速度进行积分来检测方向的变化。目前车用的陀螺仪种类较多，但在汽车导航系统中采用的一般是气体流率差陀螺仪，还有就是光纤维陀螺仪。

三、罗盘传感器

罗盘传感器通过对地球磁场的感应来测定汽车的方向。

第七节　高度传感器

一、概述

以后侧高度传感器为例，根据装备和车型系列最多可在后桥安装 2 个高度传感器（左和右）。使用后桥架梁上的支架螺栓连接高度传感器。

高度传感器与一体式底盘管理系统（ICM）或车身域控制器（BDC）电气相连。ICM 或 BDC 提供 FlexRay 信号。根据车型系列和制造年限，在带有高度传感器自调标高悬架控制的车辆中同时与 EHC 控制单元（通道 2）相连。

二、高度传感器结构和功能

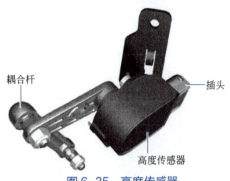

图6-35 高度传感器

高度传感器是（图6-35）一种非接触式传感器。高度传感器将路程通过一个角度器，按比例转换为模拟电压信号。该传感器内部采用可旋转360°的结构，测量范围可以达到70°，信号作为模拟电压输出。

车轮升程通过耦合杆转换为高度传感器的旋转运动。在压缩和弹出时高度传感器的输出电压呈线性变化。根据特性线的规格，压缩时，输出电压增加；弹出时，输出电压降低。

三、内部电路

2通道高度传感器具有壳体、环形磁铁、2个霍尔传感器、2个电子分析装置。1通道高度传感器具有1个电子分析装置和1个霍尔传感器。高度传感器内部电路见图6-36。

新的电感式高度传感器由壳体、2个线圈和电子分析装置组成，见图6-37。

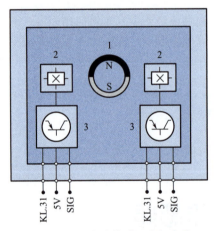

图6-36 高度传感器内部电路
1—环形磁铁；2—霍尔传感器；3—电子分析装置

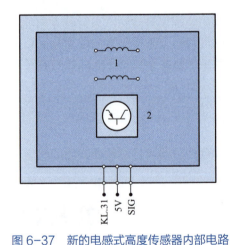

图6-37 新的电感式高度传感器内部电路
1—2个线圈；2—电子分析装置；KL.31—接地连接通道1和可选2；5V—5V供电电压通道1和可选2；SIG—信号1和2

四、高度传感器特性和参数

高度传感器将由一体式底盘管理系统（ICM）或车身域控制器（BDC）提供5V电压和接地。

（1）高度传感器特性　见图6-38。

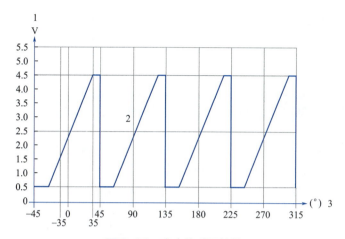

图 6-38 高度传感器特性

1—信号电压；2—后部高度传感器特性线；3—转角

（2）高度传感器参数　见表 6-5。

表 6-5　高度传感器参数

项目	参数	项目	参数
供电电压	4.5～5.5V	短路强度（所有线脚 Pin）	最大 16V
当供电电压失灵时，传感器输出端上的输出电压	最大 2%	每通道最大持续耗用电流（当 U=5.5V 时）	16mA
当接地线断路时，传感器输出端上的输出电压	最小 98%	接通电流（当 U=5.5V）	20mA
过压	最大 18V		

五、故障影响

当高度传感器失灵时，预计将出现以下情况：一体式底盘管理系统（ICM）或车身域控制器（BDC）中记录故障；无大灯光线水平调整；无自调标高悬架控制调节。

在更换车身域控制器（BDC）以及高度传感器后，应在诊断系统上使用服务功能"高度匹配"来重新了解高度传感器的匹配值。

第八节　车内空气循环控制系统自动传感器

一、概述

车内空气循环控制系统自动传感器（AUC 传感器）固定在空调滤芯箱上。

AUC 传感器分析吸入的新鲜空气中一氧化碳和氧化氮的浓度。如果 AUC 传感器测量出一个过高的排放值，将通过自动恒温空调控制单元（IHKA 控制单元）切换至循环空气模式

（前提条件：IHKA 处于自动运行状态）。由于缺乏新鲜空气输送，空气循环功能暂时受限。在发动机启动并且已接通 AUC 功能时，由于 AUC 传感器的加热阶段，始终持续约 40s 切换到新鲜空气模式。

二、结构和功能

车内空气循环控制系统自动传感器（图 6-39）自总线端 KL.15 接通起供电。传感器元件需要约 300℃ 的工作温度。AUC 传感器中的电子装置控制加热电压的间歇（取决于标准和实际温度）。AUC 传感器在 30s 后达到其运行准备状态并对环境空气的变化作出反应。

AUC 传感器将所记录到的空气质量（也称为空气品质）转换为电信号。为了简化信息处理，因此将空气质量分为 10 级：0～10 级（从干净到严重污染）。

例如，宝马 F0x、F1x：AUC 传感器将相应的级别作为数字信号通过 LIN 总线发送至接线盒电子装置（JBE），接线盒电子装置（JBE）将数字信号通过控制器区域网络总线发送至冷暖空调控制单元。

宝马 F15、F16、F4x、F5x、I01、I12：车内空气循环控制系统自动传感器将相应的挡作为按脉冲宽度调制的信号发送至车身域控制器（BDC），车身域控制器（BDC）将数字信号通过控制器区域网络总线发送至冷暖空调控制单元。

F2x、F3x：AUC 传感器将相应的级别作为按脉冲宽度调制的信号发送至前部车身电子模块（FEM）。前部车身电子模块（FEM）将 CAN 总线上的数字信号发送至 IHKA 控制单元。

根据内部测量间隔，每秒更新信息。

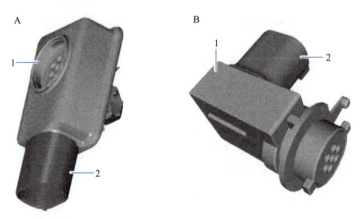

图 6-39　车内空气循环控制系统自动传感器

A—车内空气循环控制系统自动传感器（AUC 传感器）；B—车内空气循环控制系统自动传感器（车内空气循环控制自动传感器）；1—车内空气循环控制系统自动传感器；2—3 芯插头

三、内部电路

AUC 传感器（图 6-40）是一种金属氧化物传感器。该传感器对于交通中的各种典型气味和有害物质具有高灵敏度。AUC 传感器由 2 个电阻元件和 1 个电子单元组成。

四、参数

AUC 传感器参数见表 6-6。

表 6-6　AUC 传感器参数

项目	参数	项目	参数
电压范围	9～16.5V	最大输入功率	小于 1W
过压	大于 18.5V	响应时间	小于 1s
低电压	小于 8.5V	温度范围	-40～85℃

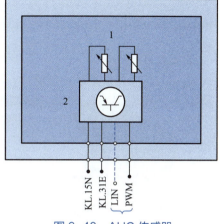

图 6-40　AUC 传感器

1—电阻元件；2—电子单元；KL.15N—总线端 KL.15 供电电压；KL.31E—总线端 KL.31 电子接地线；LIN—LIN 总线；PWM—脉冲信号

五、故障影响

车内空气循环控制系统自动传感器失灵时，可能出现以下情况：接线盒电子装置（JBE）或前部车身电子模块（FEM）或车身域控制器（BDC）中记录故障；IHKA 控制单元替代值，空气质量等级 0（等级 0 相当于清新空气）；无法进行自动车内空气循环控制。

第九节　超声波传感器

一、超声波传感器安装位置

驻车距离报警系统（park distance control）为驾驶员提供驻车和离开辅助。PDC 利用超声波传感器，在感知范围内对目标进行距离测量。

有些车的 PDC 集成在接线盒电子装置（JBE）内，如宝马 F0x、F1x，PDC 所起的作用就像控制单元内的控制单元。在物理上，PDC 位于 JBE 内，但是 PDC 有专用控制单元地址。有些车 PDC 集成在车尾电子模块（REM）中，或在配备了泊车辅助系统的情况下集成在 PMA 中，如宝马 F2x、F3x。

有些车型的驻车距离报警系统和驻车辅助系统的两个功能通过相同的控制单元实现，如宝马 F45、F55、F56、I01、I12。标准型 PMA 控制单元，驻车距离报警系统（PDC）；高级型 PMA 控制单元，驻车距离报警系统（PDC）和泊车辅助系统（PMA）。

由于车型和车辆配置的不同，前保险杠中安装了 4 个或 5 个超声波传感器。

例如，宝马 F01、F02、F03、F04 这些车型安装了 5 个超声波传感器，目的是监控优化几何形状。在后保险杠内安装了 4 个超声波传感器。前后保险杠内的超声波传感器在电气和几何形状方面都是相同的。

二、超声波传感器工作原理

1. 基本原理

超声波传感器发射超声波脉冲,障碍物反射这些超声波脉冲(回声脉冲),超声波传感器接收并放大这些回声脉冲,接着这些被放大过的回声脉冲被转换成一种数字信号,见图6-41。

说明:去耦是专指去除芯片电源引脚上的噪声。该噪声是芯片本身工作产生的。在直流电源回路中,负载的变化也会引起电源噪声。去耦的基本方法是采用去耦电容。

每个超声波传感器都有一套自己的电子装置以及自己的一根连接相应控制单元的数据导线。

相应控制单元在打开点火开关时将当前的车辆数据提供给超声波传感器(工作存储器)。超声波传感器被泊车辅助系统控制单元置于组合收发模式或纯接收模式。

图6-41 超声波传感器
1—超声波传感器;2—插头;
3—去耦元件

2. 组合收发模式

在组合收发模式下,一个保险杠内的超声波传感器首先依次发出一个超声波脉冲包。然后,超声波传感器将接收由感知范围内的一个目标所反射回来的回声脉冲。该回声脉冲在超声波传感器得到加强,然后作为数字信号转发至泊车辅助系统控制单元。泊车辅助系统控制单元根据回声脉冲的运行时间计算出目标距离。

3. 接收模式

在接收模式中,超声波传感器将接收相邻超声波传感器所发出的回声脉冲。泊车辅助系统控制单元最多可分析3个超声波传感器的信号("三边测量"=圆割线=相邻传感器同时"监听")。通过多个超声波传感器的信号分析,计算出车辆和目标之间的最小距离。

三、内部结构和电路

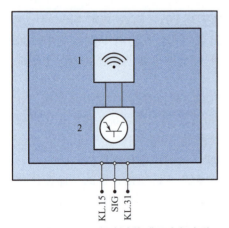

图6-42 超声波传感器内部电路
1—发送及接收装置(压电陶瓷);2—带有电子分析系统的电子芯片;KL.15—总线端 KL.15,电源电压;
SIG—信号;KL.31—总线端 KL.31,接地端

1. 内部结构

超声波传感器有一个较小的膜片,该膜片均已上漆。通过传感器外壳上的分隔元件,可采用结构上较小的膜片。超声波传感器在其电子装置中有一个可设码和可编程的内存。这样,便能有目的地对回声接收的灵敏度施加影响。因此,超声波传感器可跨车型使用。

2. 内部电路

所有超声波传感器都有自己的电子装置。前后超声波传感器都有一个共同的电源和接地。超声波传感器内部电路见图6-42。

3. 参数

超声波传感器由泊车辅助系统控制单元通过总

线端 KL.15 供电。功能电路见图 6-43。

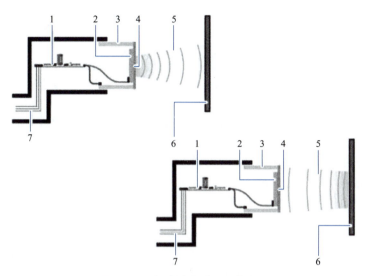

图 6-43　超声波传感器功能电路

1—电子模块，包括内存；2—压电陶瓷；3—去耦元件；4—膜片；5—超声波；6—障碍物；7—插头

超声波传感器参数见表 6-7。

表 6-7　超声波传感器参数

项目	参数	项目	参数
供电电压	9～16V	膜片衰减时间	约 1ms
超声波频率	50kHz	温度范围	-40～85℃
可达里程	250cm		

四、维修事项

❶ 进行故障查询前首先检查超声波传感器的机械状态。同时应注意，超声波传感器是否正确固定在其支架内（分隔元件），且没有污垢、冰雪。
❷ 超声波传感器不允许涂漆。
❸ 高压清洗设备不得长时间对超声波传感器固定喷射，且要至少保持 10cm 的距离。

第十节　行人保护传感器

一、行人保护传感器安装位置

行人保护传感器安装在保险杠内。该行人保护装置的任务是发现汽车和行人之间的事故状况，并根据特定的边界条件，有选择地激活系统。该行人保护装置是一个整体系统，由行人保护传感器、控制单元和作动器组成。系统将对碰撞安全模块（ACSM）的信号进行分析，碰撞安全模块控制执行器。

二、结构和功能

行人保护传感器见图 6-44。

通过传感器在保险杠的一侧光缆中发出光，在保险杠的另一端通过存储磁带再次返回至传感器。

通过对光缆施加有效力，光缆结构发生变形，从而缓和光缆中的光。有效力与光缓冲成比例，这样就会通过不同的光缓冲（取决于反光物体的质量和刚度）产生一个独特的信号。该信号将在传感器的电子分析装置中被收集，并通过一根数据线传输至碰撞安全模块。

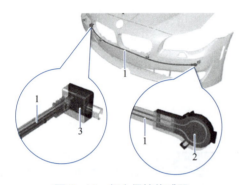

图 6-44　行人保护传感器
1—带光缆的行人保护传感器；2—存储磁带；3—电子单元

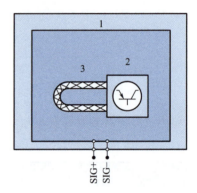

图 6-45　行人保护传感器的构成
1—行人保护传感器；2—电子单元；3—光缆
SIG-—信号线（-）；SIG+—信号线（+）及供电电压

三、内部电路

1. 内部结构

行人保护传感器由光缆和电子单元组成，见图 6-45。

2. 参数

行人保护传感器由碰撞安全模块（ACSM）供电。数据通过双线连接进行传送。行人保护传感器的电气参数见表 6-8。

表 6-8　行人保护传感器的电气参数

项目	参数
电压范围	5～12V
温度范围	-40～105℃

四、故障影响

行人保护传感器失灵时会出现下面的情况：在碰撞安全模块中记录故障代码；组合仪表上通过图标出现检查控制信息；会在碰撞安全模块内禁用行人保护功能。

行人保护装置只有在规定的速度范围触发，超出了规定的速度范围，碰撞安全模块的功能将被禁用。如果超过 1s 未接收到速度信息或收到错误的速度信息，碰撞安全模块内的行人保护功能将被禁用。

第十一节　折叠式软顶盖罩敞开传感器

一、概述

折叠式软顶盖罩敞开传感器是个霍尔传感器。敞篷车软顶模块（CVM）或敞篷车车顶模块（CTM）基于霍尔传感器（折叠式软顶盖罩敞开传感器）的电压信号识别折叠式软顶盖罩是否已完全打开。

根据车型系列，为执行装载辅助装置功能而向上升起折叠式软顶盖罩时，也操纵霍尔传感器。

可回收式硬顶所有和运动过程有关的位置通过多个霍尔传感器和一个微开关进行采集。这些信号将发送给敞篷车软顶模块（CVM）或敞篷车车顶模块（CTM）。

二、结构和功能

霍尔传感器（折叠式软顶盖罩敞开传感器）无接触式工作。霍尔传感器输出一个位置识别信号至敞篷车软顶模块（CVM）或敞篷车车顶模块（CTM）。

图 6-46 以宝马 F33 为例，显示霍尔传感器（折叠式软顶盖罩敞开传感器）。

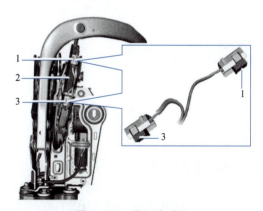

图 6-46　霍尔传感器
1—折叠式软顶盖罩敞开传感器；2—车尾模块液压缸；3—霍尔传感器

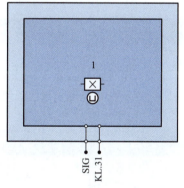

图 6-47　霍尔传感器内部电路
1—霍尔传感器；KL.31—接地（通过敞篷车软顶模块或敞篷车车顶模块）；SIG—传感器信号

三、内部电路

1. 传感器内部结构

霍尔传感器（折叠式软顶盖罩敞开传感器）通过一个 2 芯插头与敞篷车软顶模块（CVM）或敞篷车车顶模块（CTM）相连。

敞篷车软顶模块（CVM）或敞篷车车顶模块（CTM）为霍尔传感器供电（5V）并分析传感器信号。内部电路见图 6-47。

2. 参数

霍尔传感器（折叠式软顶盖罩敞开传感器）的参数见表6-9。

表6-9 霍尔传感器（折叠式软顶盖罩敞开传感器）的参数

项目	参数	项目	参数
供电电压	（5±0.25）V	温度范围	-40～80℃
最大电流消耗	小于20mA		

四、故障影响

折叠式软顶盖罩敞开传感器失灵时，将出现以下情况：敞篷车软顶模块（CVM）或敞篷车车顶模块（CTM）内记录故障；组合仪表上出现检查控制信息；无法进行电动式折叠式软顶操控。

第十二节 智能型蓄电池传感器

一、智能型蓄电池传感器安装位置

智能型蓄电池传感器是车辆通信系统中动力管理系统的一个特别重要的部件。智能型蓄电池传感器固定在蓄电池负极上，通过一条LIN总线连接到发动机控制系统上。

二、结构和功能

图6-48 智能型蓄电池传感器（一）
1—智能型蓄电池传感器；2—蓄电池负极接线柱；3—接地导线；4—插头；5—带微处理器和温度传感器的电路板；6—测量电阻

智能型蓄电池传感器（IBS）是一个用于监控蓄电池状态的机械电子部件。此外，它探测电压、充电电流和放电电流和蓄电池接线柱的温度。

对于蓄电池传感器而言，名称"智能"表示一个集成式微处理器与一部分软件。通过此处理器可对时间要求特别严格的测量参数进行前期处理。然后，结果被传送（以较低数据传输率）到发动机控制单元。智能型蓄电池传感器见图6-48、图6-49。

智能型蓄电池传感器通过LIN总线向发动机控制发送数据。发动机控制中的软件控制与智能型蓄电池传感器的通信。蓄电池状态（SOH 为健康状态）计算以及充电状态（SOC 为充电状态）计算在发动机控制中进行。智能型蓄电池传感器的功能具体有：在车辆的各种运行状态下连续测量蓄电池数据；平衡蓄电池的充电电流以及放电电流；监控充电状态以及激活动力管理系统和电源管理、临界充电状态（蓄电池启动功能限制）的应对措施；确定用于校准充电状态的初始数据；计算用于确定蓄电池状态的启动电流变化过程；休眠电流监控；向发动机控制（DME 或 DDE 或 EDME）传输数据；自诊断；通过发动机控制系统全自动升级运算法则参数和自诊断参数。

睡眠模式期间在临界状态（蓄电池充电低和/或静态电流提高）时，自行唤醒并输出一条相应信息的能力。JBE 或 FEM 或 BDC 根据信息类型和车辆状态执行不同措施，例如断开总线端 KL.30F 在发动机关闭和 DME 或 DDE 主继电器切断的时间内，智能型蓄电池传感器从发动机控制收系统到以下信息：一次可靠发动机启动可消耗的最大电量。在 DME 主继电器断开后，智能型蓄电池传感器连续检查充电状态和静态电流消耗。

图 6-49　智能型蓄电池传感器（二）
1—智能型蓄电池传感器；2—插头；3—接地导线；
4—蓄电池负极接线柱

三、内部结构和电路

1. 内部结构

智能型蓄电池传感器（图 6-50）由带电子分析装置和温度传感器的电路板组成。

集成蓄电池传感器通过一条 LIN 总线与发动机控制系统相连进行数据传输，见图 6-51。

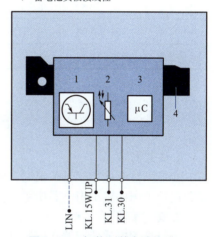

图 6-50　智能型蓄电池传感器
1—电路板；2—温度传感器；3—微处理器与软件；4—测量电阻；LIN—总线（局域互联网）；KL.15WUP—总线端 KL.15；KL.30—12V 供电电压；KL.31—接地连接

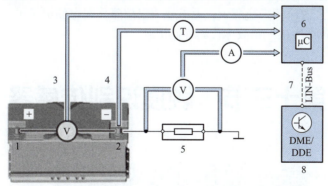

图 6-51　集成蓄电池传感器
1—蓄电池正极；2—蓄电池负极；3—测量蓄电池正负极之间的电压；4—测量蓄电池温度（T）；5—电流测量（A），通过测量电阻上成正比的电压降（V）间接测量；6—智能型蓄电池传感器中的微处理器；7—LIN 总线；8—发动机控制系统（DME 或 DDE；未显示 EDME）

2. 功能电路

在行驶模式下和在车辆处于静止状态时查询测量值。

（1）行驶模式　计算蓄电池状态作为充电状态（SOC 为充电状态）的基础和蓄电池状态（SOH 为健康状态）的基础，平衡蓄电池的充电和放电电流。

计算车辆启动时的电流变化，以便确定蓄电池状态。

智能型蓄电池传感器中的软件控制与发动机控制单元的通信。

（2）车辆静止　在车辆处于静止状态时周期性地检查测量值，以便识别能量损失。智能型蓄电池传感器已编程成，它每 14s 醒来一次，以便通过一次重新测量更新测量值。测量持续时间约 50ms。测量值记录到蓄电池传感器中用于记录静态电流的存储器中。在发动机重新启动后，发动机控制单元读取静态电流的变化过程。如果与定义的静态电流变化过程存在偏差，则在发动机控制单元中记录一个故障代码。

3. 参数

智能型蓄电池传感器的参数见表 6-10。

表 6-10　智能型蓄电池传感器参数

项目	参数	项目	参数
休眠电流	-2.5～10A	电压范围	6～16.5V
工作电流	-200～200A	温度范围	-20～105℃
启动电流	0～1000A		

四、故障影响

1. 失效影响

智能型蓄电池传感器失灵时，将出现以下情况：发动机控制单元中记录故障；电源管理紧急运行（例如减小用电器功率）；发动机启动/停止自动装置失效。

2. 安装事项

智能型蓄电池传感器在安装到蓄电池接线柱上、用螺栓拧紧到接地接线柱上并插上信号线后，功能立即完全良好，基本参数电流、电压和温度可立即调用。

3. 诊断事项

由于休眠电流增加通过相应控制单元唤醒车辆最多出现 3 次。

根据车辆状态和唤醒原因，通过相应控制单元执行下列动作之一：唤醒车辆，以便发动机控制系统能够向停车用电器发送断开要求；复位总线端 KL.30F（这时车辆不醒来）；关闭总线端 KL.30F（此时车辆未唤醒）；无措施（仅故障代码存储记录）。

在每种情况下都会生成一条故障代码存储记录。

第十三节　触摸识别传感器

一、概述

触摸识别传感器也叫接触识别传感器，是行车助手系统的组成部分。借助电容式传感器，系统感应驾驶员的手是否位于方向盘外圈上。

> **维修提示**
>
> 识别只有手在方向盘外圈上。手在方向盘辐上或挡板上不予识别。
>
> 如果未识别到驾驶员的手位于方向盘外圈上，则作为光报警亮起相应的堵车助手指示灯。如果之后未在一定时间内识别到手重新位于方向盘外圈上，则除了光报警外，将激活声音报警。此外，堵车助手系统禁用。

二、结构和功能

触摸识别传感器由一个带电容式传感器的垫子组成。在方向盘外圈中集成的电容式感应垫与触摸识别功能电子装置中的电子分析装置连接。通过电容变化，系统识别手是否位于方向盘外圈上。电子分析装置探测电场的变化，并确定相应的状态。

触摸识别功能电子装置周期性通过 LIN 总线发送状态信息到相应的控制单元。如图 6-52 所示，显示触摸识别传感器和触摸识别功能电子装置。

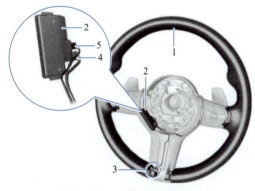

图 6-52 触摸识别传感器
1—触摸识别传感器，由一个带电容式传感器的垫子组成；2—触摸识别功能电子装置；3—管接口（带电容式传感器的垫子和触摸识别功能电子装置）；4—插头（连接电线束和局域互联网总线）；5—插头（连接触摸识别功能传感器）

三、内部结构和电路

1. 内部结构

触摸识别传感器通过 2 芯插头与触摸识别功能电子装置连接，见图 6-53。

2. 电气参数

触摸识别传感器参数见表 6-11。

表 6-11 触摸识别传感器参数

项目	参数
电压范围	9～16V
温度范围	−40～85℃

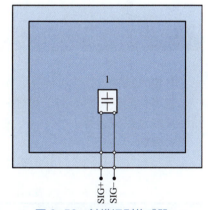

图 6-53 触摸识别传感器
1—触摸识别传感器；SIG+—信号线，正极；SIG−—信号线，负极接头

四、故障影响

触摸识别传感器失灵时，将出现以下情况：现有控制单元内的故障记录；行车助手系统自动禁用。

可以通过诊断系统对触摸识别传感器进行功能检查。

第十四节　无接触式后备厢盖打开装置传感器

一、结构和功能

无接触式后备厢盖打开装置的功能集成在脚部空间模块（FRM）控制单元内。脚部空间模块通过总线信号控制接线盒电子装置（JBE）将后备厢盖解锁。

两个传感器都连接在电子分析装置上，可持续测量电容量。通过对比所测电容量的时间曲线可以识别某些移动模式。由此可以识别到有目的的脚步移动（走向保险杠和走回）。上部传感器识别小腿，下部传感器识别脚趾。保险杠中部处的感知范围约为60cm宽。无接触式后备厢盖打开装置传感器见图6-54。

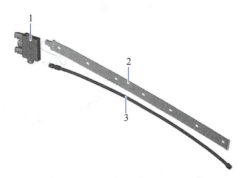

图6-54　无接触式后备厢盖打开装置传感器

1—无接触式后备厢盖打开装置的电子分析装置；2—无接触式后备厢盖打开装置上部传感器；3—无接触式后备厢盖打开装置下部传感器

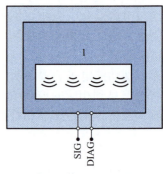

图6-55　电容传感器

1—无接触式后备厢盖打开传感器；SIG—电容传感器信号；DIAG—诊断导线

二、内部电路

1. 电气结构

电容传感器（图6-55）通过一个2芯插头与电子分析装置连接。电子分析装置通过一条诊断导线监控传感器。

2. 参数

无接触式后备厢盖打开传感器参数见表6-12。

表6-12　无接触式后备厢盖打开传感器参数

项目	参数
温度范围	$-40 \sim 105$℃

三、故障影响

电容传感器失灵时脚部空间模块（FRM）、前部车身电子模块（FEM）或车身域控制器

（BDC）中会记录故障。

第十五节　微波传感器

一、安装位置

在驾驶员侧车门和前乘客侧车门的内板上各安装 1 个微波传感器（图 6-56）。另外 2 个微波传感器分别从内部固定在侧围后部件上。

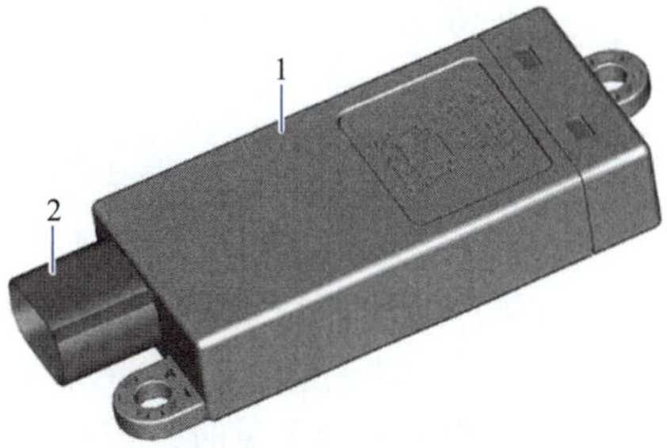

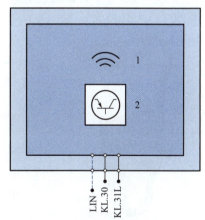

图 6-56　微波传感器
1—微波传感器；2—4 芯插头

二、结构和功能

微波传感器监控车厢内部。当微波的反射（回声）变化时，确定一个运动。微波传感器灵敏度根据不同的条件调整（例如车型、微波传感器的安装位置）。

微波传感器是一种移动探测器。微波传感器可识别在整个车厢内部的运动及其运动方向（距离减小或距离增大）。

关闭最后一个车门或后备厢盖 3s 后，启动微波传感器的基准运行。在基准运行期间"扫描"车厢内部，由此将识别到车厢内部（例如后部座椅上遗留的物品）的变化。通过自检，监控微波传感器的功能是否正常。在基准运行启动 20s 后，微波传感器工作装备就绪。

微波传感器的工作频率范围是大约 2.5GHz。微波传感器使用多普勒效应产生报警触发信号。

三、内部电路

1. 电路结构

每个微波传感器都通过 LIN 总线连接在应急电源报警器（SINE）上。报警触发信号将通过局域互联网总线发送至带有倾斜度传感器的报警器（SINE）。微波传感器电路结构见图 6-57。

图 6-57　微波传感器电路结构
1—微波传感器带；2—电子分析装置；
LIN—LIN 总线

2. 线脚布置

微波传感器的不同线脚布置用于通过车内监控识别各个微波传感器。微波传感器线脚布置见表 6-13。

表 6-13　微波传感器线脚布置

传感器	线脚 Pin1	线脚 Pin2	线脚 Pin3	线脚 Pin4
右前	接地	LIN 总线	12V	12V
右后	接地	LIN 总线	接地	12V

续表

传感器	线脚 Pin1	线脚 Pin2	线脚 Pin3	线脚 Pin4
左后	接地	LIN 总线	—	12V
左前	接地	LIN 总线	12V	—

3. 参数

微波传感器参数见表 6-14。

表 6-14 微波传感器参数

项目	参数
供电电压	9～16V
频率范围	2.5GHz
温度范围	-40～80℃

四、故障影响

如果应急电源报警器在 DWA 报警期间失效或如果连接微波传感器的 LIN 总线断路，则通过喇叭输出声音报警。SINE 控制单元为此向转向柱开关中心发送一个信息。

当微波传感器失灵时，带有倾斜度传感器的报警器（SINE）记录故障。

第十六节 散热器检测传感器

一、结构和功能

散热器检测传感器也称水箱检测传感器。带催化涂层的散热器的性能表现必须由散热器检测传感器通过车载诊断系统进行监控。散热器检测传感器明确识别到催化涂层水箱能够将臭氧（O_3）转换为氧气（O_2）。

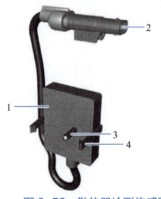

图 6-58 散热器检测传感器
1—散热器检测传感器；2—3 芯插头；
3—温度传感器；4—卡钩

散热器检测传感器可防止催化涂层水箱被拆下然后用无涂层的散热器替代。因此，在尝试拆卸时，必须在机械和电气两方面破坏散热器检测传感器。散热器检测传感器的定位件是焊接在水箱内的铝制定位件。此外，传感器线脚上的 NTC 装置粘贴在定位件的孔内。

检查时，通过 LIN 总线在发动机控制单元和散热器检测传感器之间进行不同代码的交换，以进行查询和应答。同时，散热器检测传感器必须通过一个规定的运算法则生成合适的代码以应答查询。

此外，散热器检测传感器还将测量冷却液温度，并将信号通过 LIN 总线传递至发动机控制单元。利用该信号，可核实散热器检测传感器的确安装在散热器内。散热器检测传感器见图 6-58。

二、内部电路

1. 电气结构

散热器检测传感器由 1 个温度传感器（NTC）和 1 个电子分析装置组成。散热器检测传感器通过一根 3 芯插头与发动机控制单元连接。

散热器检测传感器经过前部配电器,利用总线端 KL.15N 进行供电,见图 6-59。

2. 参数

表 6-15　散热器检测传感器的参数

项目	参数	项目	参数
电压范围	6~16V	响应时间	1s
最大电流消耗	15mA	温度范围	-40~125℃

三、故障影响

部件失灵时,可能出现以下情况:发电机控制单元中记录故障;排放警示灯亮起。如果散热器检测传感器损坏,必须更换整台散热器。

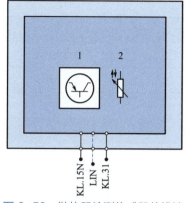

图 6-59　散热器检测传感器总线端
1—电子分析装置;2—温度传感器总线端 KL.15
(供电电压);LIN—总线,总线端 KL.31

第十七节　充电接口盖传感器

一、充电接口盖传感器结构原理

通过充电接口盖传感器可识别充电接口盖的位置(已打开或已关闭)。充电接口模块(LIM)将分析传感器信号。

充电接口盖传感器作为霍尔传感器,采用无接触方式工作(霍尔传感器和磁铁)。电流强度根据传感器与磁力架的距离变化。借助测量电流,充电接口模块(LIM)可识别充电接口盖的位置(已打开或已关闭)。充电接口盖传感器见图 6-60。

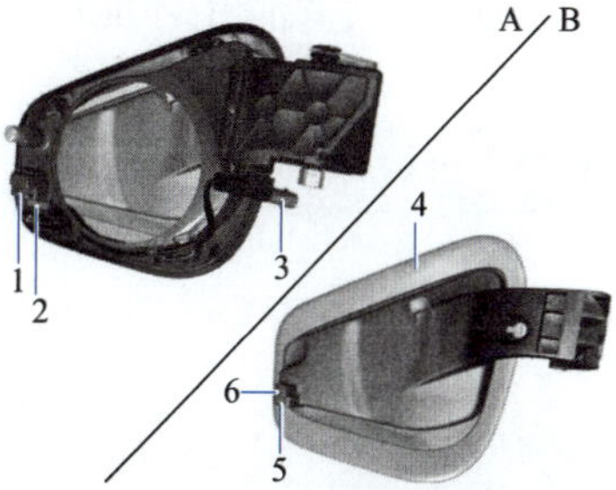

图 6-60　充电接口盖传感器
A—充电接口盖已关闭,后视图;B—充电接口盖,后视图;1—导轨槽(用于在充电接口盖已关闭位置中的磁力架定位件);2—充电接口盖传感器;3—插头;4—充电接口盖;5—磁铁;6—磁力架

二、充电接口盖传感器电路

1. 电气结构

充电接口盖传感器通过一个 2 芯插头与车载网络连接。充电接口模块(LIM)负责向充电接口盖传感器提供 5V 的电压,并分析传感器信号。充电接口盖传感器内部电路见图 6-61。

2. 参数

充电接口盖传感器的参数见表 6-16。

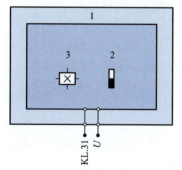

图 6-61　充电接口盖传感器内部电路
1—充电接口盖传感器;2—磁铁;3—霍尔传感器;KL.31—总线端接地;U—供电电压

表 6-16 充电接口盖传感器的参数

项目	参数
供电电压	（5±0.25）V
温度范围	-40 ～ 80℃

三、故障影响

充电接口盖传感器失灵时，将出现以下情况：充电接口模块（LIM）控制单元中出现故障记录；充电接口盖未联锁。

第十八节　电动机位置传感器

一、电动机位置传感器安装位置

电动机连同分离离合器在内安装在发动机和自动变速箱之间。电动机由定子（内置）和转子（外置）组成。转子代替发动机的飞轮。根据磁场精确调节电动机时必须要知道电动机位置角度，这样定子线圈上才能产生与转子位置匹配的电压。

二、电动机位置传感器结构原理

图 6-62　电动机位置传感器
1—温度传感器；2—电动机位置传感器定子；
3—电动机位置传感器转子；4—12 芯插头

电动机位置传感器探测电动机转子的准确位置。电动机位置传感器的结构类似同步电动机。特殊成型的转子连接着电动机转子，定子同电动机的定子相连。通过定子线圈中的转子转动而产生的电压经过电动机 - 电子伺控系统（EME）分析后计算出电动机位置角度。电动机位置传感器失灵时，电动机 - 电子伺控系统（EME）中会记录故障。

工作时，电动机线圈不允许超过规定的温度。因此，通常借助温度传感器测量某个线圈中的温度(负温度系数)。电动机 - 电子伺控系统（EME）对温度传感器的信号进行分析。当线圈温度接近允许的最大值时，EME 降低电动机的功率。电动机位置传感器见图 6-62。

三、电动机位置传感器电路

1. 电气结构

电动机位置传感器通过一个 12 芯插头进行连接。通过该 12 芯插头也连接温度传感器。

电动机位置传感器将其信号提供给电动机-电子伺控系统（EME）。电动机位置传感器电气结构见图6-63。

2. 参数

电动机位置传感器参数见表6-17。

表6-17 电动机位置传感器参数

项目	参数
供电电压	7V
频率	10kHz
温度范围	-40～200℃

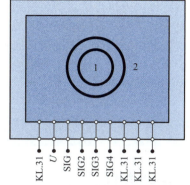

图6-63 电动机位置传感器电气结构
1—电动机位置传感器转子；2—电动机位置传感器定子；KL.31—电动机位置传感器接地端；U—电动机位置传感器电压；SIG—高余弦信号；SIG2—低余弦信号；SIG3—高正弦信号；SIG4—低正弦信号

第十九节 启动/停止按钮

一、启动/停止按钮功能原理

启动/停止按钮也就是一键启动按钮。使用启动/停止按钮可以切换总线端（顺序：总线端KL.30B→总线端KL.15→总线端KL.30B，仅当带有自动变速箱的车辆未操作制动踏板杆以及带有手动变速箱的车辆未操作离合器踏板时，才能按该顺序执行）。一旦操作了制动踏板或离合器踏板，在下次按下启动/停止按钮时即会启动发动机。要关闭发动机时再次按压启动/停止按钮。发动机关闭，总线端KL.R保持接通。启动/停止按钮见图6-64。

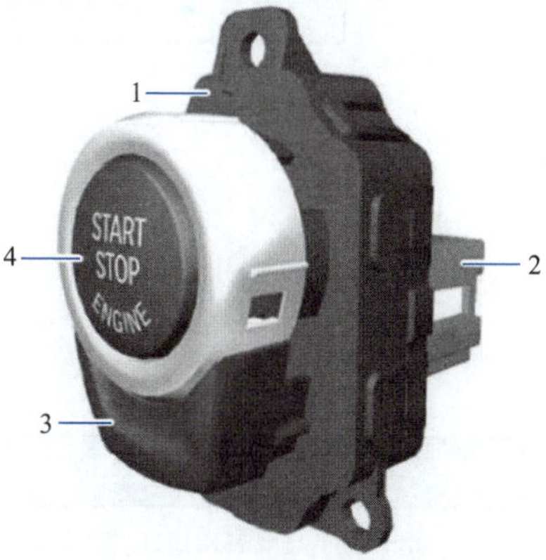

启动过程由便捷进入及启动系统（CAS）控制单元执行。当满足所有启动条件时，CAS控制单元才启动发动机。如果在启动过程中不再满足某个条件，则启动过程被取消。

要启动发动机时必须短暂按压启动/停止按钮，按钮信号通过2根信号线传输至CAS控制单元。如果仅在一根导线上识别到故障，则可以启动发动机。这种情况下仅在4s内按下按钮3次后才能使发动机熄火。

图6-64 启动/停止按钮
1—带查寻照明的启动/停止按钮；2—10芯插头；3—饰盖；4—带查寻照明的启动/停止按钮

发动机启动时必须同时踩下离合器踏板（手动变速箱）或制动踏板杆（自动变速箱）。在每个总线端位置都能启动发动机。启动电动机只受控至发动机运转为止。如果发动机未启动，则在一段时间间隔过后会停止启动过程。如果是汽油发动机，则在16s后（汽油发动机车辆，车辆的不同这个时间也有所不同）会中断对总线端KL.50的控制。16s和64s这两个时间在每次再执行试启动后会减少。也就是说,第 5 次试启动(汽油发动机车辆),并且发动机未启动时对总线端 KL.50 的控制在 3s 后即会中断。

发动机熄火后,发动机可以在 10s 内重新启动,即使没有识别到识别传感器(即没有有效的驾驶权限)。这个安全措施在可能的紧急情况下是必需的。例外,如果在 10s 内打开一个车门,则这个空转立即取消。

二、启动 / 停止按钮电路

1. 电气结构

启动 / 停止按钮通过一个 10 芯插头与 CAS 控制单元连接,启动 / 停止按钮线脚布置见图 6-65 和表 6-18。如果车辆装配有发动机启动 / 停止自动装置(MSA),MSA 按钮都位于启动 / 停止按钮上。

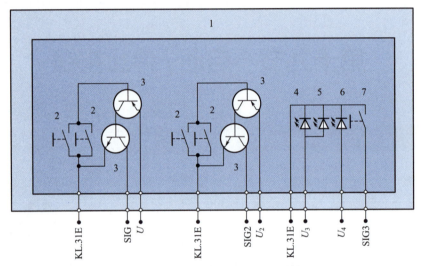

图 6-65 启动 / 停止按钮电气结构

1—带 MSA 按钮的启动 / 停止按钮;2—开关垫触点;3—晶体管;4—启动 / 停止按钮的查寻照明;
5—MSA 按钮的查寻照明;6—MSA 按钮的功能照明灯;7—发动机启动 / 停止自动装置(MSA)按钮

表 6-18 启动 / 停止按钮线脚布置

线脚	说明	线脚	说明
总线端 KL.31E	总线端 KL.31E 电子接地线	U_1	霍尔传感器 1 或带有接触对的晶体管 1 的供电电压
SIG	霍尔传感器 1 或带有接触对的晶体管 1 的信号线	U_2	霍尔传感器 2 或带有接触对的晶体管 2 的供电电压
SIG2	霍尔传感器 2 或带有接触对的晶体管 2 的信号线	U_3	查寻照明的供电电压(启动 / 停止按钮和 MSA 按钮)
SIG3	MSA 按钮的信号线	U_4	MSA 按钮的功能照明灯供电电压

2. 参数

启动 / 停止按钮工作参数见表 6-19。

表 6-19 启动 / 停止按钮工作参数

项目	参数	项目	参数
启动 / 停止按钮压力点的力	约 9N	最大电流消耗	8.5mA
启动 / 停止按钮位移	约 3.5mm	温度范围	−40 ~ 105℃
开关触点供电	9 ~ 16V		

三、故障影响

启动 / 停止按钮失灵时，将出现以下情况：CAS 控制单元中有故障记录；组合仪表上出现检查控制信息。

第二十节　驾驶员侧车门开关组

一、驾驶员侧车门开关组的组成

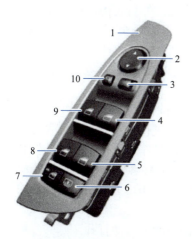

所有车窗升降机、外后视镜和遮阳卷帘都可通过驾驶员侧车门开关组（图 6-66）操作。在此开关组中视装备而定集成了用于下列功能的开关和按钮：外后视镜调节；外后视镜选择（左或右）；外后视镜内折；车窗升降机（用于全部 4 个车门）；左后和右后车窗升降机以及遮阳卷帘的儿童锁；拉上和拉下后窗玻璃遮阳卷帘（配置该设备车辆）。

图 6-66　驾驶员侧车门开关组

1—驾驶员侧车门开关组；2—外后视镜调节开关；3—左或右外后视镜的转换开关；4—右前车门中的车窗升降机按钮；5—右后车门中的车窗升降机按钮；6—遮阳卷帘按钮；7—带功能照明灯的儿童锁开关；8—左后车门中的车窗升降机按钮；9—左前车门中的车窗升降机按钮；10—外后视镜折叠按钮（仅限高版本外后视镜）

二、驾驶员侧车门开关组的功能

1. 后视镜调整开关

自总线端 KL.R 接通起，能够使用后视镜调整开关沿 4 个方向调整后视镜。可以通过按压开关中相应的按钮侧沿水平和垂直方向调节电动外后视镜。水平和垂直调节只能逐个进行，已折叠的外后视镜不能调节。为了保护后视镜电动机和机械机构，调节时间被限定为最大 10s。达到最大调节时间时，10s 内不再可控制外后视镜。

根据外后视镜的装备系列（标准型或高级型），按如下方式传递按钮信号。

（1）标准型外后视镜（例如不带折叠功能，无后视镜记忆功能） 后视镜调整开关的信号由驾驶员侧车门开关组直接传输到后视镜电动机。开关由此直接控制后视镜电动机。

（2）高级型外后视镜（例如带折叠功能和后视镜记忆功能） 后视镜调整开关的信号由驾驶员侧车门开关组通过 LIN 总线传递到外后视镜中的电子模块。电子模块直接控制后视镜电动机。

驾驶员侧车门开关组和外后视镜通过 LIN 总线与脚部空间模块（FRM）或前部车身电子模块（FEM）连接。对于带后视镜记忆功能的车辆，外后视镜位置存储在脚部空间模块或前部车身电子模块中（通过驾驶员座椅记忆功能）。按压驾驶员车门上的座椅开关组中的记忆按钮，然后按压一个存储按钮，可以存储当前的座椅位置和外后视镜位置。

脚部空间模块或前部车身电子模块通过 LIN 总线控制开关查寻照明（总线端 KL.58g）。

2. 左或右外后视镜的转换开关

利用此转换开关可以选择右侧或左侧外后视镜进行调整。为此朝希望的方向（向左或向右）推动转换开关。转换开关没有查寻照明或功能照明。

3. 后视镜折叠按钮

通过后视镜折叠按钮可以收起外后视镜。自总线端 KL.R 接通起可以使用外后视镜折叠。通过按压按钮可以触发外后视镜折叠。通过重新按压此按钮可以切换外后视镜的内折或外折。为了防止频繁折叠或弯折，集成了一个重复断电机构。作为折叠驱动装置的过热保护功能，在总运转时间 45s 后禁用后视镜内折功能。当重复断电机构激活时，电动外后视镜还可以外折一次。

接线盒电子装置（JBE）或前部车身电子模块（FEM）监控电动外后视镜的供电压。在低于 8.5V 时，锁止电动外后视镜的全部功能。自 9V 的车载网络电压起，全部功能重新可用。

4. 车窗升降机开关

自总线端 KL.15 接通起，利用车窗升降机开关可以操作所有车窗升降机功能。总线端 KL.15 断开后，还可以操作车窗升降机 1min。

驾驶员侧车门开关组通过 LIN 总线向脚部空间模块（FRM）或前部车身电子模块（FEM）发送按钮信号。脚部空间模块或前部车身电子模块检测按钮信号并进行分析。根据信号分析结果，脚部空间模块或前部车身电子模块对前部车窗升降机（驾驶员车窗升降机驱动装置和前乘客车窗升降机驱动装置）进行电动控制。后部车窗升降机（前乘客侧后部车窗升降机驱动装置和驾驶员侧后部车窗升降机驱动装置）由接线盒电子装置（JBE）或后部电子模块（REM）控制。

通过持续按下车窗升降机开关来关闭打开的车门的车窗，仍旧能够自动打开。

为了保护蓄电池，车窗升降机在发动机启动时不起作用，车窗升降机正在执行的功能停止。

5. 儿童保护装置开关

儿童锁锁止后部车窗升降机开关。儿童锁可以通过驾驶员侧车门开关组中的儿童锁开关激活或关闭。点动关闭时，正在执行的车窗升降机功能会由于挂入儿童锁而中断。在已激活儿童锁时，按钮中的功能 LED 指示灯亮起，于是车窗升降机和遮阳卷帘（视装备而定）只能通过驾驶员侧车门开关组触发。在碰撞模式中儿童锁退出工作。

6. 遮阳卷帘按钮

自总线端 KL.15 接通起，通过短按钮可以将后窗遮阳卷帘完全拉上或拉下。如果在拉上或拉下遮阳卷帘过程中重新按压按钮，运转方向会立即改变。

如果较长时间按住按钮,则后窗遮阳卷帘与后侧窗玻璃(如果存在)遮阳卷帘一起被拉下或拉上。接线盒电子装置(JBE)或车尾电子模块(REM)控制和监控遮阳卷帘功能。如果在遮阳卷帘已拉下时打开侧窗,则遮阳卷帘也自动拉上。遮阳卷帘属于特殊装备,有些高档车会配置遮阳卷帘。

三、驾驶员侧车门开关组电路

1. 电气结构

驾驶员侧车门开关组通过一个12芯插头与车载电网连接。LIN总线将驾驶员侧车门开关组和外后视镜与脚部空间模块(FRM)或前部车身电子模块(FEM)连接。接线盒中的配电器或右前配电器通过总线端KL.30B为驾驶员侧车门开关组供电。驾驶员侧车门开关组从脚部空间模块或前部车身电子模块获得总线端KL.58g的总线端状态(查寻照明)。

(1)装备标准型外后视镜时驾驶员侧车门开关组 装备标准型外后视镜时驾驶员侧车门开关组电路见图6-67,线脚布置见表6-20。

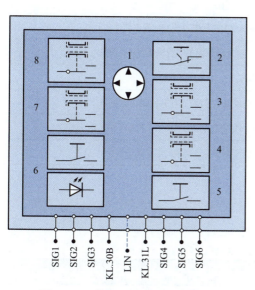

图6-67 装备标准型外后视镜时
驾驶员侧车门开关组电路

1—外后视镜调节开关;2—左或右外后视镜的转换开关;3—右前车门中的车窗升降机按钮;4—右后车门中的车窗升降机按钮;5—遮阳卷帘按钮;6—带功能照明灯的儿童锁开关;7—左后车门中的车窗升降机按钮;8—左前车门中的车窗升降机按钮

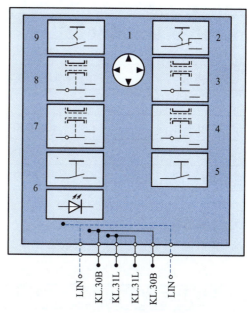

图6-68 装备高级型外后视镜时
驾驶员侧车门开关组电路

1—外后视镜调节开关;2—左或右外后视镜的转换开关;3—右前车门中的车窗升降机按钮;4—右后车门中的车窗升降机按钮;5—遮阳卷帘按钮;6—带功能照明灯的儿童锁开关;7—左后车门中的车窗升降机按钮;8—左前车门中的车窗升降机按钮;9—外后视镜折叠按钮

表6-20 装备标准型外后视镜时驾驶员侧车门开关组的线脚布置

线脚	说明
KL.30B	总线端KL.30B(接线盒中的配电器或右前配电器供电)
KL.31L	总线端KL.31,负荷接地

续表

线脚	说明
LIN	连接脚部空间模块（FRM）或前部车身电子模块（FEM）的 LIN 总线
SIG1	至外后视镜水平调节的后视镜电动机的控制线（车辆左侧）
SIG2	后视镜电动机的接地线（车辆左侧）
SIG3	至外后视镜垂直调节的后视镜电动机的控制线（车辆左侧）
SIG4	至外后视镜水平调节的后视镜电动机的控制线（车辆右侧）
SIG5	后视镜电动机的接地线（车辆右侧）
SIG6	至外后视镜垂直调节的后视镜电动机的控制线（车辆右侧）

（2）装备高级型外后视镜时驾驶员侧车门开关组　装备高级型外后视镜时驾驶员侧车门开关组电路见图 6-68、线脚布置见表 6-21。

表 6-21　装备高级型外后视镜时驾驶员侧车门开关组的线脚布置

线脚	说明
KL.30B	总线端 KL.30B（接线盒中的配电器或右前配电器供电）
KL.30B	总线端 KL.30B（车辆左侧外后视镜中的后视镜电动机的供电）
KL.31L	总线端 KL.31，负荷接地
KL.31L	总线端 KL.31，负荷接地（车辆左侧的后视镜电动机）
LIN	连接脚部空间模块（FRM）或前部车身电子模块（FEM）的 LIN 总线
LIN	LIN 总线，与车辆左侧外后视镜中的电子模块连接

2. 工作参数

驾驶员侧车门开关组工作参数见表 6-22。

表 6-22　驾驶员侧车门开关组工作参数

项目	参数
电压范围	9～16.5V
温度范围	-40～85℃

第二十一节　驻车制动器按钮

一、驻车制动器按钮操作

驻车制动器按钮位于中央控制台内，在选挡按钮（GWS）后面。驻车制动器按钮在手制动器操作逻辑中模拟。

❶ 向上拉驻车制动器按钮：驻车制动器激活。

❷ 向下按驻车制动器按钮：驻车制动器退出工作。

组合仪表中的一个指示灯显示激活的驻车制动器。驻车制动器按钮见图6-69。

二、驻车制动器按钮功能原理

1. 工作过程

通过拉起驻车制动器按钮触发驻车功能。在发动机运转或车辆滑行时，驻车制动器通过DSC，以液压方式作用到前后桥的盘式制动器上。在发动机已关闭且车辆静止时，驻车制动器借助电动机械式伺服单元通过拉线作用在后桥的鼓式制动器上。逆锁止的制动压力启动会引起压力继续升高并出现一条检查控制信息。通过启动发动机可从电动机械式驻车切换到液压式驻车。通过按压驻车制动器按钮触发松开功能。这时，相应的主动式制动系统将打开。静止状态下在发动机运转和关闭时，只能踩下脚制动器来松开驻车制动器。在发动机关闭时（通过总线信号"发动机运转状态"）由液压式驻车切换到电动机械式驻车。

2. 自动驻车功能

自动驻车功能可通过驻车制动器按钮后的一个按钮激活。在选择功能后，车辆在制动至静止状态后由DSC以液压方式锁定。在发动机静止状态下，驻车制动器继续发挥驻车功能。踩踏加速踏板可松开车轮制动器，车辆开动。例如，自动化的保持和松开过程可以在市区行驶或者堵车时提供支持。

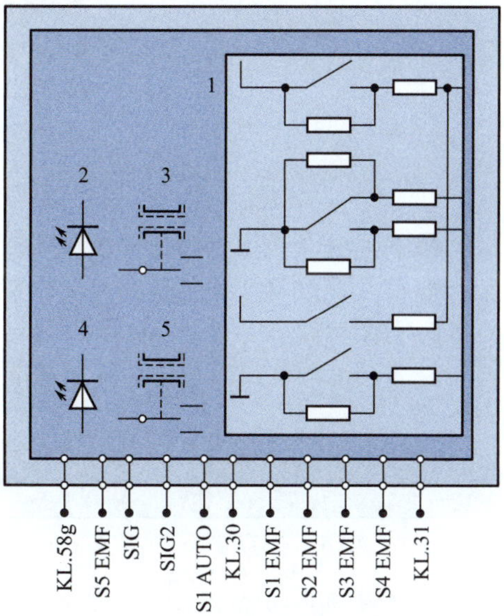

三、驻车制动器按钮电路

1. 电气结构

中央控制台操作面板有一个12芯插头。查寻照明（总线端KL.58g）来自脚部空间模块（FRM）。接线盒通过总线端KL.30为驻车制动器按钮供电。驻车制动器按钮电路见图6-70，线脚布置见表6-23。

图6-69 驻车制动器按钮

1—驻车制动器按钮；2—功能照明灯；3—带有功能照明灯的自动驻车按钮；4—12芯插头

图6-70 驻车制动器按钮电路

1—开关垫；2—驻车制动器按钮的功能照明灯；3—驻车制动器按钮；4—自动驻车功能的功能照明灯；5—自动驻车功能按钮

表6-23 驻车制动器按钮线脚布置

线脚	说明	线脚	说明
KL.58g	查寻照明，总线端KL.58g	SIG2	自动驻车功能按钮功能照明灯信号
SIG	驻车制动器按钮功能照明灯信号	S1 AUTO	自动驻车按钮信号

续表

线脚	说明	线脚	说明
KL.30	总线端 KL.30 电源电压	S4 EMF	驻车制动器开关 4 信号
S1 EMF	驻车制动器开关 1 信号	S5 EMF	驻车制动器开关 5 信号
S2 EMF	驻车制动器开关 2 信号	KL.31	总线端 KL.31 接地
S3 EMF	驻车制动器开关 3 信号		

在有些自动变速箱的车辆中，需使用带 4 个接口的按钮。按钮分析是针对三重保障的固定功能以及双重保障的松开功能而设计的。

2. 电气接口

按钮以电气方式连接在不同的控制单元上。驻车制动器按钮接口见图 6-71。

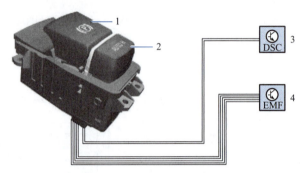

图 6-71　驻车制动器按钮接口

1—驻车制动器按钮；2—自动驻车功能按钮；3—动态稳定控制系统（DSC）；4—电动机械式驻车制动器（EMF）

❶ 自动驻车按钮连接在动态稳定控制系统（DSC）上。
❷ 驻车制动器按钮连接在电动机械式驻车制动器（EMF）上。

3. 工作参数

驻车制动器按钮以及自动驻车功能按钮工作参数见表 6-24。

表 6-24　驻车制动器按钮以及自动驻车功能按钮工作参数

项目	参数	项目	参数
自动驻车按钮压力点的力度	（5±1）N	常开接点供电	9～16V
驻车制动器按钮压力点的力度	（8±1.2）N	常开接点最大电流消耗	1.5mA
自动驻车按钮位移	（1.5±0.3）mm	温度范围	-40～140℃
驻车制动器按钮位移	13°±1.3°		

四、故障影响

（1）在自动驻车功能按钮失灵时，可能出现以下情况：DSC 控制单元中记录故障；组合仪表上出现检查控制信息。

（2）驻车制动器按钮失灵时，EMF 控制单元内出现故障代码存储记录。

第二十二节　驾驶员侧座椅调节开关组

一、驾驶员侧座椅调节开关组功能

驾驶员侧或前乘客侧座椅调节开关组视车辆装备而定集成了以下按钮：座椅纵向调整、座椅高度调整、座椅倾斜度调整、座椅深度调整、靠背倾斜度调整、靠背宽度调整、靠背头部调整、头枕高度调整和腰部支撑调整。

驾驶员侧座椅调节开关组或前乘客侧座椅调节开关组的按钮信号通过 LIN 总线发送至座椅模块。驾驶员座椅模块（SMFA）和前乘客侧座椅模块（SMBF）调节并监控相应的前部座椅的全部功能。在座椅模块中分析全部按钮信号并控制要求的功能。驾驶员侧或前乘客侧座椅调节开关组见图 6-72，座椅调节开关组见图 6-73。

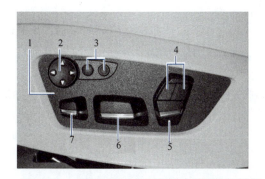

图 6-72　驾驶员侧或前乘客侧座椅调节开关组
1—驾驶员侧座椅调节开关组；2—腰部支撑调整按钮；3—靠背宽度调整按钮；4—头枕调整按钮；5—靠背倾斜度和头枕高度调整按钮；6—座椅纵向、座椅高度和座椅倾斜度调整按钮；7—座椅深度调整按钮

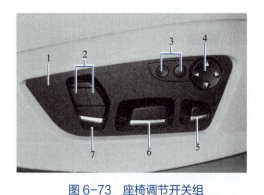

图 6-73　座椅调节开关组
1—前乘客侧座椅调节开关组；2—头枕调整按钮；3—靠背宽度调整按钮；4—腰部支撑调整按钮；5—座椅深度调整按钮；6—座椅纵向、座椅高度和座椅倾斜度调整按钮；7—靠背倾斜度和头枕高度调整按钮

二、驾驶员侧座椅调节开关组操作

1. 腰部支撑调整按钮

通过按压相应的按钮，能够按如下方式调整腰部支撑。

❶ 按压按钮前部：增大腰部支撑的弧度。
❷ 按压按钮后部：减小腰部支撑的弧度。
❸ 按压按钮上部：向上转移腰部支撑的弧度（腰部支撑高度调整）。
❹ 按压按钮下部：向下转移腰部支撑的弧度（腰部支撑深度调整）。

通过按压相应按钮，能够按如下方式调整靠背倾斜度和头枕高度。

❶ 向上按压按钮：头枕伸出。
❷ 向下按压按钮：头枕缩进。
❸ 向前旋转按钮：靠背向前移动。

④ 向后旋转按钮：靠背向后移动。

2. 头枕调整按钮

头枕调整按钮已集成到靠背倾斜度和头枕高度调整按钮中。

① 按压前部按钮：头枕向前移动。

② 按压后部按钮：头枕向后移动。

3. 靠背宽度调整按钮

在靠背宽度调整时以机械方式调整靠背侧部件。

① 按压前部按钮：靠背宽度减小。

② 按压后部按钮：靠背宽度增大。

4. 座椅纵向、座椅高度和座椅倾斜度调整按钮

要调整希望的座椅位置时请按如下方式操纵按钮。

① 向前按压按钮：沿纵向向前调整座椅（座椅纵向调整）。

② 向后按压按钮：沿纵向向后调整座椅（座椅纵向调整）。

③ 向上按压按钮：向上调整座椅（座椅高度调整）。

④ 向下按压按钮：向下调整座椅（座椅高度调整）。

⑤ 向上旋转按钮：向上倾斜座椅（座椅倾斜度调整）。

⑥ 向下旋转按钮：向下倾斜座椅（座椅倾斜度调整）。

5. 座椅深度调整按钮

在座椅深度调整时改变大腿支撑的位置：大腿支撑伸出越多，座椅就越深。大腿支撑是一个可以电动调节的支撑件。

① 向前按压按钮：大腿支撑伸出。

② 向后按压按钮：大腿支撑缩进。

三、驾驶员侧座椅调节开关组电路

1. 电气结构

驾驶员侧座椅调节开关组或前乘客侧座椅调节开关组通过一个4芯插头与车载电网连接。

LIN总线连接驾驶员侧座椅调节开关组与驾驶员座椅模块（SMFA），以及连接前乘客侧座椅调节开关组与前乘客侧座椅模块（SMBF）。

接线盒中的配电器通过总线端KL.30B为这些开关组供电。驾驶员侧座椅调节开关组电路见图6-74，线脚布置见表6-25。

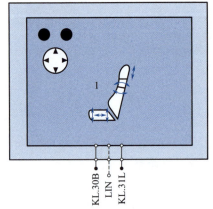

图6-74 驾驶员侧座椅调节开关组电路
1—驾驶员侧座椅调节开关组和前乘客侧座椅调节开关组

表6-25 驾驶员侧座椅调节开关组线脚布置

线脚	说明
KL.30B	总线端 KL.30B
KL.31L	总线端 31 负荷接地
LIN	LIN 总线

2. 工作参数

驾驶员侧座椅调节开关组工作参数见表 6-26。

表 6-26　驾驶员侧座椅调节开关组工作参数

项目	参数
电压范围	9～16.5V
控制电流（负载）	1.5～10.0mA
接触电阻	＜100Ω
温度范围	-40～85℃

四、故障影响

在驾驶员侧座椅调节开关组或前乘客侧座椅调节开关组上，一般只会有个别按钮失灵。在单个按钮失灵时，驾驶员座椅模块（SMFA）或前乘客侧座椅模块（SMBF）内出现故障代码存储记录。

按钮的功能检查可通过诊断系统进行执行诊断检测。

第二十三节　后备厢盖按钮

一、后备厢盖按钮功能原理

1. 概述

通过按压后备厢盖内部的后备厢盖按钮关闭处于开启状态的后备厢盖，停止正在运行的关闭过程。重新按压可打开后备厢盖。根据车辆装备，后备厢盖通过弹力或以电动方式打开。后备厢盖可电动或手工关闭。

便捷进入及启动系统（CAS）是主控制单元。这就意味着，便捷进入及启动系统（CAS）发出电动打开和关闭后备厢盖的许可。

利用后备厢盖内部的后备厢盖按钮可以关闭已打开的后备厢盖。通过按压后备厢盖按钮，后备厢盖朝关闭方向运动。

2. 按压后备厢盖按钮后备厢盖工作过程

以一个已打开的后备厢盖为例，按压后备厢盖按钮会引起后备厢盖的下列运动过程：后备厢盖关闭→后备厢盖停止→后备厢盖打开→后备厢盖停止→后备厢盖关闭，等等。

接线盒电子装置（JBE）分析后备厢盖按钮的按钮信号。接线盒电子装置（JBE）根据信号分析结果控制后备厢盖锁中解锁驱动装置的直流电动机，从而触发后备厢盖锁解除联锁。

通过按压中控锁按钮，所有车门以及后备厢盖和油箱盖会联锁并锁死中央保险（条件：驾驶员侧车门已关闭），后备厢盖被电动关闭（取决于车型系列和车辆装备）。

3. 按压中控锁按钮后备厢盖工作过程

以一个已打开的后备厢盖为例,按压中控锁按钮会引起后备厢盖的下列运动过程:车辆联锁并中央保险锁死以及后备厢盖关闭→后备厢盖停止→后备厢盖关闭,等等。

在便捷进入及启动系统(CAS)中探测中控锁按钮的按钮信号。

4. 后备厢照明

在打开后备厢盖时,通过后备厢盖锁中的微开关(微开关接地)接通后备厢盖内部的后备厢盖按钮中的查寻照明和后备厢照明。

二、后备厢盖按钮电路

1. 电路原理

在宝马 F07 中可以通过用于后备厢盖关闭的后备厢盖按钮关闭打开的大后备厢盖。通过按压后备厢盖按钮,大后备厢盖朝关闭方向移动。接线盒电子装置(JBE)分析用于后备厢盖关闭的后备厢盖按钮的按钮信号。

在中央信息显示器(CID)中可对大后备厢盖的打开高度进行调整。未完全打开的大后备厢盖可以通过用于后备厢盖继续打开的后备厢盖按钮继续打开。HKL(后备厢盖自动操作装置)控制单元分析用于后备厢盖继续打开的后备厢盖按钮的按钮信号。

维修图解

后备厢盖按钮见图 6-75。

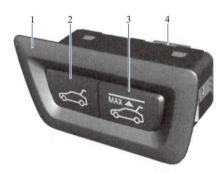

图 6-75 后备厢盖按钮

1—后备厢盖内部的后备厢盖按钮;2—用于后备厢盖关闭的后备厢盖按钮(大后备厢盖打开);3—用于后备厢盖继续打开的后备厢盖按钮(大后备厢盖未完全打开);4—插头连接

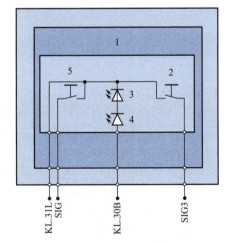

图 6-76 后备厢盖按钮电路

1—后备厢盖内部的后备厢盖按钮;2—用于后备厢盖继续打开的后备厢盖按钮;3—用于后备厢盖继续打开的后备厢盖按钮的查寻照明;4—后备厢盖按钮的查寻照明;5—后备厢盖按钮

2. 电气结构

后备厢盖内部的后备厢盖按钮通过一个多芯插头与车载网络连接。后备厢盖按钮电路见图 6-76(SIG2 图中无法标出),线脚布置见表 6-27。

> **维修提示**
>
> 后备厢盖按钮的线脚布置取决于车型系列和车辆装备。

图 6-76 以 F07 为例显示后备厢盖内部的后备厢盖按钮及用于大后备厢盖关闭的后备厢盖按钮和用于后备厢盖继续打开的后备厢盖按钮。

表 6-27　后备厢盖按钮线脚布置

线脚 Pin	说明
KL.30B	总线端 KL.30B 基本运行模式，供电
SIG	信号线，从后备厢盖按钮到接线盒电子装置（JBE）的信号
SIG2	信号线，从中控锁按钮到便捷进入及启动系统（CAS）的信号
SIG3	信号线，从用于继续打开的后备厢盖按钮到后备厢盖自动操作装置（HKL）的信号
KL.31L	总线端 KL31L 负载接地

3. 工作参数

后备厢盖内部的后备厢盖按钮工作参数见表 6-28。

表 6-28　后备厢盖按钮工作参数

项目	参数
电压范围	9～16V
温度范围	−30～85℃

三、故障影响

1. 后备厢盖按钮故障

如果后备厢盖按钮失灵时将会出现下列情况。

（1）对地短路　对地短路造成如同长时间操纵按钮的效果（按钮卡住），车门锁只通电一次进行开启，随后忽略持续操作。只有在按钮状态变化后（信号从低切换到高），才可以通过按动按钮重新打开后备厢盖。可随时通过其他操作点打开后备厢盖。

（2）断路　后备厢盖不再能够通过后备厢盖内部的后备厢盖按钮打开。

2. 后备厢盖内部的中控锁按钮故障

当后备厢盖内部的中控锁按钮失灵时，可能出现下列情况。

（1）对地短路　对地短路造成如同长时间操纵按钮的效果（按钮卡住），为进行联锁和中央闭锁，对中控锁通电一次。随后，正在进行的操作将被忽略。只有在按钮状态变化后（信号从低切换到高），才可以通过按动后备厢盖内部的中控锁按钮重新联锁并中央保险锁死车辆。

对地短路情况使车辆随时可以由其他操作点进行联锁和中央闭锁。

（2）断路　断路时车辆不能通过后备厢盖内部的中控锁按钮进行联锁和中央闭锁。

3. 部件的功能检查

可以通过诊断系统对后备厢盖内部的后备厢盖按钮进行功能检查。

参考文献

［1］周晓飞.汽车构造与原理百日通.北京：化学工业出版社，2017.
［2］孙兵凡.汽车定期维护.北京：化学工业出版社，2018.
［3］姚科业.汽车传感器识别·检测·拆装·维修（双色图解精华版）.北京：化学工业出版社，2017.
［4］李林.汽车维修技能1008问.北京：机械工业出版社，2013.